高职高专"十一五"规划教材·财会系列
GAOZHI GAOZHUAN "SHIYIWU" GUIHUA JIAOCAI

行业特殊业务会计教程

主　编　胡志明　余　浩
副主编　李小平　李　芬
主　审　陈元芳

教材研制人员：（以姓氏笔画为序）
朱　飞　刘秋蓉　姜　洁

武汉大学出版社
WUHAN UNIVERSITY PRESS

高职高专"十一五"规划教材·财会系列

编委会

主　任	余　浩　杨季夫
副主任	（以下按姓氏笔画排序） 田家富　刘世青 何爱赟　李光富 胡志明
委　员	王学梅　冯　杰 叶叔昌　田家富 刘世青　何爱赟 余　浩　张相雄 李光富　杨季夫 罗昌宏　陈　彬 陈宏桥　段咏梅 胡志明　胡绍山 赵国明　郝一洁
主　审	陈元芳

前 言

不同行业的会计核算既有共性又有特性。本教材主要介绍不同行业的特殊业务会计核算。会计核算的共性部分在《初级会计教程》和《中级会计教程》中介绍，会计核算的特性部分在本书介绍。本教材的学习对于高职会计专业学生十分必要。因为，高职会计专业毕业的学生就业行业是不确定、多方面的，这就要求学生既要会处理会计核算的共性业务，又要会处理会计核算的特殊业务。

本教材依据财政部最新颁布的会计准则和企业会计制度编写，满足高职会计专业学生培养规格和专业能力的要求；编写体例新颖，内容简洁完整，不但与《初级会计教程》和《中级会计教程》共同构成会计知识体系，而且配有《行业特殊业务会计全程系统训练》，既方便教师教学又方便学生学习。

本教材由武汉铁路职业技术学院胡志明和黄冈职业技术学院余浩主编，对全书初稿进行总纂。武汉交通职业学院李小平和武汉商贸职业学院李芬担任副主编。具体分工如下：胡志明（第一、五章），余浩（第九、十、十一、十二章），李小平（第六、十三章），李芬（第二、三章），武汉交通职业学院姜洁（第七章）和朱飞（第八章），武汉铁路职业技术学院刘秋蓉（第四章）。

本教材在研制过程中，参考了大量的文献和成果，得到了各参与研制院校的大力支持，在此一并表示谢意。

由于我国高职会计教育正处在改革发展时期，会计理论与实践也在随着国际化进程发生巨大变化，在教材研制过程中，我们对有些业务理解和处理不一定准确，加之水平有限，书中难免存在疏漏甚至谬误，恳请读者批评指正。

高职高专"十一五"规划教材
《行业特殊业务会计教程》研制组
2008 年 5 月

目　　录

第一章　商品流通企业特殊业务会计　　①

第一节　商品购进的核算…………………………………………… 1
第二节　商品销售核算……………………………………………… 12
第三节　商品储存的核算…………………………………………… 19

第二章　对外贸易企业特殊业务会计　　28

第一节　出口业务的核算…………………………………………… 28
第二节　进口业务的核算…………………………………………… 36
第三节　其他对外贸易业务的核算………………………………… 38

第三章　对外经济合作企业特殊业务会计　　40

第一节　对外承包工程成本的核算………………………………… 40
第二节　劳务合作及技术服务成本的核算………………………… 46

第四章　旅游饮食服务企业特殊业务会计　　48

第一节　旅游服务的核算…………………………………………… 48
第二节　饮食经营的核算…………………………………………… 54
第三节　其他服务业的核算………………………………………… 56

第五章　铁路运输企业特殊业务会计　　58

第一节　铁路运输企业资金转拨和内部往来的核算……………… 58
第二节　铁路运输企业专用资产核算……………………………… 62
第三节　铁路运输企业成本费用的核算…………………………… 71
第四节　铁路运输收入的核算……………………………………… 74

第六章 交通运输企业特殊业务会计 ... 79

第一节 燃料和轮胎的核算 ... 79
第二节 营运收入的核算 ... 81
第三节 营运成本和费用的核算 ... 92

第七章 施工企业特殊业务会计 ... 105

第一节 周转材料的核算 ... 105
第二节 临时设施的核算 ... 107
第三节 工程成本的核算 ... 109
第四节 工程价款结算的核算 ... 121

第八章 房地产企业特殊业务会计 ... 124

第一节 房地产开发成本的核算 ... 124
第二节 开发产品销售的核算 ... 130
第三节 开发产品出租的核算 ... 131
第四节 周转房的核算 ... 132

第九章 邮电通信企业特殊业务会计 ... 134

第一节 系统内上下级资金调拨的核算 ... 134
第二节 营业收入的核算 ... 135
第三节 营业成本的核算 ... 138

第十章 电影新闻出版企业特殊业务会计 ... 141

第一节 营业收入的核算 ... 141
第二节 成本费用的核算 ... 142
第三节 书刊呆滞损失的核算 ... 147

第十一章 金融企业特殊业务会计 ... 148

第一节 银行存款业务的核算 ... 148

第二节 银行贷款业务的核算 ………………………………… 153
第三节 信托业务的核算 ……………………………………… 157
第四节 租赁业务的核算 ……………………………………… 160
第五节 证券业务的核算 ……………………………………… 163
第六节 金融企业往来业务的核算 …………………………… 165

第十二章 保险企业特殊业务会计 174

第一节 财产保险业务的核算 ………………………………… 174
第二节 人寿保险业务的核算 ………………………………… 178
第三节 再保险公司业务 ……………………………………… 182

第十三章 行政事业单位特殊业务会计 187

第一节 行政单位收入与支出的核算 ………………………… 187
第二节 行政单位净资产的核算 ……………………………… 192
第三节 事业单位收入与支出的核算 ………………………… 193
第四节 事业单位净资产的核算 ……………………………… 204
第五节 行政事业单位会计报表 ……………………………… 209

第一章 商品流通企业特殊业务会计

商品流通企业是指通过货币结算进行商品交换活动的企业,主要经济业务是组织商品流通,包括批发商品流通和零售商品流通两个环节。会计核算的中心内容是商品购销活动,核算方法具有多样性。

第一节 商品购进的核算

一、商品流通的核算方法

商品流通的核算方法分为进价核算法和售价核算法两类。
(一)进价核算法
1. **数量进价金额核算法**

这是对库存商品总分类核算实行按进价金额核算和监督的同时,对库存商品的明细核算既提供各种商品的进价金额指标,也反映其实物数量指标的核算方法。其基本内容是:(1)进价记账。(2)在库存商品总账控制下,按商品的品名、规格、等级和编号分户进行明细核算。(3)对经营品种繁多的企业,要设置库存商品类目账。(4)采用适当的方法随时或定期结转销售商品成本。目前批发企业、农副产品收购企业及粮食、外贸等企业广泛采用这种方法。少数经营品种不多,可取得销售商品品种数量金额凭证的零售企业也采用这种核算方法。

2. **进价金额核算法**

它又称为"进价记账、盘存计销"核算法,是指库存商品的总分类账户和明细分类账户只反映商品进价金额、不反映实物数量的一种核算方法。具体内容是:(1)库存商品的总分类账和明细分类账都以进价入账,只记金额,不记数量。(2)库存商品的明细账按商品的大类或者柜组设置,对于需要掌握数量的商品,可设置备查簿。(3)平时销货的账务处理,只核算销售收入,不核算销售成本。月末采取以存计销的方式,通过实地盘点库存商品,倒挤出商品的销售成本。该方法适用于售价变化比较频繁、实物数量不易控制的经营鲜活商品的零售企业。

（二）售价核算法

1. 数量售价金额核算法

它是指库存商品总分类账户和明细分类账户除了均按照售价金额反映外，同时，明细分类账户还必须反映商品实物数量的核算方法。由于采用售价记账，遇有商品售价变动，就要盘点库存商品，调整库存商品的金额和差价，核算工作量较大。因此，数量售价金额核算法一般适用于小型批发企业和经营贵重物品的零售企业。

2. 售价金额核算法

它又称为"售价记账、实物负责制"，是指商品流通企业在建立实物负责制的基础上，库存商品的总分类账户和明细分类账户都只反映商品的售价金额，不反映商品的实物数量的核算方法。采用这种核算方法，库存商品的明细分类账是按实物负责人或营业柜组设置的，财会部门采用商品的售价金额控制实物负责人或营业柜组的商品的进、销、存情况。具体内容如下：

（1）售价记账，金额控制。财会部门对库存商品的增减变动和结存情况，均按商品的售价金额记入库存商品总账和明细账，库存商品总账和明细账只登记售价金额，不登记数量，通过库存商品的售价金额来控制商品数量。(2)设置"商品进销差价"账户。该账户核算商品进价与售价之间的差额，调整库存商品记录的售价金额，以正确反映库存商品的实际数。(3)建立实物负责制。企业按照经营商品品种和存放地点的不同，划分若干营业柜组，确定实物负责人，要求各实物负责人对其经管商品的数量、质量等承担全部经济责任。财会部门也按实物负责人设置"库存商品"明细账户，用售价金额反映和控制各实物负责人所经管商品增减变化和结存情况。(4)健全商品的盘点制度。零售企业主要采用这种核算方法。

二、商品购进采购成本的确定

商品购进的采购成本一般按照商品进价和按规定应计入商品成本的税金以及其他可归属于商品采购成本的费用来确定。采购过程中发生的运输费、装卸费、保险费、包装费、仓储等费用，运输途中的合理损耗和入库前的挑选整理等进货费用，应计入商品的采购成本。在会计实务中，企业也可以将发生的运输费、装卸费、保险费以及其他可归属于商品采购成本的费用等进货费用先进行归集，期末按照商品存储情况进行分摊。对于已售商品的进货费用，计入主营业务成本；对于未售商品的进货费用，计入期末存货成本。企业采购商品的进货费用金额较小的，可以在发生时直接计入当期销售费用。

三、商品购进核算的账户设置

（一）"材料采购"账户

该账户核算企业购入商品等的采购成本。其借方登记购入商品支付的货款数额；贷方登记商品到达验收入库的数额；期末其借方余额反映企业已经收到发票账单付款或已开出、承兑商业汇票，但商品尚未到达或尚未验收入库的在途商品。其明细账应按供应单位、商品品种等设置。企业也可以根据需要将本账户改为"在途物资"账户，并按照在途物资的核算方法进行核算。

（二）"库存商品"账户

该账户核算企业库存的各种商品的实际成本，包括库存的外购商品、自制商品产品、存放在门市部准备出售的商品、发出展览的商品以及寄存在外库或存放在仓库的商品等。其借方登记库存商品增加额；贷方登记库存商品减少额；期末其借方余额反映企业各种库存商品的实际成本。其明细账应按库存商品的种类、品种和规格设置。存放在本企业所属门市部准备销售的商品、送交展览会展出的商品以及已发出尚未办理托收手续的商品，应在本账户下单设明细账进行核算。实行售价金额核算法，当购进的商品经实物负责人验收之后，按照售价记入"库存商品"科目，对库存商品的增减变动和结存均按售价记载，其售价为包含按规定应向购买者收取的增值税额的含税价格，库存商品的明细账按实物负责人分户，只记金额，不记实物数量。

（三）"商品进销差价"账户

实行售价金额核算的企业，商品购进核算除设置"材料采购"和"库存商品"科目外，还需设置"商品进销差价"科目。"商品进销差价"科目是库存商品科目的调整科目，核算企业采用售价核算的商品售价与进价之间的差额。商品购进、溢余、调价增值等发生差价时，计入该科目的贷方；结转已销商品的进销差价，商品短缺、销价、调价减值等而注销差价时，计入该科目的借方。其余额一般在贷方，反映期末库存商品应保留的进销差价。其明细账应按商品类别或实物负责人设置。由于所采用的售价是含税的零售价格，因此该账户所记录的商品售价与进价之间的差额就包括了两部分，一是不含税的售价与不含税的进价之间的差额，二是应向购买者收取的增值税额（销项税额）。

四、商品购进的核算

（一）数量进价金额核算法

1. 国内商品一般购进的核算

（1）先支付货款，后收到商品。企业在支付货款后，即取得了商品的所有权，应作为商品购进。当企业根据专用发票、账单支付货款、增值税和有关费用时，应当按商品进货原价，借记"材料采购"账户，根据专用发票注明的增值税额以及所付运费准予扣除的进项税额，借记"应交税费——应交增值税（进项税额）"账户，按支付的有关费用，借记"销售费用"账户（企业该类费用金额较大时可列入商品采购成本，下同），按付款金额，贷记"银行存款"账户。商品到达验收入库后，按商品进价借记"库存商品"账户，贷记"材料采购"账户。

（2）先收到商品后支付进货款。对于先收到商品尚未支付货款业务，月内可暂不入账，待收到相关性凭证支付货款后再一并进行账务处理。但到月终对未付款的入库商品，应按应付给供货单位的价款暂估入账，借记"库存商品"账户，贷记"应付账款——暂估应付账款"账户次月初用红字冲销上月暂估入账，以便下月付款或开出承兑商业汇票后，按正常程序通过"材料采购"账户核算。

对于发票账单已到，但尚未付款或尚未开出、承兑商业汇票的收到商品的凭证，应按进价，借记"材料采购"账户，按专用发票上注明的增值税额，借记"应交税费——应交增值税（进项税额）"账户，按应付金额，贷记"应付账款"账户，同时，借记"库存商品"账户，贷记"材料采购"账户。

（3）同一天收到商品并支付货款（钱货两清）。企业购进商品若支付进货款和商品验收入库在同一日期，其核算要先通过"材料采购"账户，然后转账记入"库存商品"账户。

2. 商品购进预付货款的核算

企业预付货款方式购进商品，购销双方要事先签订合同。企业按合同规定预付货款时，借记"预付账款"账户，贷记"银行存款"账户。收到所购商品时，根据专用发票列明的商品采购成本和增值税额分别借记"材料采购"，"应交税费——应交增值税（进项税额）"账户，按所付全部款项，贷记"预付账款"账户，退回多付的货款借记"银行存款"账户，贷记"预付账款"账户；补付货款的账务处理与预付货款相同。预付货款情况不多的企业，也可以将预付的货款直接记入"应付账款"账户的借方，不设"预付账款"账户。

3. 商品购进中其他业务核算

（1）拒付货款和拒收商品。企业购进商品接到银行转来的结算凭证或收到供货方发来的商品，均应与合同或协议核对，检查商品的品种、规格、数量、价格、货款和费用等是否与合同或协议规定相符，如发现不符，可按有关规定全部或部分拒付货款和拒收商品。

①拒付货款。进货企业拒付货款时，应在规定的承付期限内提出充分理由，填制"拒绝承付理由书"，拒付全部或部分款项。由于拒付货款，企业的资金未发生变化，故不作账务处理。实际承付货款按正常购进业务列账。

② 拒收商品。企业收到商品发现与合同或协议不符，应拒收商品并填制"代管商品收货单"，并记入"代管商品物资"备查账簿中。该备查账簿可按代管商品物资的单位和品名分户登记，对代管商品物资，可以同时登记数量、金额，也可只记数量。若货款尚未支付，此时拒收商品按以上方法处理即可。

若拒收商品货款已支付，并已记入"材料采购"账户，可将该批商品的货款从"材料采购"账户转入"应收账款"账户，对支付的该批进货的进项税额，也要转入"应收账款"账户，同时对拒收商品数额在"代管商品物资"备查账簿中进行登记。对于已支付货款的拒收商品，企业应迅速与供方联系。如经联系企业同意原价购进，则将商品价款按正常程序通过"材料采购"账户转入"库存商品"账户，将进项税额记入"应交税费"账户，同时冲减"应收账款"账户；如对方同意退货，收到对方归还的款项时，借记"银行存款"账户，贷记"应收账款"账户。作上述账务处理的同时，均应冲减"代管商品物资"备查账簿。

【例1-1】 安达公司以托收承付结算方式从温州某厂购进高压锅80个，每个140元，共计价款11 200元，应支付的增值税额为1 904元，代垫运杂费200元（运费的增值税扣除率为7%）。商品到达后，发现其中5个与合同规定不符，拒绝收货，暂作代管，其余75个验收入库。

① 接到银行转来的托收承付结算凭证和专用发票，审核无误后以银行存款支付，该业务作账务处理如下：

借：材料采购——高压锅　　　　　　　　　　　11 200
　　应交税费——应交增值税（进项税额）　　　　1 918
　　销售费用——运杂费　　　　　　　　　　　　186
　　贷：银行存款　　　　　　　　　　　　　　　13 304

② 75个合格品验收入库，结转商品采购成本10 500元（75×140元）。应作账务处理如下：

借：库存商品——高压锅　　　　　　　　　　　10 500
　　贷：材料采购——高压锅　　　　　　　　　　10 500

③ 商品到达经验收发现5个高压锅型号与合同不符，决定拒收。根据有关凭证作账务处理如下：

借：应收账款——温州某厂　　　　　　　　　　831.5
　　贷：材料采购——温州某厂　　　　　　　　　700
　　　　销售费用　　　　　　　　　　　　　　　12.5
　　　　应交税费——应交增值税（进项税额）　　119

同时登记"代管商品物资"备查账簿"借：代管商品物资——温州（高压锅）5个。"收到对方归还的货款时，根据有关凭证作账务处理如下：

借：银行存款　　　　　　　　　　　　　　　　831.5
　　　　贷：应收账款——温州某厂　　　　　　　　　　831.5

（2）商品购进发生溢余和短缺。企业购进商品验收时，发现实收数量与应收数量不符，应由验收人员在进货单上填写实收数量，并根据实收数量和应收数量的差额，填制"商品溢余（短缺）报告单"，财会部门据此进行相关会计处理。

①购进商品溢余。未查明原因前或处理未经批准的，先记入"待处理财产损溢"账户的贷方，然后查找原因并根据批准的处理意见进行处理。如查明溢余商品属于自然升溢，则借记"待处理财产损溢"账户，贷记"管理费用"账户；如果查明溢余商品是供货方多发，由进货企业购进，当收到供货方补来的专用发票并补付货款和进项税额时，按补付的货款，借记"材料采购"账户，按进项税额，借记"应交税费——应交增值税（进项税额）"账户，按支付的款项，贷记"银行存款"账户，同时，借记"待处理财产损溢"账户，贷记"材料采购"账户；若进货企业不同意购进多发商品，则借记"待处理财产损溢"账户，贷记"库存商品"账户，并将溢余商品转作代管商品，记入"代管商品物资"备查账簿。

【例1-2】　武东糖业公司向广州大林糖业公司购进白砂糖12 000千克，每千克5元，计货款60 000元，增值税额10 200元，运费800元，采用托收承付结算方式。接到银行转来的托收凭证及附来专用发票（发票联）和运费凭证，经审核无误后，承付货款，作分录如下：

　　借：材料采购——广州大林糖业　　　　　　　　60 000
　　　　应交税费——应交增值税——进项税额　　　　10 256
　　　　销售费用——运杂费　　　　　　　　　　　　　744
　　　　贷：银行存款　　　　　　　　　　　　　　　　71 000

商品到达后，验收时实收12 110千克，溢余110千克，计货款550元，财会部门根据储运部门转来的"收货单"及"商品购进短缺溢余报告单"，经复核无误后，结转入库商品采购成本，并对溢余商品进行核算，作分录如下：

　　借：库存商品——食糖类　　　　　　　　　　　60 550
　　　　贷：材料采购——广州大林糖业　　　　　　　60 000
　　　　　　待处理财产损溢——待处理流动资产损溢　　550

经联系后查明，溢余中有100千克是对方多发商品，已补来专用发票，开列货款500元，增值税额85元，现作为商品购进，其余10千克是自然升溢，作分录如下：

　　借：待处理财产损溢——待处理流动资产损溢　　　550
　　　　贷：材料采购——广州大林糖业　　　　　　　　500

销售费用——商品损耗　　　　　　　　　　　　　50

从银行汇付广州大林糖业公司100千克的货款500元及增值税额85元，作分录如下：

　　借：材料采购——广州大林糖业　　　　　　　　500
　　　　应交税费——应交增值税——进项税额　　　85
　　　　贷：银行存款　　　　　　　　　　　　　　　　585

②购进商品短缺。能确定由保险公司或过失人负责的部分，应自"材料采购"账户转入"应付账款"、"其他应收款"等账户。尚待查明原因和需要报经批准才能转销的损失，应通过"待处理财产损溢"账户核算，查明原因后，分别以下情况处理：

属于应由供应单位、运输机构、保险公司或其他过失人负责赔偿的损失，借记"应付账款"、"其他应收款"等账户，贷记"待处理财产损溢"账户；属于自然灾害等非正常原因造成的损失，应将扣除残料价值和过失人、保险公司赔偿后的净损失，借记"营业外支出——非常损失"账户，贷记"待处理财产损溢"账户。企业购进商品发生的非正常损失，其增值税（进项税额）应相应转入有关账户，借记"待处理财产损溢"等账户，贷记"应交税费——应交增值税（进项税额转出）"账户。

【例1-3】　武东糖业公司向沈阳昌盛糖业公司购进棉白糖8 000千克，每千克6元，计货款48 000元，增值税额8 160元，运费600元，采用托收承付结算方式。接到银行转来的托收凭证及附来专用发票（发票联）和运费凭证，经审核无误后，承付货款，作分录如下：

　　借：材料采购——沈阳昌盛糖业　　　　　　　　48 000
　　　　应交税费——应交增值税——进项税额　　　8 202
　　　　销售费用——运杂费　　　　　　　　　　　558
　　　　贷：银行存款　　　　　　　　　　　　　　　　56 760

商品到达后，验收时实收7 956千克，短缺44千克，计货款264元，财会部门根据储运部门转来的"收货单"及"商品购进短缺溢余报告单"，经复核无误后，结转入库商品采购成本，并对短缺商品进行核算，作分录如下：

　　借：库存商品——食糖类　　　　　　　　　　　47 736
　　　　待处理财产损溢——待处理流动资产损溢　　264
　　　　贷：材料采购——广州大林糖业　　　　　　　48 000

经联系后查明，短缺的商品中有40千克是对方少发，已开来退货的红字专用发票，应该退货款240元，增值税额40.8元，其余4千克系自然损耗，作分录如下：

根据红字专用发票：

借：应收账款——沈阳昌盛糖业　　　　　　　　　280.8
　　贷：待处理财产损溢——待处理流动资产损溢　　240
　　　　应交税费——应交增值税——进项税额　　　40.8
自然损耗经批准予以转账
　借：销售费用　　　　　　　　　　　　　　　　　24
　　贷：待处理财产损溢——待处理流动资产损溢　　24

(3) 进货退出。企业购进商品，由于商品质量、规格不符等问题，可能会发生一些进货退出业务。在会计处理上会发生以下两种情况：

① 企业进货后尚未支付货款并未作账务处理，此时发生退货，也无需进行账务处理。但需将收到的原增值税专用发票的发票联和税款抵扣联主动退还给供货方。

② 企业进货后已支付货款，或者未支付货款但已作账务处理，原增值税专用发票的发票联和税款抵扣联已无法退还，此时发生退货，购货方必须取得当地主管税务机关开具的进货退出证明单送交供货方，作为供货方开具红字专用发票的合法依据，供货方在未收到证明单以前，不得开具红字专用发票，收到证明单后，根据退回货物的数量、价款向购货方开具红字专用发票。其存根联、记账联作为供货方扣减当期销项税额和进行有关账务处理的凭证，发票联、税款抵扣联作为购货方扣减进项税额和进行有关账务处理的凭证。购货方在办理退货后，应将原账务处理冲回。应收的退货款转入"应收账款"账户。

【例1-4】　安达公司从深圳某公司购进DVD机20台，价款40 000元，应支付的增值税额为6 800元，商品验收入库，同时收到对方开来的专用发票等有关凭证，审核无误后款项以银行存款支付。

支付货款：
　借：材料采购——深圳某公司——DVD　　　　　40 000
　　　应交税金——应交增值税（进项税额）　　　　6 800
　　贷：银行存款　　　　　　　　　　　　　　　　46 800
商品验收入库：
　借：库存商品——DVD　　　　　　　　　　　　　40 000
　　贷：材料采购——深圳某公司——DVD　　　　　40 000

一个月后，发现机器质量不符合合同要求，经与深圳某公司联系，办理退货手续，款项尚未收到。根据收到的红字专用发票等凭证作账务处理如下：
　借：应收账款——深圳某公司　　　　　　　　　46 800
　　贷：材料采购——北京某公司——DVD　　　　　40 000
　　　　应交税金——应交增值税（进项税额）　　　6 800

退货：
  借：物资采购——深圳某公司——DVD 40 000
   贷：库存商品——DVD   40 000

（4）进货退补价。企业购进商品验收入库后，由于供货方价格计算错误等原因，可能发生退价或补价业务。发生退、补价业务时，应由供货方填制专用发票及"销货更正单"，据以进行账务处理。

① 进货退价。是指购进商品的实际进价低于原结算的进价，由供货方退还一部分货款给进货企业。发生进货退价业务，应分别不同情况进行处理。收到供货方发来的红字专用发票和销货更正单，按退回的多收货款借记"银行存款"账户，按多计的增值税和进价分别贷记"应交税费——应交增值税（进项税额）"、"库存商品"账户；如退价商品全部售出，并已结转销售成本，按退回的多收货款借记"银行存款"账户，按多计的增值税和进价分别贷记"应交税费——应交增值税（进项税额）"、"主营业务成本"账户。

② 进货补价。是指购进商品的实际进价高于原结算的进价，应由进货方补付其少付给供货方的货款。发生进货补价业务，也应分别不同情况进行处理。如补价商品尚未售出，或虽售出，但未结转销售成本，按补付的增值税和进价分别借记"库存商品"、"应交税费——应交增值税（进项税额）"账户，贷记"银行存款"账户；如补价商品全部售出，并已结转销售成本，按补付的增值税和进价分别借记"主营业务成本"、"应交税费——应交增值税（进项税额）"账户，贷记"银行存款"账户。

（二）售价金额核算法

1. 商品一般购进的核算

（1）先支付货款，后收到商品。企业先收到有关凭证支付进货款时，按商品进价（有进货折扣与折让的应予扣除），借记"材料采购"账户，按应支付的增值税额，借记"应交税费——应交增值税（进项税额）"账户，按所付款项，贷记"银行存款"账户；商品到达验收时，按含税的售价，借记"库存商品"账户，按含税的售价与进价之间的差额，贷记"商品进销差价"账户，按商品进价，贷记"材料采购"账户。

（2）先收到商品，后支付货款。商品先验收入库，结算凭证后到达的情况，月内可暂不入账，待结算凭证到达后再进行账务处理。但到月终结算凭证仍未到，则要按应付给供货单位的价款暂估入账，即：按含税的售价，借记"库存商品"账户，按暂估的进货原价，贷记"应付账款"账户，按含税的售价与暂估进价的差额，贷记"商品进销差价"账户。下月初用红字冲回，以便下月付款或开出、承兑商业汇票后，按正常程序通过"材料采购"账户核算。下月接到银行转来的有关凭证，审核无误支付款项的账务处理同情况（1）一样。对于发票账单已到，但尚未付款或尚未开出、承兑商业汇票的收到商品的凭证，应按进价，借记"材料采购"账户，按专用发票上注明的增值税额，借记"应交税费——应交增值税（进项税额）"账户，按应付金额，贷记"应付账款"账户，同时，应按含税售价，借记"库存商品"账户，按进价，贷记"材料采购"账户，按商品含税售价与进价的差额，贷记"商品进销差价"账户。接到有关凭证支付货款及进项税额时，借记"应付账款"账户，贷记"银行存款"账户。

（3）同一天收到商品并支付货款（钱货两清）。结算凭证到达并同时将商品验收入库的，其支付货款和商品验收的账务处理同情况（1）。

2. 商品购进过程中其他业务的核算

（1）拒付货款和拒收商品的账务处理与前述数量进价法的处理相同。

（2）商品购进发生溢余和短缺。采用售价金额核算的企业，在商品购进过程中发生商品溢余和短缺，按实收商品的含税售价记入"库存商品"账户，按溢缺商品的进价金额记入"待处理财产损溢"账户，含税售价与进价之间的差额，记入"商品进销差价"账户。查明原因后的核算方法与数量进价法下的核算相同。

【例1-5】 旭日百货公司食品组从湖南某食品厂购入干笋500千克，每千克进价为40元，应支付增值税额3 400元，供方代垫的运杂费为300元，计算运费准予扣除的增值税额为21元，接到银行转来的有关凭证，审核无误支付款项。商品运到，经食品组验收发现缺少10千克，经查短缺商品其中有2千克属于自然损耗，8千克由运输单位造成。该食品的含税售价为每千克50元，验收入库。根据有关凭证作账务处理如下：

支付货款：

借：材料采购——湖南某食品厂——干笋　　　20 000
　　应交税费——应交增值税（进项税额）　　 3 421
　　销售费用——进货运杂费　　　　　　　　　　279
　　贷：银行存款　　　　　　　　　　　　　　23 700

商品验收入库：

借：库存商品——食品组　　　　　　　　　　24 500
　　待处理财产损溢——待处理流动资产损溢　　　400
　　贷：商品进销差价——食品组　　　　　　　4 900
　　　　材料采购——湖南某食品厂——干笋　20 000

缺少商品查明原因：

借：销售费用——商品损耗　　　　　　　　　　　80
　　其他应收款——运输单位　　　　　　　　　374.4
　　贷：待处理财产损溢——待处理流动资产损溢　　400
　　　　应交税费——应交增值税（进项税额转出）　54.4

(3) 进货退出。采用售价金额核算的企业进货后尚未支付货款并未作账务处理的退货，无需进行账务处理。企业进货后已支付货款，或者未支付货款但已作账务处理的退货，需将商品退出企业，收回原进货款。当企业发生进货退出业务，收到供货方开来的红字专用发票及本单位的红字收货单等凭证时，据以进行账务处理。冲回原入库商品的记账，借记"材料采购——供货方"、"商品进销差价"贷记"库存商品"账户，或将原账务处理红字冲回。应收的退货款转列应收账款，借记"应收账款——供货方"，贷记"材料采购"、"应交税费——应交增值税（进项税额）"账户。收到供货方退回的款项时，借记"银行存款"账户，贷记"应收账款——供货方"账户。

(4) 进货退补价。

① 购进价格的退补。购进价格退补的核算，只调整"商品进销差价"账户，而不用调整"库存商品"账户。若是供货单位退还货款，应根据其红字专用发票冲减商品采购额和进项税额。用红字借记"材料采购"账户和"应交税费——应交增值税（进项税额）"账户，贷记"应收账款"账户；同时还要增加商品的进销差价，用红字借记"商品进销差价"账户，贷记"材料采购"账户。若是供货单位补收货款，则应根据专用发票增加商品采购额和进项税额，借记"材料采购"账户和"应交税费——应交增值税（进项税额）"账户，贷记"应付账款"账户；同时还要减少商品的进销差价，借记"商品进销差价"账户，贷记"材料采购"账户。

② 购进价格退补同时调整零售价格。企业购进商品需要同时退补进价和零售价时，如供货单位退还货款，应根据更正专用发票冲减商品采购进价和进项税额，其核算方法与购进价格退价的核算方法相同，同时，还要冲减库存商品的售价金额和进价成本，应用红字按退价后的售价金额与原入账售价金额的差额借记"库存商品"账户；按应退货款的数额，贷记"材料采购"账户；并按照退价后进销差价与原入账进销差价的差额，贷记"商品进销差价"账户。如供货单位补收货款，应根据其开来的更正发票增加商品采购额和进项税额，其核算方法与购进价格补价的核算方法相同，同时还要增加库存商品的售价金额和进价成本。按补价后的售价金额与原入账售价金额的差额借记"库存商品"账户；按补收货款数额贷记"材料采购"账户；按补价后的进销差价与原入账进销差价的差额，贷记"商品进销差价"账户。

第二节　商品销售核算

一、商品销售核算的会计科目

商品销售的核算，主要设置"主营业务收入"、"主营业务成本"科目，采用售价金额核算法的企业还要设置"商品进销差价"科目。"主营业务收入"、"主营业务成本"科目的核算内容，由于企业采用的核算方法不同而有所不同。

（一）"主营业务收入"科目

"主营业务收入"科目是损益类科目，用来核算商品流通企业销售商品等日常活动中所产生的收入。其借方登记冲减商品销售收入数额，采用售价法企业，登记定期或月终计算出的销项税额，期末结转至"本年利润"账户的不含税销售收入数额；贷方登记采用进价法企业实现的不含税销售收入数额，采用售价法企业，登记实现的含税销售收入数额；期末结转后该账户应无余额。其明细账进价法核算企业可按主营业务的种类设置，售价法核算企业可按商品大类或实物负责人分设。实际工作中，也可以将该账户改为"商品销售收入"账户。

按合同规定以收取手续费方式代销代购商品的收入，不应在该科目中核算。

（二）"主营业务成本"科目

"主营业务成本"科目是损益类科目，用来核算商品流通企业因销售商品等日常活动而发生的实际成本。其借方登记采用进价法企业已销商品进价成本的数额，采用售价法企业，登记已销商品含税售价数额，已销商品进货补价；贷方登记冲减商品销售成本数额，采用售价法企业登记月末计算结转的已销商品应分摊的进销差价，已销商品进货退价；期末结转至"本年利润"账户的商品销售成本数额；期末结转后该账户应无余额。其明细账进价法核算企业可按主营业务的种类设置，售价法核算企业可按商品大类或实物负责人分设。实际工作中，也可以将该账户改为"商品销售成本"账户。

二、商品销售核算

（一）数量进价金额核算法

1. 商品一般销售的核算

（1）本地商品销售的核算。一般采用提货制和送货制，在采用提货制销售商品的情况下，应按照实现的销售收入和按规定收取的增值税额（销项税额），借记"银行存款"账户，按实现的销售收入，贷记"主营业务收入"账户，按收取的增值税额，贷记"应交税费——应交增值税（销项税额）"账户；结转商品销售成本时，按照商品销售进价，借记"主营业务成本"账户，贷记"库存商品"账户。

如果企业采用送货制销售商品，一般有一个送货验收的过程，对于已送出的商品，可以先通过"发出商品"账户核算，待商品经购货方验收后转作销售，再从"发出商品"账户转入"主营业务成本"账户。

（2）异地商品销售的核算。一般采用发货制，采用托收承付或委托收款方式结算货款，企业委托银行收取的销货款、代购货方垫付的费用及应收取的增值税，均通过"应收账款"账户核算。

2. 销售折扣、折让的核算

（1）销售折扣的核算。有商业折扣和现金折扣两种。商业折扣通常是在商品价目表上根据批发、零售、特约经销等不同销售类别给予一定幅度的折扣。现金折扣是企业为了尽早回笼资金而鼓励买方早日偿还所欠货款，允诺在一定的还款期限内给予的规定的折扣优惠，现金折扣是一种理财费用。

采用商业折扣，企业出售商品采用扣减商业折扣后的价格成交，此时，"主营业务收入"账户以实际成交价格记账，在有现金折扣的情况下，"主营业务收入"账户应按未扣除现金折扣的价格记账，对于给予买方的现金折扣，在实际发生时直接计入当期财务费用。采用现金折扣，应收账款入账金额的确认有两种处理方法可供选择：一种是总价法，另一种是净价法。我国目前的会计实务中，企业一般采用总价法核算。

（2）销售折让的核算。是指企业所售商品因品种、质量等原因而给予买方的折让。销售折让可能发生在企业确认收入之前，也可能发生在企业确认收入之后。发生在确认收入之前的销售折让，其处理相当于商业折扣，即在销售商品时直接给予客户价格上的减让，企业实现的销售收入按实际销售价格确认；发生在企业确认收入之后的销售折让，应在实际发生时冲减当期的销售收入。

3. 预收货款销售的核算

采用预收货款销售方式，购销双方要事先签订合同。对于预收货款应设置"预收账款"账户核算。该账户核算企业按照合同规定向购货单位预收的款项。其贷方登记收到的预收货款数额；借方登记实现销售冲减预收货款的数额；期末其贷方余额反映企业向购货单位预收的款项；若期末出现借方余额，则为购货单位应补付的款项数额。其明细账应按购货单位设置。预收账款情况不多的企业，也可以将预收的款项直接记入"应收账款"账户，不设"预收账款"账户。

企业向购货方预收款项时,借记"银行存款"账户,贷记"预收账款"账户,商品销售后,按实现的收入和应交的增值税销项税额,借记"预收账款"账户,按实现的营业收入,贷记"主营业务收入"账户,按专用发票上注明的增值税额,贷记"应交税费——应交增值税(销项税额)"账户;购货方补付的货款,借记"银行存款"账户,贷记"预收账款"账户;退回多收的货款,作相反分录。

4. 分期收款销售的核算

企业采用分期收款销售方式,应按合同预定日期分期确认收入,同时按商品全部销售成本与全部销售收入的比率计算出本期应结转的销售成本。因此,企业需单独设置"分期收款发出商品"账户对分期收款销售商品进行核算。该账户核算企业采用分期收款销售方式发出商品的进货原价。其借方登记发出商品的进货原价数额;贷方登记每期销售实现结转成本的数额;期末借方余额反映采用分期收款方式销售,尚未收到货款部分的已发出商品的进货原价。该账户应按销售对象设置明细账或设置备查簿,详细记录分期收款发出商品的数量、售价、成本、代垫运杂费、已收取的货款和尚未收取的货款等有关情况。

5. 受托代销商品的核算

受托企业接受其他单位委托代销商品,销售后有两种处理方法:一是视同买断方式,二是以收取手续费方式。

(1) 视同买断方式代销商品的核算。视同买断方式下,受托企业对代销商品虽无所有权但拥有支配权,可以视同本企业购进商品一样进行销售处理。收到代销商品时,借记"受托代销商品"账户,贷记"代销商品款"账户。

代销商品销售后,根据专用发票,借记"银行存款"或"应收账款"账户,贷记"主营业务收入"和贷记"应交税费——应交增值税(销项税额)"账户;按进价借记"主营业务成本"账户,贷记"受托代销商品"账户。同时借记"代销商品款"和"应交税费——应交增值税(进项税额)"账户,贷记"应付账款"账户。与委托方结算货款时,将代销商品清单交给对方,并据此支付货款和增值税额,借记"应付账款"账户,贷记"银行存款"账户。

(2) 收取手续费方式代销商品的核算。受托企业采用收取代销手续费方式,收到代销商品时的核算方法与视同买断方式相同。

代销商品销售后,根据专用发票,借记"银行存款"或"应收账款"账户,按实现的销售收入贷记"应付账款"和账户,按收取的增值税额贷记"应交税费——应交增值税(销项税额)"账户。同时注销代销商品,借记"代销商品款"账户,贷记"受托代销商品"账户。企业根据合同规定向委托方结算代销手续费时,作为其他业务收入处理。

6. 商品销售中其他业务的核算

（1）销售退回的核算。发生销售退回业务时，企业必须收回原开出的增值税专用发票并注明"作废"字样，或取得买方提供的有效证明，据此开出红字专用发票入账。按企业会计制度规定，销售退回应当分别情况处理：① 未确认收入的已发出商品的退回，按照计入"发出商品"等账户的金额，借记"库存商品"账户，贷记"发出商品"账户。② 已确认收入的销售商品退回，一般情况下直接冲减退回当月的销售收入、销售成本等。企业发生的销售退回，应冲减的营业收入，借记"主营业务收入"账户，按允许扣减当期销项税额的增值税额，借记"应交税费——应交增值税（销项税额）"账户，按已付或应付的金额，贷记"银行存款"、"应付账款"等账户。按退回商品的成本，借记"库存商品"账户，贷记"主营业务成本"账户。如果该项销售已发生现金折扣，应在退回当月一并处理。③ 资产负债表日及之前售出的商品在资产负债表日至财务会计报告批准报出日之间发生退回的，应当作为资产负债表日后事项处理，调整报告年度的收入、成本等。如果该项销售在资产负债表日及之前已经发生现金折扣的，还应同时冲减报告年度的现金折扣。

（2）商品销售购货方拒付货款和拒收商品的核算。企业在销售商品过程中遭到购货方拒收商品和拒付货款，当接到购货方提出的"拒付理由书"时，须经业务部门查明原因，在未查明原因或未批准解决前，购货方拒付货款部分仍应保留在"应收账款"账户。查明原因解决后，应按不同的解决办法进行账务处理。

对于少发商品的处理有两种情况：如果补发商品，在商品发运后收到购货单位货款、增值税额及垫付运费时，借记"银行存款"账户，贷记"应收账款"账户；如果不再补发商品，则由业务部门填制红字增值税专用发票，作销售退回处理。

对于错开货款的，也应由业务部门填制红字增值税专用发票，财会部门据以作为销货退价处理。

当因商品质量不符要求，或因商品品种、规格弄错而退回时，应由储运部门验收入库，财会部门根据转来的红字增值税专用发票作销售退回处理，退回商品的运费列入"销售费用"账户。

对于商品短缺的情况，先要冲减"主营业务收入"、"应交税费"账户。再根据具体情况进行账务处理，如属于本企业储运部门负责，应由其填制"财产损失报告单"，将商品短缺金额转入"待处理财产损溢"账户，经批准后再转入"营业外支出"账户。

如果购货单位支付了部分货款，同时又拒付了部分款项，应将收到的款项借记"银行存款"账户，对于尚未收到的款项仍然保留在"应收账款"账户内，与对方协商解决后再予以转销。

【例1-6】 安达公司销售给某百货商店吸尘器50台，每台售价280元。增值税率17%，代垫运费400元，商品已经发出，款项已向开户行办理托收，15天后百货公司因商品损坏拒付两台吸尘器的货款，其余货款和增值税款及运费全部承付。对上述业务财会部门应作如下处理：

商品发出：

  借：应收账款——某百货商店   16 780
   贷：主营业务收入   14 000
    应交税金——应交增值税（销项税额）   2 380
    银行存款   400

接到银行收款通知，损坏商品责任属运输部门：

  借：银行存款   16 220
   其他应收款   560
   贷：应收账款——某百货商店   16 780

（3）销货退、补价的核算。企业销售商品多计或少计货款，须办理退价或补价手续。销售商品退价是指实际售价低于原结算的售价，其差额应由企业退还给购货单位。销售商品补价是指实际售价高于原结算售价，其差额应由购货单位补付给企业。

发生退补价时，应由业务部门填制红蓝字"专用发票"，同时填制"销货更正单"作附件，财会部门据以办理收款或付款手续。因为退、补价是销售金额的调整，不涉及商品数量，只需增加或减少"主营业务收入"账户和销项税的数额，不调整"库存商品"和"主营业务成本"账户的数额。

【例1-7】 安达公司售给某商场电话机100只，每只59.8元，发票误填为56.8元，少收300元，根据补开的专用发票作账务处理如下：

  借：应收账款——某商场   351
   贷：主营业务收入   300
    应交税金——应交增值税（销项税额）   51

收到补价：

  借：银行存款   351
   贷：应收账款——某商场   351

（二）售价金额核算法

1. 商品一般销售的核算

实行售价金额核算的企业，一般在每日营业终了时各实物负责人要清点当日销货款并送存银行，财会部门应根据有关凭证按含税销售额反映商品销售收入和银行存款的增加，借记"银行存款"账户，贷记"主营业务收入"账户；

同时按含税的售价借记"主营业务成本"账户,贷记"库存商品"账户,以注销库存商品,反映实物负责人所经管商品的实存额和经济责任。待计算出已销商品应分摊的进销差价后,再贷记"主营业务成本"账户,将含税的售价调整为销售商品的进价成本。在实际工作中,为了简化核算手续对已销商品应分摊的进销差价并不逐日计算和调整,而是到月末按一定的方法计算出已销商品应分摊的进销差价集中调整。关于本月计算和结转已销商品进销差价的方法,将在本章下一节介绍。

【例1-8】 旭日公司为信用卡特约单位,信用卡结算手续费率为5‰,3月15日各营业柜组商品销售及货款收入情况如表1-1:

表1-1 单位:元

柜 组	销 售 金 额				现金溢缺
	合 计	现金收入	信用卡签单	转账支票	
百货柜	20 340.00	9 172.00	8 465.00	2 703.00	
服装柜	30 585.00	23 658.00	6 927.00		
食品柜	9 469.00	5 486.00	3 983.00		
合 计	60 394	38 316.00	19 375.00	2 703.00	

(1)财会部门根据各营业柜组交来的商品销售收入缴款单及现金、签购单和转账支票,根据签购单编制计汇单,并与转账支票一并存入银行,作分录如下:

借:现金 38 316
银行存款 21 981.12
财务费用 96.88
贷:主营业务收入——百货柜 20 340
——服装柜 30 585
——食品柜 9 469

(2)将现金集中解存银行,取得解款回单,作分录如下:

借:银行存款 38 316
贷:现金 38 316

(3)同时转销库存商品,作分录如下:

借:主营业务成本——百货柜 20 340
——服装柜 30 585
——食品柜 9 469

```
    贷：库存商品——百货柜                    20 340
            ——服装柜                        30 585
            ——食品柜                         9 469
```

  实行售价金额核算法的零售企业，商品销售采用一手交钱一手交货的销售方式，对顾客不开增值税专用发票，无法根据发票确认销售收入和销售税额，只能定期或在月份终了，根据当期收取的含税销售额和规定的计算公式计算不含税的销售收入和销项税额。因此，企业平时按含税的销售额进行账务处理，定期或月末计算出销项税额以后，再将含税的销售额调整成为不含税的销售收入。不含税销售额及销项税额的计算公式为：

    不含税销售额 = 含税销售额/（1 + 税率）
    销项税额 = 不含税销售额 × 税率

  将含税销售额调整成为不含税销售额的账务处理方法为：借记"主营业务收入"账户，贷记"应交税费——应交增值税（销项税额）"账户。

  【例1-9】 旭日百货公司 6 月份实现的含税销售额为 980 000 元，增值税税率为 17%，月末计算不含税销售额和销项税额。

  不含税销售额 = 980 000 ÷（1 + 17%）= 837 606.84（元）
  销项税额 = 837 606.84 × 17% = 142 393.16（元）

  根据以上计算结果作账务处理如下：

```
    借：主营业务收入                         142 393.16
        贷：应交税费——应交增值税（销项税额）     142 393.16
```

  2. 受托代销商品

  (1) 视同买断方式代销商品的核算。视同买断方式代销商品，在收到代销商品时，按含税售价，借记"受托代销商品"账户，按不含税接收价，贷记"代销商品款"账户，按其差额，贷记"商品进销差价"账户。代销商品售出后，按含税售价，借记"银行存款"或"库存现金"账户，贷记"主营业务收入"账户；结转商品销售成本时，按含税售价，借记"主营业务成本"账户，贷记"受托代销商品"账户，收到委托单位开来的增值税专用发票，借记"应交税费——应交增值税（进项税额）"账户，按不含税接收价，借记"代销商品款"账户，按不含税接收价和税款之和，贷记"应付账款"账户。支付代销商品款时，借记"应付账款"账户，贷记"银行存款"账户。月末计算结转代销商品的销项税额时，借记"主营业务收入"账户，贷记"应交税费——应交增值税（销项税额）"账户。月末，已销代销商品应与自营商品一并分摊进销差价，借记"商品进销差价"账户，贷记"主营业务成本"账户。

  (2) 收取手续费方式代销商品的核算。采用收取代销手续费方式的企业，收到代销商品时按代销商品的售价借记"受托代销商品"账户，贷记"代销商品款"账户。代销商品销售的核算以及结算代销手续费的核算方法，与采用数量进价金额核算的企业基本相同。

3. 商品销售长短款的核算

采用售价金额核算的企业，如果销售商品由营业员直接收款，不作销货记录，发生货款收付错误，平时不易发现，只有到月末盘点商品时才能发现，对此应结合月末盘点一同处理。销售商品若设有专人收款或由营业员直接收款并作柜台记录，应于每日营业终了将收款凭证或柜台记录加总，与所收销货款相核对。如果实收销货款大于收款凭证或柜台记录，称为"长款"，反之则为"短款"。发生长、短款差错，应填写"长、短款报告单"送财会部门进行账务处理。对于发生的长短款，在未查明原因前，应记入"待处理财产损溢"账户，待查明原因或经批准核销后，再予以转账，分别记入"其他应收款"、"销售费用"、"营业外支出"等账户。长短款应分别处理，两者不得相互抵消。

第三节　商品储存的核算

一、库存商品的明细账设置

（一）数量进价金额法

采用数量进价金额核算的企业，业务部门、仓库部门和财会部门都需要库存商品的明细分类资料，要满足这三个部门的不同需求，可按以下三种方法设置明细账：

（1）业务、保管、财会部门各设一套库存商品明细账。即业务部门设商品调拨账，仓库设保管账，财会部门设库存商品明细账。前两套账一般只记数量、不记金额，财会部门的库存商品明细账，同时核算数量和金额。

（2）业务和财会部门合并设置一套库存商品明细账，既记录数量又记金额，同时提供业务和财会部门所需要的库存商品明细资料；仓库设保管账，只记录数量。

（3）业务、仓库和财会部门合设一套库存商品明细账，既记数量又记金额，同时提供业务、保管和财会部门所需的库存商品明细资料。

（二）售价金额核算法

实行售价金额核算的企业，为了加强对库存商品的管理，财会部门除了设置"库存商品"总分类账外，还要按照实物负责人（或结合商品类别）分户设置库存商品的明细账户，只记商品的售价金额，不记商品的数量，库存商品的明细核算一般有两种做法：

（1）按实物负责人分户设置库存商品明细账，采用"三栏式"账页进行登记。

（2）以各实物负责人报来的商品进销存日报表代替库存商品明细账。由于商品进销存日报表包括库存商品明细账的全部内容，因此，财会部门可不另设库存商品明细账，而是根据各实物负责人送来的两联"商品进销存日报表"中的一联，按日期先后顺序分实物负责人装订成册，或汇总成"商品进销存汇总表"代替库存商品明细账；另一联"商品进销存日报表"签章后退给实物负责人按日期顺序装订成册，作为各实物负责人的库存商品明细账。

对于经营贵重商品的营业柜组，为了对贵重商品加强管理，保证其安全，应当单独设置商品数量明细账，记载贵重物品的收付存数量，进行数量售价金额核算。

二、商品储存各种业务的核算

（一）商品调价的核算

它是指由于各种原因对库存商品价格进行的调高或调低。商品调价前，企业应组织有关人员对调价商品进行盘点，根据盘点核实的调价商品数量，编制"商品调价单"，送交财会部门进行商品价格变动的核算。由于企业对库存商品的计价方法不同，对调价结果的核算也有所区别。

采用进价核算的企业，商品调价对企业按进价核算的库存商品不产生影响，因此，不需要进行商品调价的核算。调价的最终影响，待商品出售后自然体现在企业当期损益中。

采用售价核算的企业调整商品的售价时，应根据"商品调价单"的调价结果，通过"商品进销差价"账户调整"库存商品"账户的列账价格。调高商品售价时，按商品新售价与原售价的差额，借记"库存商品"账户，贷记"商品进销差价"账户；调低商品售价时，作相反会计分录。

（二）商品跌价的核算

商品流通企业应当定期或者至少每年年度终了，对库存商品进行全面清查，如由于商品遭受毁损、全部或部分陈旧过时或销售价格低于成本等原因，使库存商品成本高于可变现净值的，应按库存商品成本高于可变现净值部分提取存货跌价准备。

存货跌价准备应按单个库存商品项目的成本与可变现净值计量，如果某些库存商品具有类似用途并与在同一地区生产销售的产品系列相关，且实际上难以将其与该产品系列的其他项目区别开来进行估价，可以合并计量成本与可变现净值计量；对于数量繁多、单价较低的库存商品，可以按存货类别计量成本与可变现净值计量。

当企业存在下列情况之一时，应当计提存货跌价准备：（1）市价持续下跌，并且在可预见的未来无回升的希望；（2）因企业所提供的商品或劳务过时或消费者偏好改变而使市场的需求发生变化，导致市场价格逐渐下跌；（3）其他足以证明该项库存商品实质上已经发生减值的情形。

期末，企业计算出库存商品可变现净值低于成本的差额，借记"资产减值损失——存货跌价损失"账户，贷记"存货跌价准备"账户；如已计提存货跌价准备的库存商品的价值以后又得以恢复，应按恢复增加的数额，借记"存货跌价准备"账户，贷记"资产减值损失——存货跌价损失"账户。但是，当已计提存货跌价准备的库存商品的价值以后又得以恢复，其冲减的跌价准备金额，应以"存货跌价准备"账户的余额冲减至零为限。

当企业存在以下一项或若干项情况时，应将库存商品账面价值全部转入当期损益：（1）已霉烂变质的库存商品；（2）已过期且无转让价值的库存商品；（3）生产中已不再需要，并且已无使用价值和转让价值的库存商品；（4）其他足以证明已无使用价值和转让价值的库存商品。

企业当期发生上述情况时，应按库存商品的账面价值，借记"资产减值损失——存货跌价损失"账户，按已计提的存货跌价准备，借记"存货跌价准备"账户，按库存商品的账面余额，贷记"库存商品"账户。"存货跌价准备"账户核算企业提取的存货跌价准备，其贷方登记计提存货跌价准备的数额；借方登记冲减、转销、转回存货跌价准备的数额；其期末贷方余额，反映企业已提取的存货跌价准备。

【例1-10】 旭日百货公司采用售价金额法，家电组实行按月计提存货跌价准备制度，8月31日对库存商品进行全面清查，发现8台电冰箱陈旧过时，每台原含税进价为1 600元，预计每台不含税售价为1 100元，计提存货跌价准备4 000元，作账务处理如下：

借：资产减值损失——存货跌价损失　　　　　4 000
　　贷：存货跌价准备　　　　　　　　　　　　　　　　4 000

9月20日该批电冰箱全部出售，每台含税售价为1 345元。款项存入银行，原含税价为2 020元，作账务处理如下：

借：银行存款　　　　　　　　　　　　　　10 760
　　贷：主营业务收入——家电组　　　　　　　　　　10 760
同时
借：主营业务成本——家电组　　　　　　　12 160
　　存货跌价准备　　　　　　　　　　　　4 000
　　贷：库存商品——家电组　　　　　　　　　　　　16 160

转出出售商品损失应负担的进项税额，作账务处理如下：
出售商品损失 = [1 600 – 1 345/（1 + 17%）] ×8 = 3 603.44（元）
出售商品损失应负担的进项税额：3 603.44 × 17% = 612.58

  借：管理费用——其他费用   612.58
    贷：应交税费——应交增值税（进项税额转出） 612.58

月末计算含税销售额中所含的销项税额，并作账务处理：
不含税销售额 = 16 760/（1 + 17%）= 14 324.78（元）
销项税额 = 14 324.78 × 17% = 2 435.21（元）

  借：主营业务收入——家电组   2 435.21
    贷：应交税费——应交增值税（销项税额） 2 435.21

（三）商品内部调拨的核算

  商品内部调拨仅仅是商品实物负责部门或负责人之间的转移，因此，只作借记调入商品实物负责部门或负责人和贷记实物负责部门或负责人库存商品的账务处理。如果"商品进销差价"账户也按实物负责人分户，则应将调拨商品的进销差价同时转账。

（四）库存商品盘点溢缺的核算

  库存商品盘点溢余是指商品的库存数量和金额大于账面数量和金额。发现溢余，根据"商品溢余报告单"，采用售价核算的企业，按售价借记"库存商品"账户，按进货原价贷记"待处理财产损溢"账户，同时调整溢余商品应增加的进销差价贷记"商品进销差价"账户。采用进价核算的企业直接按进货原价列账，不发生商品进销差价的核算。按规定程序批准转销时，借记"待处理财产损溢"账户，贷记"管理费用"账户。

  库存商品盘点短缺是指商品的库存数量和金额小于账面数量和金额。发现短缺，根据"商品溢余报告单"，采用售价核算的企业，按短缺商品进货原价和不可抵扣的增值税进项税额，借记"待处理财产损溢"账户，按含税售价贷记"库存商品"账户，按短缺商品的不可抵扣的增值税进项税额，贷记"应交税费——应交增值税（进项税额转出）"账户，同时调整短缺商品应减少的进销差价借记"商品进销差价"账户。采用进价核算的企业，直接按进货原价列账不发生商品进销差价的核算。按规定程序批准转销时，借记"管理费用"、"其他应收款"等账户，贷记"待处理财产损溢"账户。

三、商品销售成本的计算与结转

  商品销售成本无论企业采用进价核算或售价核算，概指商品销售进价成本。正确计算与结转商品销售成本，是正确计算企业财务成果和正确确定库存商品期末余额的关键。

采用进价核算的企业，由于同一品种的商品各批购进的单价不同，对已销商品进价成本的计算与结转，存在着选用何种计算方法的问题；采用售价核算的企业，由于库存商品按售价记账，售价与进价的差额记入"商品进销差价"账户，因此对已销商品进价成本的计算与结转，存在着进销差价的分摊问题。在商品销售成本计算与结转的时间上，也有随时结转和定期结转两种方法。因此，需要结合企业的经营特点和管理要求，正确进行处理。

（一）采用进价核算企业商品销售成本的计算与结转

采用进价核算企业，确定商品销售成本的计算方法有先进先出、加权平均、移动加权平均、个别计价和毛利率法等多种方法。这些方法在计算上各有其优缺点，企业可根据经营商品的特点，选定其中一种方法或结合选用几种方法，计算和结转商品销售成本，使计算结果既符合实际，计算工作又能简便。但不论采用何种方法，在一个年度内都不应变动，以保持年度销售成本计算的一致性。以下介绍进价核算企业常用的加权平均计算方法。

加权平均法是以每种商品的加权平均单价乘以销售数量，从而求得商品销售成本的方法。加权平均单价及商品销售成本的计算公式如下：

加权平均单价 =（期初结存金额 + 本期增加金额 - 本期非销售减少金额）
　　　　　　÷（期初结存数量 + 本期增加数量 - 本期非销售减少数量）

商品销售成本 = 销售数量 × 加权平均单价

非销售减少是指出售商品以外的商品减少，如盘亏商品、拨付加工商品、进货退出等。这些业务发生时已按期初结存商品的单价结转，所以在计算销售成本的加权平均单价时应予扣除。加权平均单价一般是一个近似值，为了保持期末库存商品结存金额与月末结存数量乘以加权平均单价一致，可以采用先计算期末库存商品结存金额，然后倒计商品销售成本，其计算公式如下：

期末库存商品金额 = 期末结存数量 × 加权平均单价

商品销售成本 = 期初结存商品金额 + 本期增加商品金额 - 本期非销售减少
　　　　　　　商品金额 - 期末库存商品金额

采用加权平均法计算商品销售成本与期末结存商品的进价成本，价值比较均衡，但月末的计算工作量较大，商品销售成本的结转时间也只能在月末进行。因此，当月内必须随时结转某一发出商品的进价成本时，可以按照该商品上月的加权平均单价计算。

采用进价核算的企业，计算出本期商品销售成本后，应借记"主营业务成本"账户，贷记"库存商品"账户。

【例1-11】 某进价核算企业采用加权平均法计算销售商品成本，资料见表1-2。

表1-2

库存商品明细账

品名：　　　　　单位：　　　　　规格：　　　　　等级：　　　　　编号：

x年		凭证号数	摘要	收入				付出				结存		
月	日			数量		单价(元)	金额(元)	数量		单价(元)	金额(元)	数量	单价(元)	金额(元)
				购进	其他			销售	其他					
3	1		期初余额									300	50	15 000
	10		购进	900		60	54 000					1 200		
	11		销售					800				400		
	18		购进	600		70	42 000					1 000		
	20		销售					800				200		
	24		购进	200		80	16 000					400		
	28		拨付加工						100			300		
	31		结转销售成本							60	106 348	300	66.84	20 052
			本月合计				112 000	1 600	100		106 948	300	66.84	20 052

根据账簿资料,计算商品的加权平均单价和本月销售商品成本为:

$$加权平均单价 = \frac{15\,000 + (54\,000 + 42\,000 + 16\,000)}{300 + 900 + 600 + 200 - 100}$$
$$= 66.84(元)$$

期末库存商品金额 = $300 \times 66.84 = 20\,052$(元)

商品销售成本 = $15\,000 + 112\,000 - 600 - 20\,052 = 106\,348$(元)

根据结转商品销售成本:

 借:主营业务成本   106 348
  贷:库存商品   106 348

(二)采用售价核算企业商品销售成本的计算与结转

采用售价核算企业,平日商品售出后,按含税售价结转商品销售成本,注销库存商品并以减少实物负责人的责任,借记"主营业务成本"账户,贷记"库存商品——实物负责人"账户。期末,再按照一定的方法,计算出已销商品应分摊的进销差价,通过进销差价分摊,将平日按售价结转的商品销售成本调整为进价成本。按已销商品应分摊的进销差价借记"商品进销差价"账户,贷记"主营业务成本"账户。

已销商品进销差价的计算,关系到商品销售成本的正确性,企业应结合实际情况选择适用的计算方法。常用的计算方法有下列两种:

(1)差价率计算法。是指按照商品存销比例分摊进销差价的方法。根据企业经营管理的具体需要,差价率计算法又可分为"综合差价率计算法"和"分柜组差价率计算法"两种。前者以整个企业作为计算对象,后者以实物负责小组作为计算对象。

综合差价率计算法,计算比较简便,但由于各类商品的实际差价率有高有低,存销比例也不相同,因此计算结果的正确性较差,一般适用于经营商品进销差价比较接近的企业。

分柜组差价率计算法,计算结果较综合差价率计算法准确,一般适用于经营商品进销差价相差较大的企业。

差价率计算法有关计算公式如下:

差价率 = 月末分摊前商品进销差价余额÷(月末库存商品余额 + 月末受托代销商品余额 + 本月商品销售额)

已销商品应分摊的进销差价 = 本月商品销售额×差价率

采用综合差价率的企业,按以上公式计算全部商品的差价率和当月已销商品应分摊的进销差价。采用分柜组差价率的企业,应按以上公式分别计算各实物负责小组经营商品的差价率和各组当月已销商品应分摊的进销差价。为此,采用分柜组差价率的企业,除"库存商品"账户应按实物负责小组分户外,

"商品进销差价"账户也应按实物负责小组分户进行明细核算。财会部门为了计算各实物负责小组应分摊的已销商品进销差价，月末应编制"已销商品进销差价计算表"，根据计算结果结转商品进销差价。

【例1-12】 旭日公司采用分柜组差价率计算已销商品应分摊的进差价，某月有关账户的资料如表1-3。

表1-3　　　　　　　　　　　　　　　　　　　　　　　　　　　　　　　单位：元

营业柜组	分摊前商品进销差价账户余额	库存商品账户余额	受托代销商品账户余额	主营业务收入账户余额
百货柜	64 386.00	137 580.00	41 200.00	152 360.00
服装柜	80 763.00	105 900.00	26 000.00	132 000.00
食品柜	65 480.00	110 340.00		121 230.00
合　计	210 629.00	353 820.00	67 200.00	405 590.00

根据以上资料计算柜组差价率和柜组已销商品应分摊的商品进销差价。

柜组差价率：

百货柜差价率 = 64 386 ÷（137 580 + 41 200 + 152 360）= 19.44%

服装柜差价率 = 80 763 ÷（105 900 + 26 000 + 132 000）= 30.6%

食品柜差价率 = 65 480 ÷（110 340 + 121 230）= 28.28%

柜组已销商品应分摊的商品进销差价：

百货柜 = 152 360 × 19.44% = 29 618.78（元）

服装柜 = 132 000 × 30.6% = 40 392（元）

食品柜 = 121 230 × 28.28% = 34 283.84（元）

根据计算结果结转已销商品应分摊的商品进销差价：

借：商品进销差价——百货柜　　　　　　　29 618.84
　　　　　　　　——服装柜　　　　　　　40 392.00
　　　　　　　　——食品柜　　　　　　　34 283.84
　　贷：主营业务收入——百货柜　　　　　29 618.84
　　　　　　　　　——服装柜　　　　　　40 392.00
　　　　　　　　　——食品柜　　　　　　34 283.84

（2）盘存商品实际差价计算。采用差价率计算已销商品进销差价，无论是综合计算还是分柜组计算，所得的差价率都是平均差价率，只是平均的范围大小不同。据以分摊后保留下来的商品进销差价，与库存商品实际进价与售价之间的真正差额一般是不会一致的。为了克服这一缺点，有些企业采用"盘存商品实际差价计算法"计算已销商品应分摊的进销差价。

  盘存商品实际差价计算法，是根据库存商品的实际盘点结果，先求出库存商品应保留的进销差价，然后倒计出销售商品应分摊的进销差价的方法。具体做法是：期末以"库存商品盘点单"中所列各种商品的盘存数量，分别乘以该商品的原进价（或最后进价）和售价，求出盘存商品的总进价和总售价，再用盘存商品总售价减总进价，计算出期末全部库存商品应保留的进销差价，然后，用分摊前商品进销差价余额减去期末全部库存商品应保留的进销差价，求出销售商品应分摊的商品进销差价。计算公式如下：

  期末库存商品应保留的进销差价＝期末全部库存商品售价总金额－期末全部库存商品进价总金额

  销售商品应分摊的进销差价＝期末分摊前商品进销差价余额－期末库存商品应保留的进销差价

  采用这种方法计算结果正确，但工作量大。因此，企业一般在年度过程中采用"差价率法"，而在年末通过商品盘点，采用盘存商品实际差价计算法，计算年末库存商品应保留的商品进销差价，调整年度内多计或少计的已销商品的进销差价。

第二章 对外贸易企业特殊业务会计

对外贸易企业简称外贸企业，是从事商品进出口经营活动的企业。按照我国当前的外贸业务，可以分为出口、进口和加工贸易三大类型。

第一节 出口业务的核算

一、国际贸易条款中的相关规定

对外贸易必须在国际贸易条款的相关规定下进行，这是任何一个国家或企业参与对外贸易的一个重要原则。几百年的国际贸易实践已经形成了一些国际贸易惯例，这些惯例构成了国际贸易条款，每笔进出口业务都必须在相关国际贸易条款规定下进行。例如一笔出口业务应在什么时间确认销售收入，按什么金额入账，相关费用由进出口双方中哪一方支付等，都要遵循相关国际贸易条款的约束。我们这里关注的主要是国际贸易条款中的价格条款。国际贸易价格条款很多，但最为常用的是以下三种：

（一）起运港船上交货价（Free On Board，即 FOB）

它是指出口方在规定的起运港和期限内把货物装上进口方指定的船只，并向进口方发出装船通知，出口方负担货物装上船为止的一切费用和风险，即由进口方支付运费和保险费的价格条款。后面要指明起运港名称，例如 FOB 上海。在这种价格条款下，出口方一般在货物起运时就可以确认相关销售收入。

（二）成本加运费价（Cost and Freight，即 CFR）

它是指出口方负责租船订舱，将货物装上船，支付运费，负担装船前的一切费用和风险，进口方负担支付保险费的价格条款。后面要指明目的港名称，例如 CFR New York。在这种价格条款下，出口方一般在货物起运时，只要支付或者确认运费就可以确认相关销售收入。

（三）成本加保险和运费价（Cost, Insurance and Freight，即 CIF）

它是指出口方租船订舱，将货物装上船，支付运费和保险费，负担装船前的一切费用和风险的价格条款。后面也要指明目的港名称，例如 CIF London。在这种价格条款下，出口方一般在货物到达目的港时，并且支付或者确认运费和保险费的情况下才可以确认相关销售收入。

现将三种价格条款的主要特征对比如下（表2-1）。

表2-1

价格条款	风险转移	负担国外运保费	支付国外运费	支付国外保费	租船订舱	投保
FOB	货物装船	买方	买方	买方	买方	买方
CFR	货物装船	买方	卖方	买方	卖方	买方
CIF	货物装船	买方	卖方	卖方	卖方	卖方

二、自营出口业务的核算

（一）出口商品的来源

自营制是外贸企业自己生产商品并出口。因此，在自营制下出口商品的来源是外贸企业自己生产的库存商品，其生产环节的处理与工业企业相同。但是，由于外贸企业生产的产品并不都是为了出口，因此，出口商品的库存管理应与非出口商品的库存管理相区分。即将一般商品转为出口商品时，借记"库存出口商品"，贷记"库存商品"科目。

如果外贸企业的出口商品从出库到取得运输单据的时日较长，也就是等待装船运输的时日较长时，为了使"库存出口商品"账户能反映在库的出口商品数，可以设置"待运和发出商品"账户，于发出商品时，借记"待运和发出商品"账户，贷记"库存出口商品"账户。

商品出库后，如因故未能出口，商品重新运回仓库，依据有关进仓单，借记"库存出口商品"账户，贷记"待运和发出商品"账户。

（二）出口商品销售收入的核算

1. 自营出口销售收入的确认

收入的确认是会计上是否要确认收入以及什么时间记入什么账户的问题。新的会计准则规定，商品销售收入必须同时满足下列条件的，才能予以确认：(1) 企业已经将商品所有权上的主要风险和报酬转移给购货方；(2) 企业既没有保留通常与所有权相联系的继续管理权，也没有对已售出的商品实施有效的控制；(3) 收入的金额能够可靠地计量；(4) 相关的经济利益很可能流入企业；(5) 相关的已发生或将发生的成本能够可靠地计量。

在外贸环境中，出口商品销售收入的确认也应该遵循以上标准，但具体而言，又有需要结合外贸企业的实际加以确定的地方。

外贸企业买卖双方的风险划界点是交货点。按照国际贸易条款的相关规定，FOB、CFR 和 CIF 三种价格条款下风险转移的标志都是相同的，都是以货物装船、越过船舷为标准。

外贸企业买卖双方的报酬划界点问题。上述风险的转移并不等于"报酬"随之转移。单是风险转移或单是报酬转移都不符合以上收入确认的第一条标准，必须要两者均已转移。报酬的真实含义是所有权的经济利益。因此，报酬的转移实际上是所有权权利的转移。外贸环境中，所有权的转移通常仅以凭证的交付为准。这种凭证一般采取提货单（简称提单）的形式。在外贸实践中，提单的交付多通过银行代替买方收受，称之为"交单"。交单是将全套商业单据向买方银行提交索取货款的过程。

由于外贸业务的远距离特征，风险的转移和所有权的转移并不是同步的。例如有时候进口方已经取得了提单，但是由于运输等种种原因货物仍然可以暂时寄存在出口方的仓库内，此时，所有权先于风险转移；又如出口方已经将货物交上船，但提单并未交给进口方也不能认为所有权已经转移，这种情况下，所有权的转移在风险的转移之后。

正是鉴于以上原因，存在外贸会计实务中出口商品销售收入的确认时间问题。外贸企业出口商品销售实现的标志是商业发票（或称发货单，Invoice）。虽然它是自制凭证，但却是出口企业的正式发货通知单（例如外贸结算中所用货币种类就要以商业发票上的币种为依据），它可以和运输单证（比如提货单等）及结算收款单证（如汇票）相脱离而独立证实销售。向买方银行"交单"指的是全套商业单据，应该包括商业发票、运输单据，有时还有保险单据，具体根据所采用的国际贸易价格条款而定。因此，在外贸实务中，外贸企业的财会部门一般是以外贸企业向进口企业的银行交单之日，作为出口销售的入账时间。具体而言，外贸企业的财会部门是以取得业务部门或储运部门交来的盖有交单日期（由买方银行签署）或装船日期（由货运企业签署）的出口商业发票，作为记录出口销售收入的原始凭证和确认入账日期的依据。

2. 自营出口销售收入的计量

计量是指按什么计量属性来确定所确认的会计事项的金额。一般情况下，出口销售按成交价格（历史成本计量属性）作为计量出口销售收入的基础。

按照海关业务的国际惯例，进口业务的统计以到岸价 CIF 为基准，出口则以离岸价 FOB 为基准。与此相对应，对出口企业来说，为了使出口销售收入的记账口径一致，不论出口成交是哪一种价格条款，都以离岸价 FOB 为基准。凡合同规定以到岸价 CIF 成交的，先按到岸价 CIF 作为出口销售收入入账，然后将商品离岸以后我方负担的以外汇支付的国外运费、保险费和佣金及以外汇支付的银行手续费冲减出口销售收入。在 FOB 条件下，进口方负责租船订舱和投保运输费,因此,国外运输费和保险费和出口方无关。在 CIF 和 CFR 条款下,出口方虽然要负责联系运输和保险工作,但是必须看到,CIF 及 CFR 中的运费、保险费,实质上是出口方为代进口方办理海运托运及保险手续而代运输公司和保险公司收取的一笔"暂收款",是运输公司和保险公司的收入而不是商品出口企业的销售收入。因此出口销售收入的入账基准都要统一采用 FOB 价,多余款项可以以"应付外汇账款"的相关明细科目来进行反映。具体而言,以 FOB 价为基准,以出口发票所列外币金额按当日(交单日)市场汇率(即期汇率)折合为本币金额入账。

为了核算外贸企业自营出口业务的商品销售收入,外贸企业设置"自营出口销售收入"这一科目。当外贸企业确认出口商品销售收入时,按即期汇率将外币金额折算为本位币金额,借记"应收外汇账款"等资产类科目,贷记"自营出口销售收入"、"应付账款"等科目,同时结转成本,借记"自营出口销售成本",贷记"待运和发出商品"、"库存出口商品"等科目;当收到出口商品销售收入时,按收到当日即期汇率将收到的外币金额折算为本位币金额,借记"银行存款",贷记"应收外汇账款";当以外币支付给保险公司和运输公司费用时,借记"应付外汇账款",贷记"银行存款"科目。

(三)结汇的处理

出口企业收到外汇收入后,必须将外汇收入按当日银行买入价卖给银行,这是我国新的外汇管理体制的要求。外贸企业将以外币表示的出口商品销售收入卖给银行时,应按银行买入价将外币折算为本位币,借记"银行存款",按当日即期汇率将外币折算为本位币,贷记"银行存款——外币户",借贷差额记入"财务费用——汇兑差额"科目。

(四)国外运输费及保险费的核算

对于出口方来说,无论成交采用何种价格条款,最终都是进口方在承担国外运输费和保险费,只是支付方不同而已。因此,如果是执行 FOB 价格条款,自营出口企业不存在国外运输费及保险费的核算问题;如果是执行 CFR 价格条款,包含在货款中的国外运输费不是出口企业的销售收入,只是出口企业代进口方办理运输手续而代运输公司向进口方收取的一笔"暂收款",是运输公司的收入而不是商品出口企业的销售收入;如果是执行 CIF 价格条款,包含在货款中的国外运输费和保险费同样不是出口企业的销售收入,只是出口企业代进口方办理运输和保险手续而代运输公司和保险向进口方收取的一笔"暂收款",是运输公司和保险公司的收入而不是商品出口企业的销售收入。以上这些以外币反映的"暂收款"为了和出口企业的商品出口收入相区分,记入"应付外汇账款"的相关明细科目。另外,按照我国外汇管理的有关规定,外贸企业需要先凭有关凭证向银行购入结算所需外汇后,才能支付国外运输费及保险费。按销售收入、应付运输费及保险费借记"应收外汇账款"或"银行存款——外币户"科目,按销售收入贷记"自营出口销售收入"科目,按运输费、保险费贷记"应付外汇账款——运输公司"和"应付外汇账款——保险公司"科目。

实际支付运输费和保险费时,借记"应付外汇账款——运输公司"和"应付外汇账款——保险公司"科目,贷记"银行存款——外币户"科目。

(五)国内相关费用的核算

出口商品一般自外贸企业到出口口岸上船为止,还有一些费用,如出口专用包装费、报关费、检验费、国内运输费、集装箱服务费等。支付这些费用时,借记"销售费用"科目,贷记"银行存款"等科目。

(六)出口退税的核算

出口企业应按月根据上月自营出口销售账填制《出口货物退(免)税申请表》,连同上月出口销售收入明细账副本、购进商品时的增值税专用发票、《出口货物消费税专用缴款书》,以及《出口货物报关单》(退税联)等凭证,先报外经贸主管部门稽核签章后,报主管退税的税务部门申请退税。

1. 申请应退增值税

出口环节的增值税退税实际上是按一定标准退还外贸企业的购进材料生产出口商品所缴纳的进项税额。按规定退税时,借记"应收出口退税"科目,贷记"应交税费——应交增值税(出口退税)"科目。

2. 申请应退消费税

由于已纳消费税已经记入出口商品的成本,因此退税时应冲减出口商品的销售成本,借记"应收出口退税"科目,贷记"自营出口销售成本"科目。

【例2-1】 国内某自营出口的外贸企业以信用证结算方式,向美国某客户出口服装一批,成本人民币 100 000 元。

(1)由于估计等待装船的时日较长,业务部门开具出库单办理出口待运手续。财务部门根据收到的出库凭证,作如下会计分录:

  借:待运和发出商品   100 000
    贷:库存出口商品   100 000

(2)财务部门收到有关部门送来的已向银行交单的发票副本,发票金额CIF价USD100 000,办妥委托收款手续,其中运输公司和保险公司开具的运费单和保单上注明的国外运输费和保险费分别为USD10 000和USD1 000,未支付,当日即期汇率为1美元=8.00元人民币,作如下会计分录:

  借:应收外汇账款——美元(100 000×8.00)   800 000
    贷:自营出口销售收入   716 000

　　　　应付外汇账款——运输公司（USD10 000×8.00）
　　　　　　　　　　　　　　　　　　　　　　　　　80 000
　　　　　　　　——保险公司（USD1 000×8.00）　4 000

（3）财会部门以出口所列商品名称、规格、数量及价格，与待运和发出商品的出库单核对相符后，结转自营出口销售商品成本，作如下会计分录：

　　借：自营出口销售成本　　　　　　　　　　100 000
　　　贷：待运和发出商品　　　　　　　　　　100 000

（4）收到银行转来的美元外汇收款通知时的美元即期汇率为1美元=7.90元人民币，当日银行美元买入价为1美元=7.80元人民币，并支付800元人民币的结汇手续费。作如下会计分录：

　　借：银行存款——美元（100 000×7.90）　　790 000
　　　贷：应收外汇账款——美元　　　　　　　790 000
　　借：银行存款　　　　　　　　　　　　　　780 000
　　　　财务费用——汇兑差额　　　　　　　　 10 000
　　　贷：银行存款——美元（100 000×7.90）　790 000
　　借：财务费用——银行手续费　　　　　　　　　800
　　　贷：银行存款　　　　　　　　　　　　　　　800

（5）该批出口商品出运后，收到银行向运输公司和保险公司以美元支付上述国外运输费和保险费的通知，支付当日的即期汇率为1美元=7.80元人民币，当日银行美元卖出价为1美元=7.90元人民币，作如下会计分录：

向银行购入美元时：

　　借：银行存款——美元（11 000×7.80）　　　85 800
　　　　财务费用——汇兑差额　　　　　　　　　1 100
　　　贷：银行存款　　　　　　　　　　　　　 86 900

支付前面已经确认的费用时：

　　借：应付外汇账款——运输公司（USD10 000×7.80）
　　　　　　　　　　　　　　　　　　　　　　 78 000
　　　　　　　　——保险公司（USD1 000×7.80）
　　　　　　　　　　　　　　　　　　　　　　　7 800
　　　贷：银行存款——美元　　　　　　　　　 85 800

（6）上述出口业务中支付国内运输费人民币2 000元，作如下会计分录：

　　借：销售费用　　　　　　　　　　　　　　　2 000
　　　贷：银行存款　　　　　　　　　　　　　　2 000

（7）上述出口商品应退消费税5 400元，应退增值税7 800元。作如下会计分录：

借：应收出口退税　　　　　　　　　　　　　　　　13 200
　　贷：应交税费——应交增值税（出口退税）　　　　　7 800
　　　　自营出口销售成本　　　　　　　　　　　　　 5 400

（8）收到出口退税款 13 200 元时，根据银行进账单回单，作如下会计分录：

借：银行存款　　　　　　　　　　　　　　　　　　 13 200
　　贷：应收出口退税　　　　　　　　　　　　　　　 13 200

三、代理出口业务的核算

代理制是外贸企业生产出口商品后委托非国有专业外贸企业办理出口手续。因此，非国有专业外贸企业从事的只是外贸中介业务，只是从中收取一定的服务费，不是国际贸易购销的主体。委托方是出口商品生产企业，受托方是专业外贸企业。

（一）代理出口业务的核算特点

（1）代理出口业务的盈亏应由委托方负担，即委托方按照自营出口业务核算。受托方不支付采购出口商品的资金，不负担费用，也不承担出口销售的盈亏，可按代理协议收取手续费。

（2）代理出口发生的国内、外费用，均应由委托方负担，只是具体的支付方不同。费用的结算可由受托方先垫付后向委托方收取，也可由委托方先预付后再进行清算。

（3）代理出口商品的出口退税应归委托方，这与在代理出口业务中委托方依然按照自营出口业务核算的规定相一致。但是，一般由受托企业负责去所在地税务局开立代理出口退税证明，由委托方持代理出口退税证明和出口报关单等单据向当地税务部门办理出口退税。

（4）代理出口外汇收入的归属。自 1996 年 8 月 1 日起，根据我国外汇管理局所发布的《出口收汇结汇核销管理暂行办法》第 11 条规定，除外商投资企业委托代理出口的情况下应按委托代理协议办理原币划转外，境内机构的出口收汇不得原币划转，应当在收款行结汇后将人民币划转委托方，即由受托方办理收款结汇，扣除各种代垫费用后，将人民币余款划拨委托方。

（5）代理出口商品不应反映为受托方的资产；代理出口商品销售收入不应反映为受托方的销售收入。

（二）代理出口业务的核算

【例 2-2】 某非国有专业外贸企业受国内某企业的委托，代理出口一批商品，CIF 价 100 000 美元，代理手续费 3%。受托方代委托方垫付国内费用人民币 20 000 元，国外运输、保险费 15 000 美元。各款项确认及支付时的即期汇率在相关分录中反映，相关账务处理如下：
1. 受托方的账务处理
(1) 出口交单时
借：应收账款——美国某客户（USD100 000×8.00）
　　　　　　　　　　　　　　　　　　800 000
　贷：应付账款——委托单位　　　　　800 000
(2) 代垫国内费用时
借：应付账款——委托单位　　　　　　20 000
　贷：银行存款　　　　　　　　　　　20 000
(3) 代垫国外运输、保险费时
借：应付账款——委托单位（USD15 000×7.90）
　　　　　　　　　　　　　　　　　　118 500
　贷：银行存款　　　　　　　　　　　118 500
(4) 收款结汇时，银行当日美元买入价为1美元＝7.70元人民币，相关处理如下
借：银行存款——美元（100 000×7.80）　780 000
　贷：应收账款——美国某客户　　　　780 000
借：银行存款　　　　　　　　　　　　770 000
　财务费用——汇兑差额　　　　　　　 10 000
　贷：银行存款——美元（100 000×7.80）780 000
借：应付账款——委托单位　　　　　　 10 000
　贷：财务费用——汇兑差额　　　　　 10 000
(5) 与委托方清算时，当日即期汇率为1美元＝7.80元人民币
借：应付账款——委托单位　　　　　　651 500
　贷：主营业务收入——代理出口手续费
　　　　　　　　　　　　　　　23 400（3 000×7.80）
　　　银行存款　　　　　　　　　　　628 100
2. 委托方的账务处理
(1) 根据受托方交单后交来的有关单据，作如下会计分录：
借：应收账款——受托单位　　　　　　800 000
　贷：自营出口销售收入　　　　　　　800 000
同时结转成本，同自营出口销售成本的结转。
(2) 根据受托方垫付有关国内费用，国外运输费和保险费，汇兑费用后交来的有关单据，作如下会计分录：
借：自营出口销售收入　　　　　　　　148 500

    贷：应收账款——受托单位　　　　　　　　　　148 500
（3）根据受托方交来的结算清单，作如下会计分录：
    借：银行存款　　　　　　　　　　　　　　　　628 100
      自营出口销售收入　　　　　　　　　　　　 23 400
    贷：应收账款——受托单位　　　　　　　　　　651 500
有关出口退税的处理也与自营出口销售业务相同。

第二节　进口业务的核算

我国外贸实务中通常将进口业务分为自营进口和代理进口两种。自营进口是指有进口经营权的非专业外贸企业自己购汇并办理一切进口商品所需手续，自行承担进口业务的盈亏。代理进口是指非国有专业外贸企业受不拥有进口经营权的非专业外贸企业的委托，代理一切进口手续，只收取代理手续费。本节只介绍自营进口业务的核算。

由于在自营进口中，外贸企业要自行承担自营进口业务的盈亏，因此要求企业如实准确地核算自营进口商品的采购成本及销售收入等。

一、自营进口商品采购成本的核算

进口商品的采购成本包含进口商品到达目的港之前发生的各种支出。自营进口商品的采购成本主要包括两部分：一是国外进价；二是进口税金。

（1）国外进价。进口商品的国外进价，一律以到岸价 CIF 为基础。如以其他价格条款为合同成交价，则商品离开对方口岸后应由进口方负担的国外运输费，保险费等，计入商品的进价。商品到达我国口岸后发生的费用不能计入进价，而是直接计入相关费用。

（2）进口税金。构成进口商品采购成本的进口税金，主要包括海关征收的进口关税、海关代征的进口增值税和进口消费税，其中，进口增值税不在进口商品的采购成本中反映，但是进口固定资产等项目除外。

二、自营进口商品销售的核算

自营进口商品销售是指外贸企业自营进口的商品，按一定的作价原则销售给国内购货企业，由外贸企业自负盈亏的销售。

在我国外贸实务中，外贸企业自营进口商品的销售的入账时间，以开出进口销售结算清单向国内购货单位办理货款结算的时间为准。进口商品销售结算共有三种方式：

（1）单到结算。指外贸企业不管进口商品是否到达我国港口，只要收到国外全套单据，经确认符合国内购销合同的规定，便可在向国外出口商付款的同时向国内购货单位办理货款结算。

(2) 货到结算。指外贸企业在货船到达我国港口取得外运公司的船舶到港通知单，方向国内购货单位办理货款结算。自营进口销售一般采用这种方式确认销售收入。

(3) 出库结算。指外贸企业的进口商品到货后先入库，出库销售时，再向国内购货单位办理货款结算。

【例2-3】 某外贸企业自营进口商品一批，国外进价FOB价10 000美元，相关业务如下。为简便起见，在下述业务中假定当日银行美元买入价均为1美元=7.80元人民币，卖出价均为1美元=8.00元人民币，当日即期汇率均为1美元=7.90元人民币

(1) 以美元支付国外运输费和保险费共计800美元：
借：银行存款——美元（800×7.90）　　　　6 320
　　财务费用　　　　　　　　　　　　　　　　80
　　贷：银行存款　　　　　　6 400（800×8.00）
借：商品采购——进口商品　　　　　　　　6 320
　　贷：银行存款——美元（800×7.90）　　6 320

(2) 接到银行转来的全套国外单据，对外支付价款：
借：银行存款——美元（10 000×7.90）　　79 000
　　财务费用　　　　　　　　　　　　　　 1 000
　　贷：银行存款　　　　　80 000（10 000×8.00）
借：商品采购——进口商品　　　　　　　　79 000
　　贷：银行存款——美元（10 000×7.90）　79 000

(3) 货到报关，支付进口关税和增值税，假定进口关税为人民币34 000元，增值税额为人民币20 000元：
借：商品采购——进口商品　　　　　　　　34 000
　　应交税费——应交增值税（进项税额）　20 000
　　贷：银行存款　　　　　　　　　　　　54 000

(4) 验收入库：
借：库存进口商品　　119 320（6 320+79 000+34 000）
　　贷：商品采购——进口商品　　　　　　119 320

(5) 将这批自营进口商品按国内同类商品协商作价销售给国内某企业，售价200 000元，增值税34 000元：
借：银行存款　　　　　　　　　　　　　　234 000
　　贷：主营业务收入——自营进口销售收入　200 000

　　　　应交税费——应交增值税（销项税额）　　　34 000
　　同时结转自营进口成本：
　　　借：主营业务成本——自营进口销售成本　　119 320
　　　　贷：库存进口商品　　　　　　　　　　　　　　119 320

第三节　其他对外贸易业务的核算

其他对外贸易业务通常包含我们所说的"三来一补"。"三来"是指：来料加工、来件装配、来样定制。"补"是补偿贸易。此外，其他对外贸易业务还包括进料加工。进料加工是指外贸企业自营进口或委托进口原料、材料、辅料、零部件等，通过自行加工或委托加工等形式加工成为成品或半成品后再外销出口的业务。下面介绍进料加工业务的核算。

进料加工业务可以分为进口、加工、出口三个过程。外贸企业一般在进料时，就已经有对口出口合同的，我国给予这样的外贸企业免征进口关税和增值税的优惠政策。这使进料加工的进口与一般进口略有不同，下面通过一个具体实例来阐述。

【例2-4】　某外贸企业进口原料，国外进价100 000美元。外贸企业将其对某加工企业作价加工，按人民币850 000元收购。外贸企业与此同时已与一外商谈妥出口合同，属于有对口出口合同的情况，故进口关税、增值税全免，进口成本只含国外进价。假定业务发生当日即期汇率均为1美元=7.90元人民币，卖出价均为1美元=8.00元人民币。

（1）进口时，凭全套进口单证：
　　借：银行存款——美元（100 000×7.90）　　790 000
　　　　财务费用　　　　　　　　　　　　　　　10 000
　　　贷：银行存款　　　　　　800 000（100 000×8.00）
　　借：商品采购——进料加工　　　　　　　　　790 000
　　　贷：银行存款——美元（100 000×7.90）　　790 000

（2）入库时：
　　借：原材料——进料加工　　　　　　　　　　790 000
　　　贷：商品采购—进料加工　　　　　　　　　　　790 000

（3）作价拨给加工厂，作价为人民币800 000元，凭出库单及加工厂回单：
　　借：银行存款　　　　　　　　　　　　　　　936 000
　　　贷：主营业务收入——作价加工　　　　　　　　800 000
　　　　　应交税费——应交增值税（销项税额）　　　136 000

借：主营业务成本——作价加工　　　　　　　790 000
　　贷：原材料——进料加工　　　　　　　　　　　790 000
（4）加工完成，收购入库，凭入库单和加工厂增值税专用发票：
　　借：商品采购——进料加工成品　　　　　　850 000
　　　　应交税费——应交增值税（进项税额）　144 500
　　　　贷：银行存款　　　　　　　　　　　　　　994 500
（5）入库时，根据出口合同：
　　借：库存出口商品　　　　　　　　　　　　850 000
　　　　贷：商品采购——进料加工成品　　　　　　850 000

第三章 对外经济合作企业特殊业务会计

对外经济合作企业,是指具有对外承包劳务业务经营权,从事对外承包工程、对外劳务合作和对外技术服务等对外经济合作业务的企业,即通常所说的"外经企业"。其主要业务为对外承包工程、对外劳务合作、对外技术服务等。

第一节 对外承包工程成本的核算

对外承包工程分为自营承包和分包承包两大类。自营承包由承包企业自行采购材料、设备,自行派人或雇佣当地工人进行施工生产。分包承包将承包的工程项目分包给其他建筑公司。本节介绍对外自营承包工程的核算。

一、对外自营承包工程成本管理应遵循的原则

对外自营承包工程成本的管理是对外经济合作企业管理工作中的一个重要组成部分。加强成本管理,必须遵循如下原则:

(1) 建立成本管理责任制。将整个综合性的成本指标进行分解,分别下达给工程项目内部各个单位(如施工队,班组等),以明确他们的成本管理分工和职责,加强他们的经济责任,促使他们加强经营管理,努力降低成本。近年来,许多对外经济合作企业结合企业内部经营承包责任制的方法来建立对外自营承包工程成本责任制。在建立这种成本责任制中要注意:必须与生产管理体制相适应,企业所属的施工单位,如项目组、施工队、班组等,以及非独立核算的辅助生产单位,如加工厂等,都应该建立成本中心。企业非生产性的专业服务部门如人事、财会、总务等,则可建立费用中心。

(2) 遵循可控性原则。明确划分各责任单位的职责范围,使它们在能行使控制权的区域内承担经营责任,对其可控成本负责,对它们不能控制的因素应排除在外。

(3) 遵循责、权、利相结合的原则。要使每个责任中心的经济责任明确、具体,并对实践的成果考评有具体标准与方法,考评结果与奖惩相结合。

(4) 划清本期成本与下期成本的界限;已结算项目成本与未结算项目成

本的界限；不同成本核算对象之间的成本界限；成本费用与资本性支出、营业外支出的界限；境内成本与境外成本的界限。

二、对外自营承包工程成本的分类

按新准则的规定，对外自营承包工程成本分为直接费用和间接费用两大类。

直接费用，是指为完成对外自营承包工程所发生的、可以直接计入工程成本核算对象的各项费用支出。直接费用包括直接人工费、直接材料费、施工机械使用费、其他直接费用等。直接费用发生后可直接计入各成本核算对象。

间接费用是对外自营承包企业下属的施工单位或生产单位为组织生产和管理施工生产活动所发生的费用，包括建造费用和其他间接费用（指不能直接计入成本核算对象的辅助生产费用），具体包括临时设施折旧摊销费用和施工、生产单位管理人员薪酬、固定资产折旧费及修理费、周转材料摊销、水电费、办公费、差旅费、财产保险费、工程保修费、排污费等。间接费用发生后能够认定的也可直接计入成本核算对象，不能够认定的，可通过合理分配计入各成本核算对象。

根据新准则对成本项目的相关规定，各单位可根据需要自行确定。参照规定和根据对外承包工程的具体情况，成本项目一般可确定为：人员费、材料费、施工机械使用费、其他直接费用和间接费用等五项。

人员费应包括从事对外自营承包工程施工人员的工资、奖金、职工福利费、工资性质的津贴、劳动保护费等。

材料费应包括：在施工过程中，耗用的构成工程实体的原材料、辅助材料、构配件、半成品的费用和周转材料的摊销及租赁费用。对外自营承包工程中包括少量自有设备（如运输设备）也可以在材料费项目中核算；如该设备较多可增设机械作业科目，但期末须结转到工程施工科目。

施工机械使用费包括：在施工过程中，使用自有施工机械所发生的机械使用费和租用外单位施工机械的租赁费以及施工机械安装、拆卸和进、出场费。使用自有施工机械所发生的机械使用费先记入机械作业科目，期末再结转到工程施工科目；租用外单位施工机械的租赁费直接记入工程施工科目。

其他直接费用包括：在施工过程中，施工现场使用的风、电、水、汽费用，材料二次搬运费、临时设施摊销费、生产工具用具使用费、检验试验费、场地清理费等。

如果对外自营承包工程项目还承担设计任务时可在成本项目中增加设计费用一项。

三、对外自营承包工程实际成本的核算

实际成本的核算首先要汇集结算期的成本的核算资料，主要有：生产统计部门提供本期分部分项工程完成的工程量；材料管理部门提供本期材料、设备和周转材料按核算对象计算的消耗报告表；劳动工资部门提供按核算对象汇集的生产人员工资明细表；施工机械管理部门提供各核算对象本期使用各种施工机械的台班数；由各生产部门和现场管理部门提供本期应直接计入各核算对象的建造费用和不能直接计入核算对象的建造费用；由独立核算的辅助生产部门提出应记入各核算对象的费用明细表；由非独立核算的辅助生产部门提出应分配不能直接计入核算对象的辅助生产费用。

（一）成本明细账（卡）的建立

为了核算各成本核算对象的实际成本，企业应设立工程成本明细账（卡）。工程成本明细账（卡）应按成本核算对象分设并按成本项目将各期成本发生额记入有关各栏。

财会部门将内部各部门提供的成本核算资料审核无误后，凡能直接计入成本核算对象的如直接人工、直接材料等直接计入有关核算对象的成本项目，不能明确认定核算对象的则确定合理分配办法，如有的可按各核算对象人员费或材料费进行分配，有的可按各核算对象直接费用合计进行分配。

（二）人员费的核算

人员费主要指直接从事对外自营承包工程的生产人员的工资及福利费等。从国内派出施工人员计入人员费的包括工资、奖金、福利费、国际差旅费、人身保险费等。从当地雇佣的工人的人员费包括工资、奖金、加班费、解雇费等。结算人员费成本时，由劳动工资部门根据用工记录，对每个成本核算对象进行计算并向财务部门提供各成本核算对象耗用的各类人员工资明细表，借记"工程施工——承包工程支出——成本核算对象——人员费"科目，贷记"应付职工薪酬"科目。

（三）材料费的核算

财会部门根据材料管理部门提供的各成本核算对象的工程材料消耗报告表，按各项材料的单价计算出各成本核算对象直接费用下的材料费。至于各项材料单价是按先进先出法、加权平均法还是其他计价办法，由各单位根据具体情况选定。根据计算结果，借记"工程施工——承包工程支出——成本核算对象——材料费"科目，贷记"原材料"、"周转材料"等科目。

（四）施工机械使用费的核算

施工用的施工机械，有租用的和自有的区别。租用的按租用合同规定的租金，按期结算租赁费，并根据施工机械管理部门提供的各成本核算对象使用的

台班次,计算各核算对象应负担的租赁费,并直接计入核算对象。借记"工程施工——承包工程支出——成本核算对象——施工机械使用费"科目,贷记"应付职工薪酬"、"累计折旧"等科目。

独立核算的机械管理站按管理站的各成本核算对象使用各类机械的台班数和台班费以计算各成本对象应负担的施工机械使用费。借记"机械作业"科目,贷记"应付职工薪酬"、"累计折旧"等科目,期末,将机械作业科目转入工程施工科目,借记"工程施工——承包工程支出——成本核算对象——施工机械使用费"科目,贷记"机械作业"科目。

(五)其他直接费用的核算

其他直接费用指施工现场使用的风、水、电、汽的费用及材料二次搬运费、临时设施摊销费、生产工具和用具使用费、检验试验费、场地清理费、工程保险费等项目支出。

对外购的风、水、电、汽的支出,或独立核算的辅助生产部门供应的风、水、电、汽,根据支付的凭证和各成本核算对象实际耗用的数量计入各核算对象的成本,借记"工程施工——承包工程支出——成本核算对象——其他直接费用"科目,贷记"应付账款"等科目。

对不独立核算的辅助生产部门供应的风、水、电、汽,财会部门根据各核算对象使用的数量分配各核算对象应负担的成本,借记"工程施工——承包工程支出——成本核算对象——其他直接费用"科目,贷记"银行存款"等有关科目。

可以直接计入成本核算对象的临时设施摊销费,借记"工程施工——承包工程支出——成本核算对象——其他直接费用"科目,贷记"待摊费用"科目。

领用可以直接计入成本核算对象的生产工具、用具等低值易耗品摊销,借记"工程施工——承包工程支出——成本核算对象——其他直接费用"科目,按外购工具用具的账款,贷记"应付账款"科目,按领用并一次摊销的材料款,贷记"周转材料"科目,按领用并分次摊销的材料款,贷记"待摊费用"科目。

至于可直接计入核算对象的工程保险费等,在费用发生时,借记"工程施工——承包工程支出——成本核算对象——其他直接费用"科目,贷记"银行存款"等有关科目。

(六)建造费用的核算

建造费用核算各生产部门和现场管理部门如工程处、施工队、工区为组织和管理生产活动所产生的支出。包括生产管理人员和非直接生产工人的工资、福利费、折旧费、修理费、办公费、差旅费、运输费、水电费、保险费、周转材料摊销、劳动保护费等。

按新准则的规定凡能直接计入成本核算对象的建造费用，如低值易耗品的摊销、周转材料摊销等摊销可直接记入各该成本核算对象的相应成本项目，不通过建造费用核算。

建造费用应按不同的生产部门（如第一施工队、第二施工队）和费用项目（如工资、折旧费）进行明细核算。期末根据各核算对象完成工作量或其他指标（如人员费、材料费、直接费用合计等）分配计入各成本核算对象。借记"工程施工——承包工程支出——成本核算对象——间接费用"科目，贷记"建造费用"科目。

（七）辅助生产费用的核算

辅助生产费用核算企业辅助生产部门（如采石场、机修车间、木工车间、混凝土预制车间等）为工程施工、生产和提供劳务所发生的各项费用（如人工、材料、折旧等）。辅助生产费用可按辅助生产部门和成本核算对象进行明细核算，并设置成本项目进行明细核算。可以直接计入成本核算对象的辅助生产费用直接计入各项核算对象，不能直接计入各项核算对象的辅助生产费用，计入"其他间接费用"科目。发生辅助生产费用时，按直接计入数借记"工程施工——间接费用（对象）"科目，按不能直接计入数借记"其他间接费用"科目，贷记"应付职工薪酬"、"原材料"、"银行存款"等科目；分配结转其他间接费用时，借记"工程施工——间接费用（对象）"科目，贷记"其他间接费用"科目；分配辅助生产费用时，借记"工程施工——承包工程支出——成本核算对象"，贷记"工程施工——间接费用（对象）"科目。

四、对外自营承包工程生产成本的结转和结算工程支出的核算

为了核算企业本期、本年度实现的利润，应将与各项营业收入口径一致的各项成本支出从工程施工科目中结转到相关营业成本。在按合同规定结算工程价款收入后，应将与收入口径一致的工程支出从生产成本结转营业成本。结转后工程施工的余额为尚未结算的工程成本。

新准则规定，在一般情况下，结算的工程价款收入是根据已完工的工程量来计算的，因此如果能求得正在施工中的未结算部分的工程量，就可以得到应结转营业成本的工程成本和期末未结算工程支出即工程成本的期末余额。

【例3-1】 某承包工程合同共有两个成本核算对象A和B，完成工程量A为8 000m^2，B为2 000m^2，已向业主收到工程价款并计入营业收入中的承包工程收入。施工部门根据分部分项工程实际盘点未结算部门工程量A相当于2 000m^2，B相当于500m^2。统计出工程施工中承包工程支出核算对象A余额为1 000万元，B为400万元。据以计算结转已确认收入的营业成本。

A 未结算工程支出 = 10 000 000 ÷ （8 000m² + 2 000m²）× 2 000m²
　　　　　　　　 = 2 000 000（元）
A 应结转营业成本 = 10 000 000 − 2 000 000 = 8 000 000（元）
B 未结算工程支出 = 4 000 000 ÷ （2 000m² + 500m²）× 500m²
　　　　　　　　 = 800 000（元）
B 应结转营业成本 = 4 000 000 − 800 000 = 3 200 000（元）

根据计算结果编制会计分录如下：

　借：主营业务成本——承包工程成本　　　　11 200 000
　　贷：工程施工——承包工程支出——A　　　　8 000 000
　　　　　　　　　　　　　　　　——B　　　　3 200 000

五、对外分包工程成本核算

在与业主确定一个合理的承包价并确立承包合同后，在承包项目中，按专业性质划分出若干个分项工程，全部或部分发包给当地建筑工程公司或施工队，称之为全部或部分的分包承包。实行这种分包办法企业是总承包商，介入业主与分包商的中间，总承包商同业主签订总承包合同，对业主全面负责。另一方面将总承包的任务交给各个分包商，用分包合同确立双方分包关系，分包商对总承包商负责。

实行这种分包形式的工程成本管理的主要任务是与分包商确定分包工程的承包价。总承包商的工程计划成本即是与分包商确定分包价的基础。总承包商的工程计划利润是来自业主承包总价与各分包商分包价的差额，因此，分包工程的成本管理重点是如何合理计算分包工程的分包价格。确定分包价格首先确定好分包工程的工程量和人工、材料的计算单价。分包价格原则上是在同业主签订的承包总价的范围内调整一些富余的因素，从中取得总承包商的盈利。分包价一经双方确认，只要按合同规定的拨付工程款的办法，进行正常结算，完工后进行最终结算。

在拨付给分包单位预付款时，借记"预付账款"科目，贷记"银行存款"等科目。在结算工程款时，借记"工程施工——承包工程支出——分包工程支出"科目，贷记"预付账款"科目。

六、对外承包工程成本核算应注意的问题

（1）由于在境外承包工程所派出的管理人员和财会人员比较少，因此工程成本核算力求简化，只要能达到核算的目的就行。譬如，在材料费核算方面可以考虑不进行分次领用分次报耗，而是进场验收后一次直接计入成本核算对象，期末进行盘点后将剩余数量调整生产成本。应注意的是预算成本内各成本

项目的内容应与实际成本一致，以便考核和分析。

（2）国内人员工资和国内供应的材料物资价格一般低于国外，因此国内单位向国外按国际市场价格转账时，差额留在国内作为内部结算利润。

（3）境外核算对原始凭证、记账凭证、会计科目、报表都必须符合当地规定，尤其是在当地编制税务报表时，为了达到合理纳税的目的，一般是聘请一位当地注册会计师协助，由我方提供原始资料，由注册会计师记账和编制报表，这将有助于各项工作的开展。

第二节　劳务合作及技术服务成本的核算

对外劳务合作是通过国际间输出和输入劳动力或技术劳动而进行的交易，也称为无形贸易。目前，我国对外开展劳务合作，有成建制派遣的，也有零星派遣的；有施工企业和工业生产的生产工人，也有海员、厨师等从事第三产业的人员；还有从事勘察设计、咨询等技术劳务的。在合作形式方面多种多样，有从国外承包商中分包部分工程的劳务部分，这种劳务合作又可分为按工程项目整体承包劳务预算，即不论用工多少，承包劳务价格不变，工程项目盈亏由承包商承担；另一种是按出工天数和约定每天报酬单价按日计酬，用工多少由雇主负责；还有的劳务是受国外雇主委托派出劳务人员，商定每月劳动报酬，按月结算。

对外技术服务是指派遣技术人员或高级管理人员到国外从事技术或管理工作，譬如资源勘察、提供设计、指导生产、传授技术、开展咨询、培训人员等高技术服务。实质上是高层次的对外劳务合作。承担形式有按项目计算劳务报酬的，也有按每人每月薪金计算技术服务费的。

一、劳务合作技术服务的成本管理

劳务合作和技术服务是外经企业仅次于承包工程的重要经营业务，它不需要投入很多资金，更没有很大风险，所以外经企业都在积极发展此项业务。劳务合作和技术服务合作在成本管理上，主要注意以下几点：

1. 签好对外合作合同

对外劳务合作和技术服务项目，首先要签好对外合作合同。合同内容要具体，文字表达清楚，明确合作形式、合作期限、劳动报酬、支付方式、支付时间以及劳务人员其他待遇（如加班、奖金、人身保险、工伤、疾病、劳动保护）。一般劳务收入包括：

（1）劳动力动员安置费。大多数合同中规定，在派出劳动力之前一次支付。

(2) 出国人员的劳务工资，按月结算。有的合同规定由外方直接支付给工人一部分，其余部分汇回国内。

(3) 出国人员的加班费和奖金。

(4) 出国人员由外方支付的保险费。

(5) 按合同规定应由外方支付的出国人员国际差旅费。

(6) 因外方不能提供食宿，按合同规定支付的住宿、膳食和市内交通费。

外经企业对外劳务合作、技术服务，大多要同国内派出劳务的地方政府劳动部门或企事业单位合作。因此，在签订对外合同后，还需要与派人单位根据对外合同的要求签国内合作合同，内容除参照对外合同外，要明确派人单位收取的管理费和支付给出国劳务人员的报酬。

2. 降低成本

劳务合作、技术服务降低成本的主要途径是：按劳务总价承包的项目要严格控制用工数，通过向工人承包或计件充分调动工人的生产积极性，只有少用工，才能获得较好的经济效益。按人按月计酬的劳动合作项目，主要防止劳动力素质差，不能完成所规定的劳动任务，一旦由于达不到合同规定的技术标准而被业主辞退而提前回国，就要影响正常劳务收入，有的还要支付给雇主经济损失，所以选派合格的劳动技术人员出国是一项很重要的工作。

二、劳务合作、技术服务的成本核算

根据新会计准则的要求，在成本类科目下设置劳务成本科目核算劳务合作和技术服务成本。企业可以按劳务合作支出、技术服务支出设置明细账，同时可以在明细账下按成本核算对象和成本项目进行明细核算。

劳务合作和技术服务一般均以一个合同为一个成本核算对象，而成本项目一般只设人员费、其他直接费用和间接费用。

人员费是指劳务或技术服务人员的国内外应得的工资、奖金、加班费等；支付给国内派人单位的包干费或出国人员培训费、动员费；按对外合同规定应由我方支付的国内外差旅费、保险费等。

其他直接费用是指可以直接计入成本核算对象的费用，如支付给国内派人单位的管理费，出国人员使用的工具或用具使用费等。

间接费用是指项目管理人员的工资、差旅费、办公费等。

发生各项费用时，借记"劳务成本—劳务合作或技术服务支出—成本核算对象—人员费"等科目，贷记"应付职工薪酬"、"银行存款"等科目。

劳务合作或技术服务项目在结算劳务合作收入或技术服务收入后，应按收入口径将劳务成本中劳务合作或技术服务支出结转到相关营业成本科目中。

第四章 旅游饮食服务企业特殊业务会计

旅游、饮食、服务企业是以服务设施为条件，以向消费者提供服务的企业。旅游、饮食、服务企业会计是企业会计的一个分支，其特点是各项经营业务的收入、成本和费用分别核算和监督，且核算的方法各不相同，具有涉外性。

第一节 旅游服务的核算

旅游服务业务包括旅游经营业务和旅店经营业务。

一、旅游经营业务的核算

旅游经营业务是旅行社组织旅游者外出旅游并同时为之提供饮食、住宿、交通、导游等的业务。旅行社按服务形式分为组团社、接团社。组团社是组织旅游团队，制定和下达接待计划，并可提供全程陪同导游服务的机构。接团社接受组团社的委托，按照接待计划委派地方陪同导游人员，负责组织安排旅游团在当地参观游览等活动的机构。下面主要介绍组团社、接团社的经营核算。

（一）旅游经营业务收入的核算

1. 旅游业务营业收入的内容

（1）组团外联收入。旅行社一次性向旅游者收取的费用，包括旅游者的住宿费、用餐费、交通费、景点游览费、旅行社的服务费等收入。

（2）综合服务收入。接团社收到组团社拨付的综合服务费包括住房、用餐、文娱活动费等。

（3）零星服务收入。旅行社承接零星散客旅游或承办委托服务事项所取得的收入，包括委托收入，导游接送收入，车费收入，托运服务费收入等。

（4）劳务收入。旅行社向其他旅行社提供当地或全程导游翻译人员所取得的收入。

（5）票务收入。旅行社代办国际联运客票和国内客票手续费收入。

（6）地游及加项收入。旅游行接待旅游者某地一日游、两日游的小包价和提供的额外服务而取得的加项收入。

（7）其他服务的收入。不属于以上各项的服务收入。

2. 账户的设置

为反映旅行社一定时期所实现的各项营业收入，设置"主营业务收入"账户核算。该账户贷方登记实现的各项营业收入；借方登记冲减的收入和期末转入"本年利润"账户的净收入，结转后无余额。该账户可根据需要设置二级明细账户。

3. 组团社营业收入的核算

组团社首先由外联部与客源地旅行社签订组团协议，确定接待人数、时间、内容、价格等，然后给有关接待单位下达接待计划，根据各接待单位填报的"旅行团费用拨款结算通知单"拨付款项，并根据客源地旅行社确认的函电和接待计划及审核的"旅行团费用拨款结算通知单"填制的结算账单及时向客源地旅行社收款。一般遵循的原则是先收款，后接待。

收款时，借记"库存现金"或"银行存款"科目，贷记"应收账款"科目。旅游服务结束后，按月根据旅行团明细表进行结算，按所列团费收入金额，借记"应收账款"科目，贷记"主营业务收入"科目。

【例4-1】 中国青岛三星旅行社3月2日，组织A5638团西安7日游，收取旅行团的旅游费120 000元，3月10日，A5638旅行团返回旅游结束。根据经济业务作会计分录。

3月2日收取旅游费
  借：库存现金（银行存款）   120 000
    贷：应收账款——A5638   120 000
3月10日，旅行团返回旅游结束时。
  借：应收账款——A5638   120 000
    贷：主营业务收入——组团外联收入 120 000

4. 接团社营业收入的核算

接团社根据组团社发来的接待计划，制定当地接待计划，打印出日程表，分发到当地饭店、交通部门、旅游景点等接待单位；结合各旅行团不同特点和要求，配备合适的全陪和地陪；旅行团离开当地后，根据陪同人员填写的"旅行团费用结算报告表"，编制"旅行团费用结算通知单"报组团社办理款项结算；另外与提供服务的单位实行定期或不定期的结算。接团社确认营业收入时，借记"应收账款"科目，贷记"主营业务收入"科目，收到款项时，借记"银行存款"科目，贷记"应收账款"科目。

【例4-2】 夏日旅行社根据各组团社费用拨款结算通知单编制旅游费用汇总表如表4-1所示。

旅游费用汇总表

表 4-1　　　　　　　　　　　　2007 年 6 月 15 日　　　　　　　　　　　　单位：元

项　目	金　额		
	团体	其他	合计
综合服务费	15 340	2 660	18 000
住宿费	47 000	2 000	49 000
机船票费	60 000		60 000
全程交通费	38 500	1 500	40 000
地方风味餐费	21 000		21 000
合　计	181 840	6 160	188 000

根据旅游汇总表编制会计分录如下：

　　借：应收账款——组团社　　　　　　　　　188 000
　　　　贷：主营业务收入——综合服务收入　　　　18 000
　　　　　　　　　　　　　——住宿费　　　　　　49 000
　　　　　　　　　　　　　——地游及加项收入　　21 000
　　　　　　　　　　　　　——票务收入　　　　　60 000
　　　　　　　　　　　　　——城市间交通费　　　40 000

当收到组团社拨来的款项时作会计分录如下：

　　借：银行存款　　　　　　　　　　　　　　188 000
　　　　贷：应收账款——组团社　　　　　　　　188 000

（二）旅游经营业务成本的核算

1. 旅游业务营业成本的内容及分类

按为旅游者提供服务所发生的支出项目的不同可分为以下几大类：

（1）组团外联成本。指各组团社组织的外联团，按规定开支的住宿费、餐饮费、综合服务费、国内车市间交通费等。

（2）综合服务成本。指接待由总帖数组织的包价旅游团，按规定开支的住宿费、餐饮费、车费、组团费和接团费等。

（3）零星服务成本。指接待零星散客，委托代办事项等，按规定开支的委托费、手续费、导游接送费、车费、托运服务费及其他支出。

（4）劳务成本。指非组团旅行社为组团社派出的翻译导游人员参加全程陪同，按规定开支的各项费用。

（5）票务成本。指各地旅行社代办国际联运客票和国内客票等，按规定开支的各项手续费、退票费等。

（6）地游及加项成本。地游及加项成本是指各地旅行社接待的小包价旅游，或因游客要求增加游览项目而按规定开支的综合服务费、超公里费、游江费和风味费等。

（7）其他服务成本。其他服务成本是指不属于以上各项成本的支出。

2. 账户设置

为反映旅游社在一定时期所发生的各项营业支出，设置"主营业务成本"账户，该账户借方登记确认的各项营业成本；贷方登记期末转入"本年利润"账户的净支出，结转后该账户无余额。该账户可根据需要设置二级明细账户。

3. 旅游业务营业成本的账务处理

（1）组团社营业成本的账务处理。组团社的营业成本有两部分：一部分是拨付支出，即拨付给接团社的综合服务费、住宿费等支出，属于代收代付；另一部分是为组团而发生的外联费用和全陪人员的部分费用支出，属于组团社的服务性支出。

一般情况下，组团社是先收费后接待，接团社则是先接待后向组团社收费，这样，两者之间就形成了一个结算期。该结算期经常跨月份，这样给旅行社准确、及时的核算带来了困难。按收入与成本相互配比的原则，应按计划成本先行结转。待算出实际成本后再结转其差额。结转营业成本时，借记"主营业务成本"科目，贷记"原材料"、"应付账款"、"银行存款"等科目。期末，应将"主营业务成本"科目余额转入"本年利润"科目。"主营业务成本"科目的明细账应与"主营业务收入"科目的明细账设置相适应。

【例4-3】 大华旅行社到了规定的15日结算日，仍没接到西安大雁接团社报来的"旅行团费用拨款结算通知单"，可按计划成本预提20 000元，其中：综合服务费成本16 000元，劳务成本2 600元，地游及加项成本1 200元，其他成本200元。作会计分录如下：

  借：主营业务成本——综合服务成本   16 000
       ——劳务成本   2 600
       ——地游及加项成本   1 200
       ——其他成本   200
    贷：应付账款——西安大雁旅行社   20 000

以后，当接到西安大雁接团社报来"旅行团费用拨款结算通知单"时，经审核无误，办理支付手续。其收费内容分别为：综合服务费16 200元，全程陪同劳务费2 700元，地游及加项费1 300元和其他费用500元。作会计分录如下：

  借：主营业务成本——综合服务成本   200

                ——地游及加项成本   100
                ——其他成本   300
                ——劳务成本   100
          贷：应付账款——西安大雁旅行社   700
       借：应付账款——西安大雁旅行社   20 700
          贷：银行存款   20 700

（2）接团社营业成本的账务处理。接团社营业成本是为了给旅行团提供服务而由各饭店、车队等接待单位发生的实际支出，这些支出是付给各种接待单位的。一家接待单位有可能为不同旅行团提供相同服务。因此接团社在与各接待单位办理结算时，要按成本的核算对象加以归集，记入成本明细账。

【例4-4】 东星旅行社在接待香港大中旅行社过程中，支付酒店的住宿费20 000元，餐饮费8 000元，风味小吃费1 200元；支付代购机票手续费800元。作会计分录如下：

       借：主营业务成本——香港大中旅行社——综合服务成本
                                                28 000
                ——香港大中旅行社——票务成本
                                                  800
                ——香港大中旅行社——地游及加项成本
                                                1 200
          贷：银行存款   30 000

二、旅店经营业务的核算

旅店包括宾馆、酒店、饭店等企业。旅店业务是提供住房、生活设施的使用和服务人员的劳动服务来满足旅客需要而收取一定费用的服务业务。客房服务是其主要业务。

（一）客房营业收入的核算

1. 客房营业收入的入账时间和入账价格

（1）入账时间。以客房出租时间为入账时间，无论房租是否收到，都作收入实现。

（2）入账价格。客房的价格通常有标准价、旺季价、淡季价、团队价、优惠价等，但客房收入的入账价格按出租客房的实际价格入账。

（3）客房租金收入通常按天数分时段计算，自旅客入住客房之日起，至次日中午12时止，收取一天租金；至次日中午12时以后，傍晚6时以前止，加收半天的租金，至次日傍晚6时以后，则加收一天租金。

2. 客房营业收入的结算方式

(1) 预收制。指付费在先、服务在后。旅店对一些信用不好或不甚了解的客人在住店登记时，根据客人拟住天数，预收服务费，会计核算作预收定金列账。宾客住店后每天应付费用与应收制处理相同，列为应收款。待客人离店时，以预收定金抵付应收款，多退少补。

(2) 现收制。指饭店提供服务后，当即向客人收取现金或银行支票（信用卡）的方式。

(3) 应收制。指先入住，后付款。旅店对信用可靠的客人，事先不预收定金，在饭店为客人提供服务后，定期或离店时一次性向客人结清账款。

无论采用哪一种结算方式，旅店必须严格按照内部操作规程和有关手续制度，组织业务活动和款项结算，并报财会部门进行账务处理。

3. 客房营业收入的账务处理

客房的营业收入，设置"主营业务收入"账户核算，该账户贷方登记实现的客房营业收入，借方登记冲减的收入和期末转入"本年利润"账户的净收入，结转后无余额。

【例4-5】 A公司在某饭店设办事处，租用客房一间，饭店与A公司签定合同，规定租用期1年，年租金60 000元，预付款50%，作会计分录如下：

(1) 宾客入住，同时收到预付款时
  借：银行存款   30 000
   贷：应收账款——A公司   30 000

(2) 每月结转收入5 000元 (60 000/12)
  借：应收账款——A公司   5 000
   贷：主营业务收入——客房收入   5 000

(3) 收到剩余租金时
  借：银行存款   30 000
   贷：应收账款——A公司   30 000

（二）客房营业费用的核算

客房营业费用包括房屋及有关设备的折旧费、低值易耗品摊销费、经营人员工资、服装费、料费、水电费、邮电费、洗涤费等。从理论上讲，客房业务经营过程中发生的各项直接耗费构成客房营业成本。但是，由于客房经营耗费中除客房建筑设施、室内装饰、音响设置等，具有一次性投资大之外，日常费用开支较少，而且直接费用与间接费用不容易分清，为此，客房日常经营过程中发生的费用支出全部列作营业费用。

为反映客房营业费用，应设置"销售费用"账户核算，其借方登记客房发生的各项营业费用，贷方登记期末将账户余额转入"本年利润"账户的数额。结转后该账户无余额。

【例4-6】 某宾馆客房部某月发生支出如下:领用客房用品600元,分配客房部职工工资及奖金、津贴7 000元,房屋、设备的折旧费1 000元。作会计分录如下:

借:销售费用　　　　　　　　　　　　　　8 600
　　贷:原材料——物料用品　　　　　　　　　600
　　　　应付职工薪酬　　　　　　　　　　　7 000
　　　　累计折旧　　　　　　　　　　　　　1 000

第二节　饮食经营的核算

饮食业是加工烹制餐饮食品,立即供应给顾客食用的行业。与商业、工业相比较其特点是:随时生产随时销售;原材料的进价随季节变化而变化;经营收入的变化较大;对每种产品无法分批分件进行成本计算,一般按经营单位或经营类别核算。

一、饮食制品销售价格的确定

饮食制品销售价格的确定有销售毛利率法和成本毛利率法。

(1) 销售毛利率法。以售价为基数,先确定每种饮食制品的毛利率,再用内扣方式确定饮食制品的售价。计算公式如下:

毛利额 = 销售价格 - 投料成本

销售毛利率 = (毛利额÷销售价格) ×100%

销售价格 = 投料成本÷(1 - 销售毛利率)

其中投料成本是按投料标准生产饮食制品所需投放原材料的总额,包括主料、副料、调料的用量。

(2) 成本毛利率法:以饮食制品投料成本为基数,按规定的成本毛利率加成计算销售价格。计算公式如下:

成本毛利率 = (毛利额÷投料成本价) ×100%

销售价格 = 投料成本价×(1 + 成本毛利率)

二、饮食营业收入的核算

1. 饮食业营业收入的内容

(1) 食品收入。是指餐厅酒吧及宴会厅销售各种菜、汤、主食、水果等而取得的收入;

(2) 饮料收入。是指餐厅酒吧及宴会厅销售各种酒类和饮料而取得的收入；

（3）香烟收入。是指餐厅酒吧及宴会厅销售各种香烟的收入；

（4）服务费收入。是指餐厅酒吧及宴会厅接待客人按消费标准的比例收取的服务费收入；

（5）其他收入。是指以上收入以外的其他各项收入，如娱乐活动的门票收入、宴会厅的租金收入等。

2. 饮食业营业收入的账务处理

饮食业的营业收入，设置"主营业务收入"科目核算，贷方登记实现的营业收入，借方登记冲减的收入和期末转入"本年利润"账户的净收入，结转后无余额。

饮食业营业收入的确认是以提供了劳务、收到货款或取得了收取货款的凭证时确认。收到货款或取得了收取货款的凭证时，借记"银行存款"、"库存现金"或"应收账款"科目，贷记"主营业务收入"科目。如果预收定金，借记"库存现金"科目，贷记"预收账款"科目。

三、饮食营业成本的核算

饮食经营的成本包括直接耗费的各种原材料、调料、配料的成本。

（1）较大规模的饮食企业设专门的材料库和专职保管员，领料时，填制领料单，交由保管员发料。企业可采用先进先出、加权平均、移动加权平均等方法计算，确定所领用的材料的实际成本。不同的材料可以采用不同的方法，计价方法一经确定，不得随意改变。

企业按耗费的原材料、调配料的实际成本，通过"主营业务成本"科目核算。领用原材料时，借记"主营业务成本"，贷记"原材料"。月末，可能有部分已领未用原材料等。为了正确计算本月营业成本，应从已结的营业成本中扣除。处理方法有两种：

第一，将月末已领未用结存数保留在主营业务成本账户中，根据下列公式计算确定本月耗用的原材料、调料、配料的总成本。

总成本 = 月初结存数 + 本月领用数 − 月末结存数

然后将本月总成本结转到"本年利润"科目，月末结存数保留"主营业务成本"科目中。

第二，按假退料作账务处理。从营业成本中冲减月末结存数，冲减后的数额为原材料、调料、配料的总成本，即月末根据实际盘存数额填制红蓝字领料单各一份，用红字领料单作月末退料凭证，借记"主营业务成本"（红字），贷记"原材料"等（红字），作假退料处理。蓝字领料单作为下月初的领料凭证,在下月初借记"主营业务成本",贷记"原材料",作假领料处理。

(2)规模小的饮食业,不实行领料制。平时耗用原材料,办理业务手续,不作会计账务处理,月末时,根据库存原材料、调料、配料的盘存数额,倒挤出已耗用原材料的数额,结转有关账户。

第三节 其他服务业的核算

服务业除了旅店服务外,还有娱乐、美容、沐浴、照相、洗染等。它们的特点是带有一定技艺的服务性劳动,为消费者提供服务,服务过程就是消费过程,服务结束,消费也结束。

一、娱乐经营业的核算

娱乐业包括音乐茶座、舞厅、影院、溜冰场和高尔夫球场、保龄球场、网球场等。

娱乐业的收入主要是出售门票的收入,一种是一手给票,一手给钱。到营业终了,根据售出门票数及现金填制一式两联营业日报表;另一种是开出一式两联的收款收据,一联交顾客凭据入场,另一联留底,营业终了据以汇总填制营业日报表。两种方式营业员都应于当晚将现金和营业日报表送交财会部门。

财会部门将营业日报表与交来现金核对无误后,借记"库存现金"账户,贷记"主营业务收入"账户。

娱乐业的成本主要是固定资产、低值易耗品等服务设施的购置和维修费用,要在一定时期内收回;其次是服务的直接费用,如歌舞厅的饮料原料成本和乐队、歌手的工资等。

二、美容经营业务的核算

美容企业的经营收入主要是指脸部护理、剪发、修面、烫发、焗油、按摩等收入。

1. 先收款后服务

顾客先到收款台按自己要求服务的项目交款,收款员收款后,发给小票(小牌),顾客凭票(牌)顺序美容,也可按顾客意愿挑选服务人员进行美容。营业终了,收款员应将收到的现金与各个服务人员收到的票(牌)核对无误后,填制"营业收入日报表"。营业收入日报表一般一式两份,一份留底,一份连同现金送交财会部门记账。

2. 先服务后收款

美容服务人员为先为顾客服务，服务完毕后再根据服务项目按标准收费。

采用这种收款方式的企业，服务人员收费后应及时登记"营业收入台账"，分别登记每一服务人员服务项目的收费数。每日营业终了，由专人负责根据台账统计每一服务人员服务的人次及收入金额，经与现金核对无误后，填制"营业收入日报表"。

不论采用哪种收款方式，财会部门根据营业部门交来的"营业收入日报表"借记"库存现金"账户，贷记"主营业务收入"账户。

第五章 铁路运输企业特殊业务会计

铁路运输企业作为一个网络型交通运输企业，不同于其他交通运输企业，其生产经营具有鲜明的行业特征。铁路运输生产过程是长距离空间移动式的动态生产，由车务、机务、车辆、工务、电务等多部门、多环节完成。铁路运输生产组织和指挥具有高度集中性。铁路运输企业是国防、战备的重要组成部分，带有半军事性质。

第一节 铁路运输企业资金转拨和内部往来的核算

一、资金转拨业务核算

（一）资金转拨业务核算的科目设置

铁路运输企业资金转拨业务主要包括投资拨付、国家铁路运输企业之间按规定无偿调拨资产和铁路基本建设业务接受资产等，应设置"拨付所属投资"和"上级拨入投资"科目进行核算。

（1）"拨付所属投资"科目。是资产类内部核算科目，核算铁路运输企业上级对所属下级单位投资的资金转拨业务。借方反映上级对所属下级单位的拨出的投资，贷方反映上级收回对下级单位的投资，期末余额在借方，反映对所属下级单位投资的实有数额。该账户按所属单位进行明细核算。

（2）"上级拨入投资"科目。是所有者权益类内部核算科目。核算铁路运输企业下级单位收到上级投资的资金转拨业务。贷方反映收到上级拨入的投资，借方反映上级单位收回的投资和年终按规定转入"实收资本"账户的上级投资。期末余额在贷方，反映下级单位期末实际收到上级投入但尚未转增为实收资本的上级拨入投资。

（二）资金转拨业务的核算

1. 资金拨付

铁路运输企业对所属单位拨出投资时，上级单位借记"拨付所属投资"科目，贷记"银行存款"等科目；下级单位借记"银行存款"等科目，贷记"上级拨入投资"科目。

2. 国家铁路运输企业之间按规定无偿调拨资产

国家铁路运输企业无偿调拨资产,是一种内部资源的配置。铁路运输企业所属单位之间无偿划转资产时,资产划出单位,借记"上级拨入投资"科目,贷记相关资产科目;上级单位借记"拨付所属投资(资产接收单位)"科目,贷记"拨付所属投资(资产划出单位)"科目;资产接收单位借记相关资产科目,贷记"上级拨入投资"科目。

在国家铁路运输企业间无偿划转固定资产,划出单位按固定资产账面价值借记"上级拨入投资"科目,按已提折旧借记"累计折旧"科目,按已计提的减值准备借记"固定资产减值准备"科目,按固定资产原价贷记"固定资产"科目;所发生的拆卸费、运输费等相关费用计入当期损益。划入单位按划出单位的账面价值和本单位发生的拆卸费、运输费、安装费等相关费用作为划入固定资产的入账价值,借记"固定资产"科目或"在建工程"科目,贷记"上级拨入投资"等科目。这里所称的账面价值是指固定资产扣除已提折旧和减值准备后的价值。按账面价值进账,记账简单,但在计算折旧时,要按照无偿调入的固定资产尚可使用的年限进行估计,要重新计算折旧率。划入、划出单位共同的上级单位,按划出单位的固定资产账面价值,借记"拨付所属投资——划入单位"科目,贷记"拨付所属投资——划出单位"科目。

在国家铁路运输企业间无偿划转旧轨料时,划出、划入单位均按旧轨料的账面价值分别借记或贷记"上级拨入投资"。

【例5-1】 武汉铁路局将所属A机务段一台旧内燃机车无偿划入B机务段,内燃机车账面原价5 000 000元,已提折旧1 000 000元。A机务段发生拆卸费30 000元,B机务段发生运输等相关费用50 000元,均以银行存款支付。会计分录如下:

A机务段划出时:

 借:上级拨入投资——铁路局   4 000 000
   累计折旧   1 000 000
  贷:固定资产   5 000 000

发生拆卸费费用:

 借:主营业务成本   30 000
  贷:银行存款   30 000

B机务段划入时:

 借:固定资产   4 000 000
  贷:上级拨入投资——铁路局   4 000 000

发生运输及相关费用:

 借:主营业务成本   50 000

    贷：银行存款　　　　　　　　　　　　　　50 000
　　武汉铁路局下转无偿划拨机车通知：
　　　　借：拨付所属投资——B段　　　　　　4 000 000
　　　　　贷：拨付所属投资——A段　　　　　　4 000 000
　　3. 铁路基本建设业务移交资产
　　铁路基本建设业务形成资产经过正式验收并交付企业时，由接收企业按交付资产清单列账，增加相应资产和上级拨入投资。建设项目竣工后，由建设单位向接管企业提供估价资料，企业根据资产分布情况将估价资料转至资产列账单位。列账单位将资产按估价入账，借记"固定资产"等科目，贷记"上级拨入投资"等科目。建设项目正式验收后，交接双方应根据项目竣工决算办理资产交接手续，资产接管单位按实际价值，调整已估价入账资产的价值、已计提的折旧和上级拨入投资额等。
　　4. 按批准的投资数额转增实收资本
　　铁路运输企业一定时期后可根据上级对增加本单位资本的投资的确认，将上级拨入投资转入"实收资本"。上级批准的时间，可以是年终，也可以是年度内的某一时间。按照上级批准的转增实收资本数入账时，借记"上级拨入投资"科目，贷记"实收资本"科目。
　　5. 铁路运输企业所属非法人单位的上级投资
　　铁路运输企业所属非法人单位，如铁路运输站段，不设置"实收资本"科目，上级的投资在"上级拨入投资"科目核算，年终也不再结转"实收资本"，其余额反映上级累计拨入投资。各级汇总单位在汇总资产负债表时，上级单位的"拨付所属投资"科目的余额同下级单位的"上级拨入投资"科目余额抵消。

二、内部往来业务核算

（一）内部往来核算的科目设置

内部往来是指企业内部具有财务隶属关系的单位间相互往来的款项，主要包括运输进款、运营资金、代垫所属单位资金、运输收入结算、上交税金、利润分配等款项的往来。

为反映和监督内部往来业务，设置"内部往来"科目。该科目借方反映上下级间、内部单位间应收或已付的各种款项，贷方反映应付和已收的款项。期末借方余额，反映应收未收的往来款项，期末贷方余额，反映应付未付的往来款项。铁路运输企业编制资产负债表时，在"其他流动资产"项目下增加"其中：内部往来"项目，反映本企业"内部往来"科目的借方余额；在"其他流动负债"项目下增加"其中：内部往来"项目，反映本企业"内部往来"

科目的贷方余额。

（二）内部往来业务的核算

1. 运营往来款项

运营往来款项通过"内部往来——上级单位"和"内部往来——下级单位"科目核算。具体上级单位和下级单位的名称可根据实际单位名称确定。

（1）拨付运营资金。按规定拨付运营资金时，上级单位借记"内部往来——下级单位"科目，贷记"银行存款"等科目；下级单位收到拨付的运营资金时借记"银行存款"科目，贷记"内部往来——上级单位"科目。

（2）向所属单位拨付或为所属单位垫付资金。上级单位借记"内部往来——下级单位"科目，贷记"银行存款"等科目；下级单位借记"银行存款"、"物资采购"、"原材料"等科目，贷记"内部往来——上级单位"科目。铁路运输企业为所属单位集中垫付燃料、线上料等款，借记"内部往来——下级单位"科目，贷记"银行存款"、"应付账款"科目；所属单位收到通知书，借记"物资采购"或"原材料"科目，贷记"内部往来——上级单位"科目。

（3）铁路运输企业独立完成运输任务取得的收入。铁路运输企业独立完成运输任务取得的收入，通过铁道部资金清算中心清算确认。按进款部门的通知书，借记"内部往来"科目，贷记"应收账款——资金清算中心"等科目。

例如，铁路运输企业根据清算办法，将独立完成运输任务取得的收入，根据进款部门的通知书，借记"内部往来——进款管理部门"科目，贷记"应收账款——资金清算中心"科目；按资金清算中心下转的资料，借记"应收账款——资金清算中心"科目，贷记"主营业务收入"科目。

（4）按规定进行收入结算或完成工作清算。上级单位借记"完成工作清算"科目，贷记"内部往来——下级单位"科目；下级单位借记"内部往来——上级单位"科目，贷记"主营业务收入"或"完成工作清算"等科目。例如，下级单位向上级单位清算，借记"内部往来——上级单位"科目，贷记"完成工作清算"科目；上级单位按下级单位上转的清算，借记"完成工作清算"科目，贷记"内部往来——下级单位"科目；上级单位向铁道部清算，借记"内部往来——铁道部"科目，贷记"主营业务收入"科目。

（5）所属上交利润。所属上交利润时，下级单位借记"利润分配"等科目，贷记"内部往来——上级单位"科目；上级单位收到上交的利润，借记"内部往来——下级单位"科目，贷记"利润分配"等科目。例如，下级单位上交利润，借记"利润分配"科目，贷记"内部往来——上级单位"科目；上级单位收到时，借记"内部往来——××单位"科目，贷记"利润分配——未分配利润"科目。

(6) 所属上交税金及附加。下级单位借记"应交税费"、"其他应交款"等科目，贷记"内部往来——上级单位"科目；上级单位收到下级单位上交的税金及附加，借记"内部往来——下级单位"科目，贷记"应交税费"、"其他应交款"等科目。

2. 运输进款往来款项

(1) 进款管理部门上下级之间的往来，通过"内部往来——上级单位"和"内部往来——下级单位"科目核算。具体上级单位和下级单位的名称可根据实际单位名称确定；也可按对上应缴运输进款和下级欠缴运输进款情况等设置明细科目。

① 运输进款的解缴。本级进款管理部门发生应缴运输进款时，记入"内部往来——上级单位"贷方核算；上缴运输进款，作为已缴运输进款，记入"内部往来——上级单位"借方核算。

② 运输进款垫付事故款项等，借记"应收账款"等科目，贷记"内部往来——下级单位"或"其他货币资金"科目。

(2) 进款管理部门与运营部门之间的往来，通过"内部往来——运营部门"科目核算。

① 本企业独立完成运输业务取得的收入，直接按本企业实际收入数确认并由进款管理部门直接划转运营部门，可根据相关运输进款凭证，借记"运输进款结算"科目，贷记"内部往来——运营部门"科目。

② 向运营部门拨付运营资金时，借记"内部往来——运营部门"科目，贷记"银行存款"科目。

第二节 铁路运输企业专用资产核算

一、铁路运输企业专用料核算

(一) 一般互换配件的核算

互换配件是指铁路运输企业修理机车车辆等运输生产设备时，为缩短修理时间，提高检修效率和质量而事先储备的价值较高、使用期限较长且可反复修理和互换使用的配件，主要包括机车、车辆互换配件和其他互换配件等。铁路运输企业的互换配件按照价值的大小分为高价互换配件和一般互换配件。

高价互换配件按固定资产管理，其核算在本节"专用固定资产"中介绍。除高价互换配件以外的互换配件为一般互换配件。对一般互换配件，购入时作为原材料核算，其核算比照企业一般材料核算方法。生产领用时，一次性列入当期损益，即借记"主营业务成本"科目，贷记"原材料——库存一般互换配件"科目。

一般互换配件比照低值易耗品进行管理。管理和使用一般互换配件的部门要建立在用一般互换配件台账,加强一般互换配件的实物管理。

(二) 线上料的核算

1. 线上料购进的核算

线上料是指铁路线路上部建筑材料,包括钢轨、连接零件、轨枕、道岔等。线上料是工务段和大修段进行线路维修和大、中修的专用材料。线上料数量大,价值高,所需资金多,采用的供应方式和核算方法有以下三种:

(1) 直供材料。线上料中的钢轨、轨枕、成组道岔等由物资供应单位负责向生产厂家订购,材料由生产厂家直接运到工务段、队或沿线指定地点。由于直供线上料所需资金较多,为了有效运用资金,加强资金管理,及时结算,直供线上料所需资金一般由上级单位集中掌握,直接与生产厂家结算后再转到各工务段。直供线上料的采购成本可由上级单位核算也可由工务段核算。现以工务段核算采购成本为例,主要会计事项的处理如下:

工务段收到上级转来的通知书和所附账单发票与运输凭证等时,借记"物资采购"科目,贷记"内部往来——上级单位"科目。收到直供线上料后,按计划成本价借记"原材料——线上料"科目,贷记"物资采购"科目。工务段支付的取送车费、装卸费等,列入采购成本,借记"物资采购"科目,贷记"银行存款"等科目。月末,将已验收入库线上料的实际成本与计划成本差额结转,借记"材料成本差异——线上料成本差异"科目,贷记"材料采购"科目,实际成本小于计划成本作相反分录。领用线上料时,借记"主营业务成本"科目,贷记"原材料——线上料"科目;将应负担的成本差异摊入有关成本费用支出,借记"主营业务成本"科目,贷记"材料成本差异——线上料"科目(红字或蓝字)。

线上料核算过程中,有时会发生材料已收到但账单发票尚未收到,即"未提账单"的情况。工务段对月末"未提账单"的线上料,按计划成本暂估入账,借记"原材料——线上料"科目,贷记"应付账款——暂估应付款"科目。下月初用红字作同样分录,予以冲回,等收到凭证后,按正常程序记账。

【例5-2】 某铁路上级单位向所属某工务段下转钢轨款的列账通知书,工务段收到通知书,通知书注明某钢铁公司发来的该批钢轨购价及运费共计470 000元。该工务段另支付该批钢轨的装卸费2 100元。钢轨验收入库,计划成本500 000元。上级单位和工务段的会计处理如下:

上级单位下转通知书:

借:内部往来——某工务段　　　　　　　　　470 000

　　　　贷：应付账款——某钢铁公司　　　　　　　　　　470 000
　　工务段：
　　① 接到下转通知书
　　　　借：材料采购——线上料　　　　　　　　　　　470 000
　　　　　　贷：内部往来——上级单位　　　　　　　　　　470 000
　　② 支付卸车费
　　　　借：材料采购——线上料　　　　　　　　　　　　2 100
　　　　　　贷：银行存款　　　　　　　　　　　　　　　　2 100
　　③ 钢轨验收入库
　　　　借：原材料——线上料　　　　　　　　　　　　500 000
　　　　　　贷：材料采购——线上料　　　　　　　　　　500 000
　　④ 结转材料成本差异
　　　　借：材料采购——线上料　　　　　　　　　　　 27 900
　　　　　　贷：材料成本差异——线上料成本差异　　　　 27 900

　　(2) 厂供材料。线上料中的夹板、垫板、连接零件等，一般由内部物资供应单位（物资供应段）发料供应，称厂发线上料。工务段对厂发线上料的请领和核算与一般原材料核算相同。

　　(3) 自购材料。线上料中的石碴等由工务段自行采购。购入后直接运往沿线，全额列入成本费用支出，借记"主营业务成本"等科目，贷记"应付账款"等科目。月末，应对线路上未用的材料进行盘点，并办理"假退料"手续，借记"原材料——线上料"，贷记"主营业务成本"，下月初用红字作同样分录，予以冲回。

　　2. 备用轨料的核算

　　备用轨料是指铁路沿线每公里常备轨料、维修周转用轨料和事故抢修备用轨料，铁路设置备用轨料的目的是为了解决铁路线路点多线长给维修或突发事件带来的困难。备用轨料实际上就是企业储备料，它只是与其他储备料存放的地点和数量有专门规定而已。因此，备用轨料应作为库存原材料管理核算。为了加强备用轨料的管理，确保备用轨料的数量与质量，备用轨管理部门要建立健全管理卡，对备用轨料进行动态管理，动用后应及时补充。

　　核算上，在"原材料——线上料"科目下设置"备用轨料"子目对备用轨料动算。线路修理动用备用轨时，借记"主营业务成本"科目，贷记"原材料——线上料——备用轨料"科目。如果备用轨料数量不足，有两种补充方式：一是用新轨补充；二是用旧轨补充。用新轨补充时，借记"原材料——线上料——备用轨料"，贷记"原材料——线上料"等科目。用旧轨补充时，借记"原材料——线上料——备用轨料"科目，贷记"原材料——

旧轨料"科目。

对于新线建设移交的备用轨料，应按流动资产移交，而不应按固定资产移交，接受单位接收备用轨料按计划价作为原材料入账，而不应作固定资产入账。收到备用轨料时，按计划价借记"原材料——线上料——备用轨料"科目，贷记"上级拨入投资"等科目。

3. 旧轨料的核算

旧轨料是指陈旧可用线路上部建筑材料，即线路维修、大中修时从线路上拆下来的经过整修后仍可继续使用的线上料，包括旧的钢轨、道岔及配件等。旧轨料按存货管理和核算。铁路运输企业应在"原材料"科目下设置"旧轨料"明细科目，用以核算旧轨料的收发、结存情况，并应制定统一的旧轨料回收价格，作为点收时确定入账价值的依据。旧轨料一般均需整修才能使用，所发生的整修费用列入当期成本费用。主要会计事项处理如下：

线路维修、大中修等拆下的旧轨料，经整修后仍可继续使用的，根据点收记录的数量和统一的回收价格，借记"原材料——旧轨料"科目，贷记"主营业务成本"科目；不能使用的，根据点收记录确认的数量和残料价格，借记"原材料——一般材料"科目，贷记"主营业务成本"等科目。点收更改工程更换下来的旧轨料，按统一的回收价值，借记"原材料——旧轨料"科目，贷记"在建工程"科目。

旧轨料整修时所发生的收集、拆卸、整理和运输等整修费用，借记"主营业务成本"科目，贷记"银行存款"等科目。

生产领用旧轨料时，按账面价值，借记"主营业务成本"等科目，贷记"原材料——旧轨料"科目。出售旧轨料时，按售价借记"银行存款"等科目，贷记"其他业务收入"科目，按账面价值借记"其他业务支出"科目，贷记"原材料——旧轨料"科目。

国家铁路运输企业之间无偿划转旧轨料时，分别以下情况按划出方账面价值记账，划入、划出单位所发生的装卸、运输等费用，直接计入本单位当期损益。

（1）铁路运输企业内部单位之间划转，划出的基层单位借记"上级拨入投资——上级单位"科目，贷记"原材料——旧轨料"科目；划入单位借记"原材料——旧轨料"科目，贷记"上级拨入投资——上级单位"科目；上级单位借记"拨付所属投资——划入单位"科目，贷记"拨付所属投资——划出单位"科目。

（2）不同铁路运输企业之间划转，划出的基层单位借记"上级拨入投资——上级单位"科目，贷记"原材料——旧轨料"科目；划出企业借记"上级拨入投资——铁道部"科目，贷记"拨付所属投资——下级单位"科目；划入的基层单位借记"原材料——旧轨料"科目，贷记"上级拨入投资——上级单位"科目；划入企业借记"拨付所属投资——下级单位"科目，贷记"上级拨入投资——铁道部"科目。

【例5-3】 武汉铁路局接铁道部通知，将所属武昌工务段无偿划转一批旧轨料给郑州铁路局郑南工务段，该批旧轨料的账面价值为2 300 000元（假设未提跌价准备），武昌工务段为支付划转业务运费1 500元。郑南工务段收到该批旧轨料，支付卸车费3 000元，旧轨收入库。会计处理如下：

1. 无偿划出方的会计处理

武昌工务段：

（1）发出旧轨料

  借：上级拨入投资——铁路局   2 300 000
    贷：原材料——旧轨料   2 300 000

（2）支付运费

  借：主营业务成本   1 500
    贷：银行存款   1 500

武汉铁路局

  借：上级拨入投资——铁道部   2 300 000
    贷：拨付所属投资——武昌工务段 2 300 000

2. 无偿划入方的会计处理

郑州铁路局

  借：拨付所属投资——郑南工务段 2 300 000
    贷：上级拨入投资——铁道部   2 300 000

郑南工务段

收到旧轨料入库

  借：原材料——旧轨料   2 300 000
    贷：上级拨入投资——铁路局   2 300 000

支付卸车费

  借：主营业务成本   3 000
    贷：银行存款   3 000

（三）燃料的核算

铁路运输企业库存燃料的日常收发、结存一般按计划成本核算。为了核算库存燃料日常收发、结存的情况，铁路运输企业在"原材料"科目下设置"燃料"二级科目，在"材料成本差异"科目下设置"燃料成本差异"二级科目。

机务段内燃机车用柴油，由铁路运输企业统一计划，由材料厂通过铁道物资供应单位向石油公司办理采购。柴油由炼油厂直接发运到用油的机务段。柴油资金也由企业集中掌握，直接与炼油厂办理柴油款和运杂费的结算付款。柴油的采购成本可由机务段核算，也可以由上级单位进行核算。为了简化核算，上级单位对柴油规定统一的计划成本价（目录价），用于柴油的日常收、发、结存核算。

柴油采购成本通过"材料采购——燃料（柴油）"科目核算。现以机务段核算采购成本为例，说明主要的账务处理。机务段收到上级转来的通知书和所附账单发票及运输凭证等时，借记"材料采购——燃料（柴油）"科目，贷记"内部往来——上级单位"科目。收到燃料验收入库，按计划成本借记"原材料——燃料"科目，贷记"材料采购——燃料（柴油）"科目。机务段支付的调车费、装车费等，借记"材料采购——燃料（柴油）"科目，贷记"银行存款"科目。结转燃料成本差异，实际成本大于计划成本差额，借记"材料成本差异——燃料成本差异"科目，贷记"材料采购——燃料（柴油）"科目，实际成本小于计划成本作相反分录。月末，"材料采购——燃料（柴油）"科目的余额为在途燃料。

机务段的机车用柴油，主要是供本段机车使用，但按机车交路，同时也供应段外机车使用。机务段发出柴油一律按计划价计算。发给本段机车用柴油时，借记"主营业务成本"科目，贷记"原材料——燃料"科目；结转燃料成本差异时，借记"主营业务成本"科目，贷记"材料成本差异——燃料成本差异"科目（红字或蓝字）。机务段列入"材料成本差异——燃料成本差异"科目的柴油的实际成本与计划成本的差异，比照材料成本差异的分摊办法进行计算分摊。在实际工作中，燃料成本差异可由机务段负担，也可以由上级单位负担。机务段的机车用柴油支出不负担燃料成本差异时，此时本段机车用柴油应分摊的燃料成本差异，借记"内部往来——上级单位"科目，贷记"材料成本差异——燃料成本差异"科目，实际成本小于计划成本作相反分录。上级单位将转上来的燃料成本差异分摊额列入成本费用，借记"主营业务成本——内燃机车运行用燃料"科目，贷记"内部往来——机务段"科目，实际成本小于计划成本作相反分录。

二、铁路运输企业专用固定资产的核算

铁路运输企业专用固定资产主要包括：（1）机车车辆，其中机车有蒸汽机车、内燃机车、电力机车，车辆有客车和货车；（2）集装箱；（3）线路；其中有路基、道口、桥梁、隧道、涵渠、防护林、线路隔离网、钢轨、轨枕、道渣；（4）信号设备；（5）高价互换配件。以上铁路运输企业专用固定资产的会计核算与其他企业基本相同，只是在以下几个方面有一些特殊规定：

(一) 固定资产的列账单位

铁路运输企业所属的机构和部门多,专用固定资产配备复杂,有些专用固定资产流动性大,如全路行驶的货车和集装箱。为了便于对铁路运输企业专用固定资产的管理和核算,《铁路运输企业固定资产管理办法》对固定资产的列账单位,作了以下规定:

(1) 线路、桥隧、信号设备、接触网由维修单位列账;

(2) 全路运用的货车(含铁道部直接购置分配给工务、电务、大修等单位使用的专用货车)由铁道部指定有关单位列账,机械保温车、集装箱和其他专用车辆由配属单位列账;

(3) 单独计价的土地由使用单位或土地管理部门列账(由使用单位列账的,土地管理部门应设立台账或备查簿进行登记);

(4) 人防设施的产权属于铁路系统的,由管理人防设施单位列账;

(5) 经营性租出的固定资产列账单位不变,租出、租入单位应设立备查簿进行登记;

(6) 除以上所列固定资产外,其他各项固定资产应由经营使用单位列账,属于共用的固定资产由其上级部门指定单位列账。

(二) 固定资产的折旧和后续支出

(1) 线路中的钢轨(包括道岔)、轨枕和道碴不计提折旧。

(2) 铁路运输企业的固定资产一般采用年限平均法计提折旧,其折旧率按类别计算。实际工作中,按铁道部规定的各类固定资产折旧年限和预计净残值率计算。如机车车辆类的折旧年限为16年,预计净残值率为5.12%,年折旧率为5.93%。线路类中路基的折旧年限为100年,预计净残值率为5%,年折旧率为0.95%。

(3) 对专用固定资产的后续支出按以下规定处理:

① 为消除病害对桥梁、隧道进行的局部修理支出,路基病害整治支出,机车、客车、货车和大型养路机械入厂修理、段做厂修、大部件大修支出,灾害复旧支出,以及其他各项固定资产的大修支出,予以费用化,计入当期损益。

② 由于铁路线路中的部分资产具有通过大修实现局部更新的特点,为避免成本重复列支,对线路中的钢轨(包括道岔)、轨枕和道碴不计提折旧,其后续支出予以费用化,计入当期损益。

③ 各项设备的制式改变或升级换代支出,根据设备技术标准、技术结构变化和行车安全需要必须发生的机车车辆加装改造支出等固定资产更新改造支出,予以资本化,计入固定资产账面价值。

④ 机车车辆加装改造与入厂修理或段做厂修同时进行的,属于大修性质

的支出予以费用化，计入当期损益；不属于大修性质的支出予以资本化，计入固定资产账面价值。

其他固定资产修理和更新改造结合在一起，或不能区分是修理还是更新改造，应按固定资产准则进行判断，其发生的后续支出，分别计入当期损益或固定资产账面价值。

（三）高价互换配件的核算

高价互换配件是指为运输设备等固定资产修理而储备的，单位价值在2 000元及以上使用期限超过1年，且可反复修理使用的互换配件。

1. 高价互换配件按其用途分类

（1）机车修理互换配件，包括内燃机车和电力机车互换配件；

（2）车辆修理互换配件，包括客车和货车互换配件；

（3）电力修理互换配件，主要包括变压器和配电设备等；

（4）信号修理互换配件，主要包括电动转辙器、移频发送盒、移频接收盒、移频电源盒、半自动闭塞机、道口控制器、道口报警器、缓行器等；

（5）其他高价互换配件，指除机车、车辆、电力、信号修理互换配件以外的、为其他运输设备修理用的互换配件。

2. 高价互换配件的核算

（1）高价互换配件取得和补充的核算。高价互换配件取得的核算与企业一般固定资产取得的核算方法相同。高价互换配件拆下后因无法修复等原因产生其储备定量不足时，应及时予以补充，以保证运输生产的正常进行。新增、补充高价互换配件按照购置固定资产进行会计处理。

（2）高价互换配件的折旧核算。企业为运输设备等固定资产修理而储备的高价互换配件在购入时作为固定资产核算，在预计的可使用年限内按类别计提折旧。各类高价互换配件折旧年限和预计净残值率铁道部有专门规定，如内燃机车的发电机、电动机、柴油机组、柴油机体、轮对，电力机车的牵引电机、牵引通风机、轮对，客车的空调制冷机组、通风机、冷凝风机、单元空调机、启动马达、发电机、压缩机，折旧年限均为8年，预计净残值率2%；电力修理互换配件折旧年限为5年，预计净残值率2%；信号修理互换配件折旧年限为5年，预计净残值率1%。

（3）高价互换配件的后续支出。高价互换配件修理费用直接计入当期损益，借记"主营业务成本"科目，贷记"银行存款"等科目。

（4）高价互换配件的处置。符合报废条件的高价互换配件，可以申请报废。高价互换配件报废时，应严格履行报废申请、鉴定、审批手续，并应按照先进先出法的原则选定报废对象，确认账面价值，并将账面价值计入当期损益。

【例 5-4】 某客车车辆段 2003 年 10 月 8 日购入第一批启动马达，共 10 台，每台 52 000 元，2004 年 8 月 5 日购入第二批，共 12 台，每台 64 000 元。2004 年 1 月修理启动马达领用材料 2 400 元。2007 年 5 月有 11 台主要部件损耗严重无法修复经批准同意报废，每台可收回残料变价收入 1 000 元。该段首次报废启动马达，启动马达的折旧年限 8 年，预计净残值率 2%，本段未计提固定资产减值准备。机务段会计处理如下：

1. 2003 年购入

  借：固定资产——高价互换配件（启动马达） 520 000
   贷：银行存款   520 000

2. 2003 年计提折旧（假定全年作一次折旧会计分录）

  借：主营业务成本   10 617
   贷：累计折旧   10 617

2004 年购入、计提折旧会计分录略。

3. 领用修理材料

  借：主营业务成本   2 400
   贷：原材料   2 400

4. 2007 年 5 月报废

累计折旧 = (52 000×12.25%/12×7×10 + 52 000×12.25%×3×10) + (64 000×12.25%/12×9 + 64 000×12.25%) = 249 819 元

  借：固定资产清理   334 181
    累计折旧   249 819
   贷：固定资产——高价互换配件（启动马达）
      584 000 (52 000×10 + 64 000)

5. 收回残料（11×1 000）

  借：原材料——废料   11 000
   贷：固定资产清理   11 000

6. 结转清理净损失

  借：营业外支出   323 181
   贷：固定资产清理   323 181

（5）高价互换配件的减值。高价互换配件，一般不计提减值准备。如果确因技术进步等原因，造成该类高价互换配件已无使用价值和转让价值时，应当按照该类高价互换配件的账面价值计提固定资产减值准备。由于设备转型等原因，造成该类高价互换配件已无使用价值和转让价值时，应将其账面价值计入当期损益。

第三节　铁路运输企业成本费用的核算

一、铁路运输企业成本费用的范围、内容及分类

铁路运输生产经营过程中发生的各种耗费，按其经济用途划分为主营业务成本、期间费用（包括管理费用、财务费用）和营业外支出，共同构成运输总支出。主营业务成本是企业运输生产过程中发生的与运输生产有关的各项耗费，主要内容包括：

（1）运输生产人员及运输生产单位管理、服务人员的工资、奖金、津贴、补贴，经上级主管部门批准的工效挂钩结算工资收入与实际工资支出的差额，以及按规定提取的职工福利费（含基本医疗保险费、补充医疗保险费，下同）；

（2）按规定计提的运输生产用及运输生产单位管理用固定资产折旧；

（3）为了恢复固定资产原有性能和生产能力，对固定资产进行周期性大修理的支出，包括成段更换钢轨、轨枕、道岔及成段清筛道床的支出，为消除路基、桥梁、隧道的严重病害进行的局部修理支出，灾害复旧支出，机车车辆和大型养路机械及其大部件的大修支出，其他设备的大修支出；

（4）设备运用、养护修理耗费的材料、燃料、电力、配件、工具备品和其他支出，配件修理支出，生产场所用煤、水、电及生产用杂费；

（5）运输生产人员及运输生产单位管理、服务人员的办公费、差旅费、劳动保护费、制服补贴等；

（6）运输生产过程中发生的季节性和修理期间的停工损失，事故净损失，灾害预防及抢修支出；

（7）办理保险、保价运输业务发生的支出；

（8）按照模拟市场和内部分账核算要求发生的付费支出；

（9）按照国家规定发生的其他支出。

管理费用是企业管理部门为组织和管理运输生产活动发生的费用以及企业按规定发生的管理性费用。除与其他企业相同内容外，还包括防疫费用、制服补贴、客货营销费用、上交上级管理费、上交营业外单位支出附加费等。

财务费用是企业为筹集生产经营所需资金而发生的费用。除与其他企业相同内容外，还包括铁道部与铁路运输企业之间的资金占用费收入，以及铁道资金结算机构向内部单位发放调剂资金而收取的资金占用费；铁道部与铁路运输企业之间的资金占用费支出，以及铁道资金结算机构吸收内部单位存款而支付的资金占用费。

营业外支出是与运输生产经营无直接关系的各项支出。除与其他企业相同内容外，还包括铁路公安部门、检察院、法院、疗养院等营业外单位的经费。

二、铁路运输企业成本费用核算与计算

（一）铁路运输企业成本费用核算的科目设置

由于铁路运输企业产品的生产与销售是同时完成的，因此，不设生产成本科目和销售费用科目，铁路运输企业发生的与运输生产相关的费用计入"主营业务成本"科目，发生的相关营业费用计入"管理费用"科目。铁路运输企业费用核算设置的主要科目为"主营业务成本"、"管理费用"和"财务费用"科目。

（二）铁路运输企业成本费用的核算

铁路运输企业设置"主营业务成本"科目核算铁路运输企业提供旅客、货物运输以及相关服务等日常活动而发生的成本。该科目分别按以下项目设置明细科目进行明细核算：

（1）旅客运输成本。核算为旅客运输直接发生的各种支出，包括车站旅客服务、旅客列车服务、客车运用和维护支出，相关服务付费及其他支出。

（2）货物运输成本。核算为货物运输直接发生的各种支出，包括货物发送、运行、中转、到达作业费用，货车、集装箱运用和维护费用，货车使用费，相关服务付费及其他支出。

（3）行包运输成本。核算为行李、包裹运输直接发生的各种支出，包括行包发送、运行、中转、到达作业费用，专用行包车辆运用和维护费用，相关服务付费及其他支出。

（4）基础设施成本。核算为铁路路网、行车指挥等基础设施运用和维护所发生的各种支出，包括铁路线路设备等行车设施运用、养护费，行车指挥调度费及其他支出。

（5）其他成本。核算企业运输生产中发生的除旅客、货物、行包运输成本和基础设施成本以外的各种支出。

铁路运输企业成本费用除了应按以上项目进行分类核算外，同时，还应分别按支出要素进行核算。成本费用按要素分为工资、材料、燃料、电力、折旧、外购劳务、其他。

根据内部模拟市场和分账核算的要求，企业内部客运、货运、路网之间，以及国有独资铁路运输企业之间相互提供产品、劳务，实行收付费制度。提供服务方取得提供服务收入，发生的支出在运输总支出中分要素核算；接受服务方支付的费用按付费支出核算。企业内部付费支出，由企业在核算期末按内部收付费关系进行冲抵，冲抵后企业内付费支出为零；国有独资铁路运输企业之间的付费支出，由铁道部统一按收付费关系进行冲抵，冲抵后国有独资铁路运输企业内付费支出为零。

铁路运输企业发生的成本、费用是通过支出科目进行确认和归集的。支出科目由科目编号和科目名称组成。科目编号由类别、部门、顺号、子目、细目、要素六部分构成。科目编号的第一位表示成本费用类别：1-工资类、2-折旧类、3-费用类、4-付费支出类；第二位表示部门：1-运输部门、2-机务、3-工务、4-电务、5-水电；第三、四表示科目顺号。如"1001车站客运人员工资"科目、"2101机车折旧"科目、"3401客车乘列检费用"科目等。企业可根据需要在铁道部统一规定的支出科目下增设子目、细目进行明细核算，最末一级为要素（要素编码：1-工资、2-材料、3-燃料、4-电力、5-折旧、6-外购劳务、7-其他）。

铁路运输企业的主营业务成本的总分类核算就其账务处理而言是比较简单的。运输生产领用材料、燃料、低值易耗品，借记"主营业务成本"科目，贷记"原材料"、"低值易耗品"等科目，分配生产人员工资，借记"主营业务成本"科目，贷记"应付职工薪酬"科目，支付生产用水、用电等其他费用，借记"主营业务成本"科目，贷记"银行存款"等科目。按规定计提固定资产折旧费，借记"主营业务成本"科目，贷记"累计折旧"科目，其他业务应分摊的间接费用，借记"其他业务支出"科目，贷记"主营业务成本"科目，支付相关服务费，借记"主营业务成本"科目，贷记"银行存款"等科目。

铁路运输企业管理费用和财务费用的核算，除了有些费用支出是铁路运输企业特有的外，其账务处理与其他企业完全相同。

（三）铁路运输成本计算

铁路运输成本计算是在成本、费用核算的基础上，将一定时期的成本、费用归集到不同的计算对象。为满足企业盈亏分析、经营决策、财务清算对成本信息的需求，铁路运输企业应正确、合理计算各种运输成本，根据企业的特点和管理需要，主要计算客运总支出、货运总支出、行包总支出、单位旅客运输成本、单位货物运输成本、单位行包运输成本，单位客运支出、单位货运支出、单位行包支出，客、货运作业成本（包括变动成本和固定成本）、分线成本、区域平均成本等。单位成本计算方法如下：

（1）人公里旅客运输成本＝旅客运输主营业务成本÷旅客周围量（人公里）

（2）万吨公里货物运输成本＝货物运输主营业务成本÷货物周围量（万吨公里）

(3) 千件公里或千吨公里行包运输成本＝行包运输主营业务成本÷行包周围量（千件公里或千吨公里）

(4) 换算周转量成本＝主营业务成本合计÷换算周围量（万换算吨公里）

成本计算的方法可以采用直接分配法、直接分析法、作业成本法、回归分析法、典型调查法、工程模型法。铁路旅客运输、货物运输、行包运输单位成本、单位支出的计算采用直接分配法。

第四节 铁路运输收入的核算

一、铁路运输进款的主要内容

铁路运输进款是铁路运输企业在办理客货运输业务中，使用铁路客货运输票据并按规定向旅客、托运人或收货人等核收的票款、运费、杂费和其他与客货运输有关收费的总称。运输进款按其与客货运输业务的关系分为客运运输进款、货运运输进款、运输关联进款。运输进款按其归属关系分为运输收入、专项进款、代收款。

（一）客运运输进款

客运运输进款包括：(1) 客票进款；(2) 行李运费进款；(3) 普通包裹运费进款；(4) 行包专列运费进款；(5) 行邮专列运费进款；(6) 邮运进款；(7) 列车补票进款；(8) 客运其他进款。

（二）货运运输进款

货运运输进款包括：(1) 货物运费进款；(2) 电气化附加费；(3) 货车中转技术作业费；(4) 货运其他进款；(5) 集装箱使用费和篷布使用费；(6) 长大货车使用费进款。

（三）运输关联进款

国务院铁路主管部门规定应列的运输关联进款。

（四）专项进款

专项进款是铁路运输进款中属于国家铁路运输企业所有的铁路建设基金进款及其存款利息、保价进款。

（五）代收款

代收款是铁路运输进款中应清算给铁路运输企业以外的其他交通运输企业、装卸部门等有关单位的款项，以及经国务院铁路主管部门批准的其他代收款。

二、铁路运输进款的核收与管理

（一）运输进款核收方式

运输进款的具体核收方式分为现付、到付、后付、预付四种。

（二）运输进款的存汇

运输进款及运输收入会计核算单位和所属客货营业单位应在当地银行开立运输进款存款专户。当地无银行或未在当地银行开户的车站，应按上级主管部门规定日期和指定的列车将进款寄送至代缴站办理存汇或由收入管理部门派专车取送。各级运输进款专户均应建立"运输进款银行日记账"。车站必须按月将银行对账单报收入管理部门审核。运输进款必须坚持专户管理的原则，专户内不办理运输进款范围以外的其他收付款业务。

车站、列车运输进款必须在收款次日上午前送存银行，并按规定日期上缴上级收入管理部门。各级运输进款及运输收入会计核算单位应按上级规定办法办理运输进款的缴拨。各级缴款单位必须努力压缩资金在途时间，加速资金周转。

各级运输进款专户的存款利息收入应在银行结息的当月列账，铁路运输企业和专业运输公司应按国务院铁路主管部门规定，根据每季度运输进款专户结息期内铁路建设基金占全部运输进款的比例，计算应缴铁路建设基金银行存款利息，全额报缴；其他存款利息由铁路运输企业和专业运输公司冲减财务费用。存汇款单据、汇款手续费的费用支出由决算单位列财务费用。

（三）运输进款结账与报账

车站、列车运输进款应遵守先交款后结账的原则，按日进行结账，当月进款应在当月列账。实行电子计算机售票和制票的车站、列车，直接收款人员必须在办理交款手续后方可打印结账报表。货运结账时间为 18 点，客运结账时间为 24 点前，客列车结账时间为本次乘务工作终了。

现金交接必须当面清点，不准以支票套取现金。结账时发生多出款，应在当日列账上缴，严禁保留账外现金。短少款由责任者当时赔补，不准以运输进款或找零款顶数滚欠。

车站必须按日登记"运输进款收支报告"，做到收支正确，账款相符。"运输进款收支报告"、各种票据、收付款凭证及有关收入报表按规定日期分别向上级收入管理部门报账。

列车长每次值乘终了应正确编报"车内补票移交报告"，在退乘当日连同票据存根页、报告页和缴款收据一并送交本单位收入管理部门。

三、铁路运输进款的核算

（一）会计科目设置

（1）"运输进款结算"科目，核算铁路运输企业办理客货运输业务过程中向旅客、托运人或收货人等核收的全部款项及其结算。该科目贷方反映应收取的全部款项，借方反映已结算的款项。

（2）"应交铁路建设基金"科目，核算应上交的铁路建设基金及利息。

（3）在"其他货币资金"科目下增设"在途货币资金"科目，分别按"车站银行存款"、"车站未存款"、"汇缴途中款"进行分项核算。与运输进款相关的债权债务项目，分别在相关的债权债务科目中进行明细核算。

（4）在"内部往来"科目中增设"应缴运输进款"和"运营财务部门"明细科目，反映对上应缴运输进款情况和对下反映下级欠缴运输进款情况，以及对本企业运营财务部门的资金往来情况。其中"应缴运输进款"明细科目分别按"客运进款"、"货运进款"、"路网进款"、"运输相关进款"、"保价进款"、"应缴铁路建设基金"等项目进行分项核算，本明细科目的贷方余额为欠缴运输进款；"运营财务部门"明细科目核算与运营财务部门的资金往来情况。

（二）铁路运输进款的会计处理

（1）根据车站上报"运输进款收支报告"，审核、编制"运输进款收支汇总表"。

（2）根据"运输进款收支汇总表"支方，进行会计处理：按未存款金额，借记"其他货币资金——在途货币资金——车站未存款"科目，按各项退款的金额调整相关项目时，分别借记"内部往来——运营部门（运营临管线进款（退多收））"、"其他应付款——多缴款（或旅客、货主预付款（抵用））"、"内部往来——应缴运输进款——客运进款（旅客票价进款、行李运费进款、普通包裹运费进款、行包专列进款、邮运进款、列车车补进款、列车有关其他进款等）"、"内部往来——应缴运输进款——货运进款（货物运费进款、电力附加费、货车中转技术作业费、纯货运站其他进款、混合站其他进款等项）"、"内部往来——应缴运输进款——路网进款（车站客运其他进款、混合站路网其他进款）"、"内部往来——应缴运输进款——相关运营进款（车站候车室空调费、运输相关收入进款）"、"内部往来——应缴运输进款——保价进款（行包保价进款、货物保价进款）"、"应缴铁路建设基金"、"内部往来——应缴运输进款——其他进款"科目，按支方合计数，贷记"运输进款结算"科目。

（3）根据"运输进款收支汇总表"收方，进行会计处理：按收方合计金额借记"运输进款结算"科目，按运输进款各项目金额，分别贷记"内部往来——应缴运输进款——客运进款（旅客票价进款、行李运费进款、普通包裹运费进款、行包专列进款、邮运进款、列车车补进款、列车有关其他进款等）"、"内部往来——应缴运输进款——货运进款（货物运费进款、电力附加费、货车中转技术作业费、纯货运站货运其他进款、混合站其他进款等项）"、"内部往来——应缴运输进款——路网进款（车站客运其他进款、混合站路网其他进款）"、"内部往来——应缴运输进款——相关运营进款（车站候车室空调费、运输相关收入进款）"、"内部往来——应缴运输进款——保价进款（行包保价进款、货物保价进款）"、"应缴铁路建设基金"、"内部往来——应缴运输进款——其他进款"科目；按应付其他运输企业的款项，贷记"应付账款"或"其他应收款"科目；按应付运营财务部门的金额，贷记"内部往来——运营财务部门"科目。

（4）铁路运输企业根据"车站银行流转额汇总表"分别收、支方转账：按车站当月存入银行存款的金额，借记"其他货币资金——在途货币资金（车站银行存款）"，贷记"其他货币资金——在途货币资金（车站未存款）"等科目。按车站汇缴金额，借记"其他货币资金——在途货币资金（汇缴途中款）"科目，贷记"其他货币资金——在途货币资金（车站银行存款）"科目。

（5）运输进款的上缴。铁路运输企业收到所属车站上缴运输进款时，借记"银行存款"科目，贷记"其他货币资金——在途货币资金（汇缴途中款）"科目；铁路运输企业将运输进款上缴铁道部时，借记"内部往来——应缴运输进款"科目及其相关明细项目，贷记"银行存款"科目。

（6）运输进款的结算。根据"运输进款月报"进行运输进款结算时，借记"运输进款结算"科目，按属于本企业的运输进款金额，贷记"内部往来——运营财务部门"科目，按报部结算的后付运费，贷记"应收账款"科目，按应付其他运输企业的款项金额，贷记"应付账款"或"其他应付款"科目，按应缴铁道部的运输进款金额，贷记"内部往来——应缴运输进款"科目及其相关项目。支付相关款项时，借记"内部往来"等科目，贷记"银行存款"科目。

四、铁路运输企业主营业务收入的核算

（一）铁路运输企业主营业务收入的确认

目前，由于铁路运输具有网络特性，大量运输业务需要各个铁路运输企业联合完成，企业在办理客货运输业务过程中应向旅客、托运人或收货人等核收的运输进款先在本企业归集，再按国务院铁路主管部门制定的相关清算办法对运输进款进行清算，确认为主营业务收入。

（二）铁路运输企业收入的账务处理

（1）铁路运输企业独立完成运输任务取得的收入，按本企业运输进款管理部门的通知书，借记"内部往来"科目，贷记"应收账款（资金清算中心）"科目；按铁道部资金清算中心下转的资料，借记"应收账款（资金清算中心）"科目，贷记"主营业务收入"科目。

（2）铁路运输企业与其他铁路运输企业共同完成运输任务，按规定清算取得的收入，借记"内部往来——上级单位"科目，贷记"主营业务收入"科目。

（3）铁路运输企业提供相关服务取得的收入，按与接受服务企业签订的合同或协议确定的工作量和单价确认的收入，借记"应收账款——接受服务企业"等科目，贷记"主营业务收入"科目。

（4）年度终了时将"主营业务收入"科目余额转入"本年利润"科目。

（三）铁路运输基层站段完成工作清算的核算

基层站段作为铁路运输企业的成本中心，其取得的收入仅仅是铁路运输企业根据其完成的工作量对其发生的支出进行的弥补，并非真正意义上的收入。为核算基层站段完成运输工作所取得的清算收入和上级单位对基层站段的清算支出情况，设置"完成工作清算"科目。该科目贷方反映基层站段从上级单位即铁路运输企业取得的清算收入，借方反映铁路运输企业对所属基层站段的清算支出。基层站段的清算收入为上级单位的清算支出，期末上下级单位之间应核对余额，上级单位在汇总决算报表时应予对销。年末上下级单位分别将全年清算收入和支出结转至"本年利润"账户。上级单位应按所属各单位设置明细账户。

基层站段完成运输工作向上级铁路运输企业办理清算时，借记"内部往来——上级单位"科目，贷记"完成工作清算"科目，上级单位，借记"完成工作清算"科目，贷记"内部往来——站段"科目。年度终了时，将"完成工作清算"科目余额转入"本年利润"科目。

第六章 交通运输企业特殊业务会计

交通运输企业是指设立在中国境内，行政上具有独立的组织机构，经济上实行独立核算、自负盈亏，主要从事运送旅客和货物等经营活动的物质生产企业。包括从事远洋、沿海、内河、公路运输企业，海河港口、仓储企业，外轮代理，以及城市公共汽车、出租汽车、轮渡、地铁等企业。其不同于其他行业的业务主要有燃料和轮胎、营运收入、营运成本等。

第一节 燃料和轮胎的核算

一、燃料的核算

交通运输企业为核算各种用途的固体燃料、液体燃料、气体燃料及可作燃料使用的废料的计划成本或实际成本，应设置"原材料——燃料"账户。该账户下设两个即"库存"和"车（船）存"三级账户。"库存"明细账户核算企业库存各种燃料的增减存变动情况；"车（船）存"明细账户核算企业车上或船上存储燃料的增减存变动情况。

验收入库的燃料可比照"原材料"科目的有关规定，在"原材料——燃料"账户中核算。燃料的领用可根据企业实际情况，采用以下两种方法核算。

（一）满油箱制油耗的核算

满油箱制是运输企业的一种燃料管理制度，它要求投入运营的车（船），在每次加油时必须充满油箱，月末根据领油凭证计算出车（船）耗油的数额，从而考虑车（船）的耗油情况。在满油箱的管理制度下，企业可只设"原材料——燃料"账户，不设"库存"和"车（船）存"明细账。日常零用燃料时，领料部门只填制领油凭证，不用记账。在月初、月末车（船）充满油的情况下，车（船）本月耗油的总数应该等于该车（船）本月领油凭证上每次领油的累计数。月末根据领油凭证计算出各部门的耗油总数后，应借记"主营业务成本——运输支出——××车（船）"、"管理费用"、"其他业务成本"等账户，贷记"原材料——燃料"账户。实行计划成本核算的企业还应在月末计算结转燃料的成本差异。实际成本大于计划成本时，借记"主营业务成本——运输支出——××车（船）"、"管理费用"、"其他业务成本"等账户，贷记"材料成本差异——燃料"账户；反之，实际成本小于计划成本，则借记"材料成本差异——燃料"账户，贷记"主营业务成本——运输支出——××车（船）"、"管理费用"、"其他业务成本"等账户。

（二）盘存制油耗的核算

用盘存制油耗的办法管理燃料的企业，每一投入运营的车（船）都应根据实际需要领料加油，月末经盘存油箱的实存数后，计算出当月实际耗油数量。

采用盘存制油耗管理制度时，企业应设置"库存"和"车（船）存"两个明细科目。领油时，根据领油凭证，借记"原材料——燃料（车、船存）"账户，贷记"原材料——燃料（库存）"账户；月末，经过实际测量油箱的存油数后，计算出当月耗油的实际数量，借记"主营业务成本——运输支出"、"管理费用"、"其他业务成本"等账户，贷记"原材料——燃料（车存）"账户。实行计划成本核算的企业还应在月末计算结转燃料的成本差异。实际成本大于计划成本时，借记"主营业务成本——运输支出——××车（船）"、"管理费用"、"其他业务成本"等账户，贷记"材料成本差异——燃料"账户；反之，实际成本小于计划成本则借记"材料成本差异——燃料"账户，贷记"主营业务成本——运输支出——××车（船）"、"管理费用"、"其他业务成本"等账户。

当月实际耗油数 = 月初车（船）存油数 + 本月领用油料数 − 月末车（船）存油数

月初、月末车（船）实际存油数均需经过实际盘存，因为它是一个变量，而不是一个固定数。

二、轮胎的核算

轮胎是汽车的重要部件，它一般包括外胎、内胎和垫带。因为轮胎尤其是外胎更换频繁，库存量大，所以汽车运输企业应在"原材料"账户中单独设置"轮胎"明细账户来核算，或单独设置"轮胎"总账账户来核算。

"原材料——轮胎"账户是资产类账户，它专门用来核算汽车运输企业外胎（在库和在用）的增减及结存数。购入的外胎验收入库时，记入该账户的借方；领用的外胎记入该账户的贷方；期末余额为库存外胎的实际成本或计划成本以及在用外胎的摊余价值。非汽车运输企业的在库外胎，可视同修理用零件，也在"原材料"账户内核算。"原材料——轮胎"账户应按外胎的保管地点、类别、规格、厂牌等进行在库轮胎的明细核算。

轮胎的采购和入库的核算可比照企业一般原材料进行。企业领用轮胎时，其核算方法有两种，即一次摊销法和按行使公里数分次摊销的核算方法。企业可根据实际情况，采用上述方法之一来核算。

（一）一次摊销法

一次摊销法，就是领用轮胎外胎时，一次将轮胎外胎的成本记入运输成本中去。企业运输成本的核算应通过"主营业务成本——运输支出"账户。领用轮胎外胎时，借记"主营业务成本——运输支出"账户，贷记"原材料——轮胎"账户。采用计划成本核算的企业，月末还要计算并结转材料成本差异。

（二）分次摊销法

采用分次摊销法的企业应在"原材料——轮胎"账户下设"在库"、"在用"和"摊销"明细账。领用轮胎外胎时，借记"原材料——轮胎（在用）"账户，贷记"原材料——轮胎（在库）"账户。摊销时应按计算出的摊销额，借记"主营业务成本——运输支出"账户，贷记"原材料——轮胎（摊销）"账户。轮胎报废时应补提摊销额，借记"主营业务成本——运输支出"账户，贷记"原材料——轮胎（摊销）"账户；同时，按报废的轮胎的残料价值，借记"原材料——残料"账户，贷记"主营业务成本——运输支出"账户；并转销全部已提摊销额，借记"原材料——轮胎（摊销）"账户，贷记"原材料——轮胎（在用）"账户。采用计划成本核算的企业，每次摊销时，还应同时结转材料成本差异。

第二节 营运收入的核算

根据所采用的运输方式的不同，运输企业可以分为：铁路、公路、水运、航空、管道五种运输企业。这里仅就公路运输企业和水路运输企业的收入作简要介绍。

一、公路运输企业营运收入的核算

（一）营运收入的内容与分类

公路运输企业的营运收入是指企业对外提供汽车运输等营运服务而取得的营业收入。

公路运输企业的营运收入按其所经营的不同业务可以分为运输收入、装卸收入、堆存收入、代理业务收入和其他业务收入五大类。

运输收入是企业经营货物运输、旅客运输所取得的各项营业收入。按照收入的不同来源，可以进一步分为客运收入、货运收入、其他运输业务收入。客运收入是指企业经营旅客运输业务所取得的营业收入。货运收入是指企业经营货物运输业务所取得的营业收入。其他运输业务收入是指随客货运输业务而收取的其他附加收入，如行李包裹收入、邮件收入、空调收入等。

装卸收入是指企业经营装卸业务所取得的营业收入，包括装卸、联运货物换装、货车和汽车倒载收入以及临时出租装卸机械租金收入。

堆存收入是企业经营仓库、堆场业务所取得的营业收入。

代理业务收入是指企业办理联运业务及为其他运输企业和社会车辆办理代理业务收取手续费所取得的业务收入。

其他业务收入是指企业从事上述营运业务以外的其他业务所得的各种收入，如车辆修理，材料销售、固定资产出租、技术转让、广告等项收入等。

（二）账户设置

为了总括反映公路运输企业的各项营运收入的取得和结转情况，应设置"主营业务收入"账户和"其他业务收入"账户，并在"主营业务收入"账户下分别设"运输收入""装卸收入"、"堆存收入"和"代理业务收入"二级账户。

"主营业务收入——运输收入"账户用以反映企业经营旅客、货物运输业务所发生的各项收入。发生运输收入时，借记"银行存款"、"库存现金"、"应收账款"、"应收票据"等账户，贷记"主营业务收入——运输收入"账户。退回已误收入时，借记"主营业务收入——运输收入"，贷记"银行存款"等账户，期末将该账户余额转入"本年利润"账户，结转后该账户无余额。

"主营业务收入——装卸收入"账户用以反映企业经营装卸业务所发生的各项收入。发生装卸收入时，借记"银行存款"、"库存现金"、"应收账款"、"应收票据"等账户，贷记"主营业务收入——装卸收入"账户。期末将该账户余额转入"本年利润"账户，结转后该账户无余额。

"主营业务收入——堆存收入"账户用以反映企业经营仓库、堆场业务所发生的收入。发生堆存业务时，借记"银行存款"、"库存现金"、"应收账款"、"应收票据"等账户，贷记"主营业务收入——堆存收入"账户。期末将该账户余额转入"本年利润"账户，结转后该账户无余额。

"主营业务收入——代理业务收入"账户用于核算企业经营各种代理业务所发生的收入。该账户一般按代理业务的种类来设置明细账。

"其他业务收入"账户用以反映企业除营运业务以外的他业务收入。发生其他业务收入时，借记"银行存款"、"库存现金"、"应收账款"、"应收票据"等账户,贷记"其他业务收入"账户。期末将该账户余额转入"本年利润"账户,结转后该账户无余额。

(三) 账务处理

1. 基层站、所营业收入的账务处理

目前,中国汽车运输企业多是客运货运兼营的。在组织设置上一般是在公司之下,设置基层车站或基层营业所,在基层车站或基层营业所下设有车间或车队。有些汽车运输企业的车站、营业所和车间及车队是平行的。基层车站或基层营业所一般是内部独立核算单位,而车队和车间一般为内部核算单位,只向上级报账而不独立核算。若车队和车间与车站是并行设置的,则车队和车间也为内部独立核算单位。

基层站、所将所实现的营业收入定期上报公司,并及时将收入向上级解缴。为了核算运输企业内部往来款,可增设资产类"应收内部单位款"账户和负债类"应付内部单位款"账户。如不增设可以直接在"应收账款"和"应付账款"账户中核算。

【例6-1】 都城汽车运输公司下设第一中心站、第二中心站两个分站。第一中心站设有A、B两个分所;第二中心站设有C、D两个分所。

(1) 第一中心站根据2007年9月1日的收入日报,该中心当天客运收入7 000元,货运收入5 000元。作会计分录如下:

借:银行存款　　　　　　　　　　　　　　　　12 000
　　贷:主营业务收入——运输收入——客运收入　　7 000
　　　　　　　　　　　　　　　　——货运收入　　5 000

(2) 第一中心站收到分所交来运输收入37 600元,其中A分所22 400元,B分所15 200元。第一中心站代理甲公司车辆货运收入2 400元,存入银行。作会计分录如下:

借:银行存款　　　　　　　　　　　　　　　　40 000
　　贷:应收账款——A分所　　　　　　　　　　22 400
　　　　　　　　——B分所　　　　　　　　　　15 200
　　　　应付账款——甲公司　　　　　　　　　　2 400

(3) 第一中心分站将上述各分所交来的款项上交公司。作会计分录如下:

借:应付账款——公司　　　　　　　　　　　　37 600
　　贷:银行存款　　　　　　　　　　　　　　　37 600

(4) 第一中心分站根据分所编制的营业收入日报定期汇总确认营业收入,2007年9月1日至9月10日A分所营业收入为43 200元(其中客运收入为20 800元,货运收入为22 400元),B分所为营业收入36 800元(其中客运收入为17 600元,货运收入为19 200元)。作会计分录如下:

借：应收账款——A 分所 43 200
　　　　　——B 分所 36 800
　　贷：主营业务收入——运输收入——客运收入 38 400
　　　　　　　　　　　　　　　　——货运收入 41 600

(5) 将甲公司代理运费收入 2 400 元扣除 3% 的手续费后交给甲公司。作会计分录如下：

借：应付账款——甲公司 2 400
　　贷：银行存款 2 328
　　　　主营业务收入——代理业务收入 72

(6) 本站收到托运单位乙单位预交货物运费，现金 1 600 元。作会计分录如下：

借：库存现金 1 600
　　贷：预收账款——乙单位 1 600

(7) 上述乙单位的货物已发送，实际运费为 1 500 元，余款现金退回。作会计分录如下：

借：预收账款——乙单位 1 600
　　贷：库存现金 100
　　　　主营业务收入——运输收入——货运收入 1 500

(8) 2007 年 9 月各中心站汇总本站及各分所营业收入月报，编制营业收入月报上报公司转账，假设第一中心站本月客运收入为 272 000 元，货运收入为 224 000 元，代理业务收入 4 000 元。作会计分录如下：

借：主营业务收入——运输收入——客运收入 272 000
　　　　　　　　　　　　　　——货运收入 224 000
　　　　　　　　　　——代理业务收入 4 000
　　贷：应付账款——公司 500 000

2. 公司营业收入的账务处理

(1) 都城汽车运输公司收到各基层站、所上月营业收入 24 000 元。其中第一中心站 16 000 元，第二中心站 8 000 元。作会计分录如下：

借：银行存款 24 000
　　贷：应收账款——第一中心站 16 000
　　　　　　　　——第二中心站 8 000

(2) 月末根据各基层站、所的营业收入月报汇总编制营业收入汇总表如表 6-1 所示。

都城汽车运输公司营业收入汇总表

表 6-1　　　　　　　　　　　　2007 年 9 月　　　　　　　　　　　　单位：元

部门	运输收入			代理业务收入	营业收入合计
	客运收入	货运收入	小计		
第一中心站本站	16 000	96 000	112 000	2 160	114 160
A 分所	64 000	72 000	136 000	800	136 800
B 分所	48 000	56 000	104 000	1 040	105 040
小　计	128 000	224 000	352 000	4 000	356 000
第二中心站本站	120 000	112 000	232 000	800	232 800
C 分所	48 000	56 000	104 000	320	104 320
D 分所	72 000	48 000	120 000	480	120 480
小　计	240 000	216 000	456 000	1 600	457 600
合　计	368 000	440 000	808 000	5 600	813 600

根据上表，作会计分录如下：
借：应收账款——第一中心站　　　　　356 000
　　　　　　——第二中心站　　　　　457 600
　贷：主营业务收入——运输收入——客运收入　　368 000
　　　　　　　　　　　　　　　——货运收入　　440 000
　　　　　　　　　——代理业务收入　　　　　　　5 600

3. 企业间营业收入的账务处理

不同运输企业就同一条线路对开固定班车时，若相互代售客票，需相互结算客运收入，其会计处理现举例如下。

【例 6-2】　都城汽车运输公司和凤阳汽车运输公司在同一条路线上对开客运班车，由当月行车路单汇总计算，都城汽车运输公司车辆在凤阳汽车运输公司区间运费收入为 32 000 元，凤阳汽车运输公司车辆在都城汽车运输公司区间运费收入为 24 000 元，都城汽车运输公司和凤阳汽车运输公司客运收入差额为 8 000 元，已由凤阳汽车运输公司扣除代理业务手续费（2%）后支付给都城汽车运输公司。

都城汽车运输公司会计处理：

（1）根据在凤阳汽车运输公司区间站点的运费收入，扣除代理业务手续费 640 元（32 000×2%）后作会计分录如下：

借：应收账款——凤阳汽车运输公司　　　　　　31 360
　　　　贷：主营业务收入——运输收入——客运收入　　31 360
　（2）根据凤阳汽车运输公司在都城汽车运输公司区间站点（假设第二中心站）的运输收入，扣除代理业务手续费480元（24 000×2%）。都城汽车运输公司作会计分录如下：
　　借：应收账款——都城第二中心站　　　　　　24 000
　　　　贷：应付账款——凤阳汽车运输公司　　　　23 520
　　　　　　主营业务收入——代理业务收入　　　　　480
　（3）根据凤阳汽车运输公司支付客运收入补差金额7 840元（31 360－23 520）。都城汽车运输公司作会计分录如下：
　　借：银行存款　　　　　　　　　　　　　　　 7 840
　　　　应付账款——凤阳汽车运输公司　　　　　23 520
　　　　贷：应收账款——凤阳汽车运输公司　　　　31 360

凤阳汽车运输公司会计处理：

（1）根据在都城汽车运输公司区间站点的运费收入，扣除代理业务手续费480元（24 000×2%）。凤阳汽车运输公司作会计处理如下：
　　借：应收账款——都城汽车运输公司　　　　　23 520
　　　　贷：主营业务收入——运输收入——客运收入　　23 520
（2）根据都城汽车运输公司在凤阳汽车运输公司区间站点（假设凤阳第一中心站）的运费收入，扣除代理业务手续费640元（32 000×2%）后，凤阳汽车运输公司作会计处理如下：
　　借：应收账款——凤阳第一中心站　　　　　　32 000
　　　　贷：应付账款——都城汽车运输公司　　　　31 360
　　　　　　主营业务收入——代理业务收入　　　　　640
（3）据汇付都城汽车运输公司客运收入补差金额7 840元（31 360－23 520）。凤阳汽车运输公司作会计处理如下：
　　借：应付账款——都城汽车运输公司　　　　　31 360
　　　　贷：应收账款——都城汽车运输公司　　　　23 520
　　　　　　银行存款　　　　　　　　　　　　　 7 840

【例6-3】若都城汽车运输公司与凤阳汽车运输公司采用固定补差法结算客运收入。每月全程客运总收入为70 000元，每月平均各方收入为35 000元（70 000/2），都城汽车运输公司辖区收入为40 000元，凤阳汽车运输公司辖区收入为30 000元，凤阳汽车运输公司辖区收入与平均收入相比较，差额为5 000元，业务代理费为100（5 000×2%），即凤阳汽车运输公司每月支付给都城汽车运输公司的固定补差额为4 900元（5 000－100）。

都城汽车运输公司会计处理：
(1) 收到这笔固定补差额时，会计分录为：
　　借：银行存款　　　　　　　　　　　　　　　4 900
　　　　贷：主营业务收入——运输收入——客运收入　　4 900
凤阳汽车运输公司会计处理：
(2) 根据固定补差额的计算，作会计处理如下：
　　借：应收账款——凤阳第 X 中心站　　　　　　5 000
　　　　贷：应付账款——都城汽车运输公司　　　　4 900
　　　　　　主营业务收入——代理业务收入　　　　　100
(3) 实际支付差额时，作会计处理如下：
　　借：应付账款——都城汽车运输公司　　　　　4 900
　　　　贷：银行存款　　　　　　　　　　　　　　4 900

汽车运输企业间互相为对方车辆办理货物运输业务所取得的运输收入需经过月末汇总分配，并按协议规定，扣除代理业务手续费后，支付给对方企业。通常月末通过"应付账款"账户进行核算。

二、水路运输企业营运收入的核算

(一) 营运收入的内容与分类

水路运输企业营运收入是指水路运输企业通过生产经营活动提供运输、装卸和其他劳务，并按一定的标准向用户或服务对象收取运输、装卸等劳务收入。

水路运输企业的收入按其所经营的不同业务可以分为运输收入、装卸收入、堆存收入、代理业务收入、港务管理收入和其他业务收入。

运输收入是指内河、沿海、远洋运输企业经营货物、旅客运输业务所取得的各项收入，规模较大的专门从事港口内拖驳运输企业所取得的拖驳运输收入也可以视为运输收入。

装卸收入是指海河港口企业经营装卸收入，集装箱拆、装箱收入，联运货物换装收入，装卸杂作业收入，过驳以及港区内火车或汽车的倒载收入。港口企业临时出租装卸机械的租金收入也视同装卸收入。

堆存收入是指经营仓库、堆场的货物存储业务所取得的收入。港口企业仓库、堆场等堆存设备临时出租的收入也视同堆存收入。

港务管理收入是指海河港口企业经营港口企业管理业务所取得的收入，港务管理收入又分为港务费收入和港务监督收入。

其他业务收入是指水运企业通过从事旅客服务、固定资产的出租等主营业务以外的活动而取得的收入，主要包括旅客服务收入、租赁收入、理货收入、散包灌包收入、供应服务收入和通讯服务收入。

(二) 账户设置

为了总括反映水路运输企业的各项营运收入的取得和结转情况,应设置"主营业务收入"账户和"其他业务收入"账户,并在"主营业务收入"账户下分别设"运输收入""装卸收入"、"堆存收入"、"代理业务收入"和"港务管理收入"二级账户。

"主营业务收入——运输收入"明细账户用以核算内河、沿海、远洋运输企业经营旅客、货物运输业务发生的各项收入。航运企业兼营的陆上运输收入和港口企业兼营的短途航运收入,达到一定规模和数额,在企业营运收入总额中占有一定比例也可以在本科目核算。

运输收入账户应按收入种类设置货运收入、客运收入、船舶出租收入、其他运输收入(包括行李、邮件运输、海难救助)等三级明细分类账户。

航运企业还可以根据管理需要,按航线、航次、货种和船队或单船进行三级明细分类核算。海洋运输企业如按航次核算运输收入,可在"主营业务收入——运输收入"账户下,分别按已完成和未完成航次组织明细分类核算。

"主营业务收入——装卸收入"明细账户用以核算海河港口企业经营装卸业务所发生的收入,包括装卸、联运货物换装、装卸杂作业、集装箱拆装箱、过驳、火车和汽车倒载以及临时出租装卸机械的租金收入。海河港口企业向订有速遣协议的船东或货主收取的船舶速遣费收入也应该在此科目核算。

装卸收入账户应按收入种类设置内贸装卸收入、外贸装卸收入、速遣收入、集装箱拆装箱收入、过驳倒载收入、其他装卸收入等三级明细账户。

"主营业务收入——堆存收入"明细账户用以核算港口企业经营仓库、堆场货物堆存业务所发生的收入。仓库、堆场及其他堆存设施的临时出租收入也在此账户中核算。本账户可按装卸作业区、仓库、堆场等堆存作业地点进行三级明细分类核算。

"主营业务收入——代理业务收入"明细分类账户用以核算港口企业、代理企业经营船舶、货物、旅客等代理业务的收入。其应按代理业务种类设置船舶代理业务收入、货运代理业务收入、客运代理业务收入等三级明细分类账户进行明细分类核算。

"主营业务收入——港务管理收入"明细账户用以核算和海港口企业取得的港务管理收入。其应按收入类别设置货物港务费收入、旅客港务费收入、船舶引航收入、铁路使用费收入、系解缆收入、停泊费收入和其他港务管理收入等三级明细分类账户进行明细分类核算。

海河港口企业取得的船舶港务费收入、船舶检验收入也可以在该账户核算。

另外，还设置了"其他业务收入"账户，用以核算企业经营运输、装卸、堆存、代理、港务管理业务以外的各种其他业务所发生的收入。

"其他业务收入"账户应按其他业务种类进行明细分类核算，如：旅客服务收入、租赁收入、理货收入等。

（三）账务处理

1. 直达运输

货物从起运港至到达港的全程运输由一个航运公司完成的就称直达运输。直达运输的营运收入结算方法有"起收"和"到收"两种。"起收"是指起运港在承运时一次向发货人收取全程运费和本港的港杂费，起运港扣除本港收入后，将运费解缴承运的航运公司，到达港的港杂费由到达港计收。"到收"是指发货人不在起运地，征得航运公司的同意，由起运港办理承运，由到达港向收货人收取全程运费和两港运杂费，再结算给各承运的航运公司和起运港的港口企业。目前这种结算办法已经基本不用，而改为港杂费用由起运港和到达港承运时和提货时分头计收，全程运费由航运公司直接向收货人计收。

【例6-4】 某公司有货物一批，由甲港运往乙港，在甲港规定的托运期装船，由 A 海运公司承运。

甲港计费如下：

甲港装船费	1 000
甲港出口货物港务费	200
甲港出口货物货运附加费	1 500
甲港出口货物港口建设费	3 000
甲港至乙港运费	40 000
代办货物保险所收保险费	2 500
向托运人所收银行手续费	1
合计	48 201

乙港计费如下：

货物卸船费	5 000
进口货物港务费	200
向收货人收银行手续费	1
合计	5 201

（1）甲港会计部门根据业务收费部门报来"营运进款日报表"及货运票据等原始凭证作如下的会计分录：

借：应收账款——货主　　　　　　　　　　48 201
　　贷：主营业务收入——装卸收入　　　　　　1 000
　　　　　　　　——港务管理收入　　　　　　200

　　　　　应交税费——应交港口建设费　　　　　　　3 000
　　　　　　　　　——应交货运附加费　　　　　　　1 500
　　　　　应付账款——A 海运公司　　　　　　　　40 000
　　　　　其他应付款——代办货物保险　　　　　　 2 500
　　　　　财务费用　　　　　　　　　　　　　　　　　　1
同时代扣运输收入印花税，会计分录如下：
　　　借：应付账款——A 海运公司　　　　　　　　20
　　　　　贷：其他应付款　　　　　　　　　　　　　　20
　　（2）A 海运公司根据甲港报来的"营运收支日报表"，作会计分录如下：
　　　借：应收账款——甲港　　　　　　　　　　40 000
　　　　　贷：主营业务收入——运输收入　　　　　 40 000
同时结转应交的印花税，会计分录如下：
　　　借：管理费用——税金　　　　　　　　　　　20
　　　　　贷：应收账款——甲港　　　　　　　　　　20
　　（3）乙港会计部门根据业务收费部门报来的"营业进款日报表"列账，应作如下会计分录：
　　　借：应收账款——货主　　　　　　　　　　 5 201
　　　　　贷：主营业务收入——装卸收入　　　　　5 000
　　　　　　　　　　——港务管理收入　　　　　　　 200
　　　　　财务费用　　　　　　　　　　　　　　　　　　1

2. 海江河货物联运

　　海江河货物联运是指货物从起运港至到达港的全程运输由几个航运公司和几个港口企业联合完成。联运运输的营运收入结算方式也有"起收"和"到收"两种。使用"到收"的方法，货主付款的时间推迟到最后，前站企业要提前垫付款项，造成坏账损失的风险加大，所以一般采用"起收"这种方法。

　　采用"起收"方式结算时，起运港在发货人托运时一次性计收全程运费，起运港的港杂费和中转港的换装费，港航之间采取逐段解缴、逐段扣收的办法结算。具体过程如下：

　　第一，起运港在发货人托运时，向发货人一次性收取全程运费、本港港杂费和各中转港的换装费，扣除本港收入后，应将其余的各段运费和中转港的换装费解缴给起运的航运公司。

　　第二，中转港根据运单所列本港换装费、次段运费及其他中转港口换装费原收数向前段航运公司结算或在前段航运公司进款内扣收，扣除本港收入后，将其余的运费及换装费解缴给接运的航运公司。

　　第三，到达港的港杂费由到达港自行向货主结算。

采用"到收"的方法结算时,由到达港向收货人一次计收全程运费和各港杂费,港航之间采取逐段扣收、逐段解缴的方法结算,结算过程如下:

第一,起运港在承运货物时,计算全程运杂费和各港港杂费,开具运单,在货物运出后,将本港应收的运杂费,在起运的航运公司进款内扣收。

第二,中转港根据运单所列的起运港港杂费、前段运费、前段中转港的港杂费和本港港杂费从出口换运的航运公司进款中扣收,留下本港港杂费后,将其余收入解缴给前段承运的航运公司。

第三,到达港在货物交付收货人时,向收货人核收全程运费和港杂费,扣除本港收入后,将其余收入解缴给进口航运公司。

【例6-5】 一批货物由托运人在甲港托运,经 A 海运公司承运,经过乙港中转,由 B 河运公司接运,抵达丙港卸船交收货人。采用"起收"方式结算。

甲港计费如下:

甲港装船费	5 000
甲港出口货物港务费	150
甲港出口货物港口建设费	1 500
甲港至乙港海段运费	4 000
甲港出口货物代办全程货物保险费	1 500
乙港换装费(含乙港换装货物进出口港务费 150 元)	8 150
乙港至丙港江段运费	5 000
合计	25 300

丙港计费如下:

丙港卸船费	5 500
丙港进口货物港务费	150
合计	5 650

(1)甲港作会计分录如下:

```
借:应收账款——货主                    25 300
    贷:主营业务收入——装卸收入            5 000
                ——港务管理收入         150
        应交税费——应交港口建设费        1 500
        其他应付款——代办货物保险费      1 500
        应付账款——A 海运公司          17 150
```

同时代扣海段运输印花税,会计分录如下:

```
借:应付账款——A 海运公司              20
    贷:其他应付款——代扣印花税           20
```

(2) A 海运公司应作会计分录如下：

借：应收账款——甲港　　　　　　　　　　　17 150
　　贷：主营业务收入——运输收入　　　　　　　　4 000
　　　　应付账款——乙港　　　　　　　　　　　13 150

同时结转应付甲港的代扣印花税，会计分录如下：

借：管理费用——税金　　　　　　　　　　　　　20
　　贷：应收账款——甲港　　　　　　　　　　　　20

(3) 乙港应作的会计分录为：

借：应收账款——A 海运公司　　　　　　　　13 150
　　贷：主营业务收入——装卸收入　　　　　　　　8 000
　　　　　　　　　　——港务管理收入　　　　　　150
　　　　应付账款——B 河运公司　　　　　　　　5 000

同时代扣江段运输收入的印花税

借：应付账款——B 河运公司　　　　　　　　　　25
　　贷：其他应付款——代扣印花税　　　　　　　　25

(4) B 河运公司编制会计分录如下：

借：应收账款——乙港　　　　　　　　　　　5 000
　　贷：主营业务收入——运输收入　　　　　　　　5 000

同时结转应付乙港代扣的印花税，会计分录如下：

借：管理费用——税金　　　　　　　　　　　　　25
　　贷：应收账款——乙港　　　　　　　　　　　　25

(5) 丙港会计部门应作会计分录为：

借：应收账款——货主　　　　　　　　　　　5 650
　　贷：主营业务收入——装卸收入　　　　　　　　5 500
　　　　　　　　　　——港务管理收入　　　　　　150

第三节　营运成本和费用的核算

这里仅就公路运输企业和水路运输企业营运成本和费用的核算作简要介绍。

企业会计准则将费用严格划分为生产经营成本和期间费用两大类。交通运输企业费用的划分也不例外。在交通运输企业中，费用可划分为：营运成本和期间费用。期间费用主要包括管理费用、财务费用。交通运输企业的营运成本，包括运输成本、装卸成本、堆存成本等。

一、公路运输企业营运成本的核算

交通运输企业的营运成本包括运输成本、装卸成本、堆存成本等。运输成本指企业完成一定的客运和货运运输周转量所发生的各项营运费用。装卸成本指企业完成一定的装卸操作量所发生各项营运费用。堆存成本指企业经营仓库和堆场业务完成一定的业务量所发生的各项营运费用。

（一）账户设置

为正确核算公路运输企业营运成本，需设置"主营业务成本——运输支出"、"主营业务成本——装卸支出"、"主营业务成本——堆存支出"、"劳务成本——营运间接费用"、"劳务成本——辅助营运费用"等账户。

"主营业务成本——运输支出"账户，该账户属损益类账户，期末一般无余额。该账户用于核算运输企业经营货物运输、旅客运输业务所发生的各项费用。本账户借方记货运、客运业务所发生的直接性营运费用，以及从"劳务成本——营运间接费用"账户转入的间接性营运费用；贷方记因各种原因抵减的运输费用及期末转入"本年利润"账户的费用金额。该账户一般按成本计算对象设置明细账。

"主营业务成本——装卸支出"账户，该账户属损益类账户，期末一般无余额。该账户核算运输企业经营装卸业务所发生的各项费用支出。借方记装卸支出的发生额及从"劳务成本——营运间接费用"账户转入的间接性营运费用；贷方记因各种原因抵减的装卸费用及期末转入"本年利润"账户的费用金额。该账户一般按专业区域或货种设置明细账。

"主营业务成本——堆存支出"账户，该账户属损益类账户，期末一般无余额。该账户核算运输企业经营仓库和堆存业务所发生的各项费用支出。借方记堆存业务支出的发生额及从"劳务成本——营运间接费用"账户转入的间接性营运费用；贷方记因各种原因抵减的堆存费用及期末转入"本年利润"账户的费用金额，该账户一般按仓库、堆存种类设置明细账。

"主营业务成本——代理业务支出"账户，该账户属损益类账户，期末一般无余额。该账户核算企业经营各种代理业务所发生的各项费用，借方登记各项代理业务发生的各项费用支出，包括工资、职工福利费、材料、低值易耗品摊销、折旧费、水电费、修理费、租赁费、差旅费、取暖费、劳动保护费等。贷方登记月终转入"本年利润"科目的数额。该账户一般按代理业务种类和规定的成本项目，设置三级明细账户进行明细分类核算。

"劳务成本——营运间接费用"账户，该账户属成本类账户，主要核算运输企业基层单位，如车队、车站为组织和管理营运过程所发生的费用。该账户借方记运输企业发生的各种营运间接费用；贷方记期末按一定标准结转至

"主营业务成本——运输支出"、"主营业务成本——装卸支出"、"主营业务成本——堆存支出"等明细账户的费用金额。期末分配后无余额。

"劳务成本——辅助营运费用"账户，该账户属成本类账户，用于核算运输企业辅助生产部门生产产品和供应劳务过程所发生的辅助生产费用，包括工资、职工福利费、燃料、折旧费、劳动保护费、事故损失费等。借方记发生的各项辅助营运费用；贷方记期末按一定标准结转至"主营业务成本——运输支出"、"主营业务成本——装卸支出"、"主营业务成本——堆存支出"等明细账户的费用金额。该账户期末借方余额表示尚未完工的辅助生产产品成本。该账户一般按辅助生产部门或成本核算对象设置明细账。

"其他业务成本"账户，该账户属损益类账户，期末一般无余额。该账户核算除营运业务以外的其他业务所发生的各项支出，包括相关的费用、成本等。借方记相关业务的支出数额；贷方记期末转入"本年利润"账户的数额。该账户一般按其他业务的种类设置明细账。

（二）账务处理

【例6-6】 通达运输企业2007年1月成本核算业务资料如下：

1. 工资及职工福利费汇总如表6-2。

工资及职工福利费汇总表

表6-2　　　　　　　　　　　2007年1月　　　　　　　　　　单位：元

借方科目		工资总额	职工福利费
二级明细科目	三级明细科目	（1）	（1）×14%
运输支出	客车	20 000	2 800
	货车	25 000	3 500
	小计	45 000	6 300
辅助营运费用	修理车间	3 000	420
营运间接费用	修理车间	3 500	490
	车站	2 500	350
	车队	2 000	280
	小计	11 000	1 540
管理费用	工资	4 000	560
合　计		60 000	8 400

根据工资及福利费的汇总表，应作如下的会计处理：

（1）分配工资费用时，作如下会计分录：

借：主营业务成本——运输支出（客车）　　　　20 000

——运输支出（货车）		25 000
劳务成本——辅助营运费用（修理车间）		3 000
劳务成本——营运间接费用（修理车间）		3 500
——营运间接费用（车站）		2 500
——营运间接费用（车队）		2 000
管理费用		4 000
贷：应付职工薪酬		60 000

（2）提取职工福利费时，应作如下会计分录：

借：主营业务成本——运输支出（客车）		2 800
——运输支出（货车）		3 500
劳务成本——辅助营运费用（修理车间）		420
劳务成本——营运间接费用（修理车间）		490
——营运间接费用（车站）		350
——营运间接费用（车队）		280
管理费用		560
贷：应付职工薪酬		8 400

2. 该公司燃料耗用数采用盘存制计算，燃料耗用汇总如表6-3。

燃料耗用计算汇总表

表6-3　　　　　　　　　　2007年1月　　　　　　　　　　单位：元

领用单位	本月领用	期初存油	期末存油	本期耗油
客车领用	27 000	5 000	4 000	28 000
货车领用	25 000	8 000	9 000	24 000
车站领用	400	500	0	900
车队领用	600	0	0	600
管理部门	1 000	0	0	1 000
合　　计	54 000	13 500	13 000	54 500

根据燃料耗用汇总表，应作如下会计分录：

借：主营业务成本——运输支出（客车）		28 000
——运输支出（货车）		24 000
劳务成本——辅助营运费用		1 500

　　　　管理费用　　　　　　　　　　　　　　　　　1 000
　　　　　贷：原材料——燃料　　　　　　　　　　　　　　54 500
3. 轮胎摊提费用分配见表6-4。

轮胎摊提费用分配表

表6-4　　　　　　　　　2007年1月　　　　　　　　　单位：元

借方科目			金额
一级科目	二级科目	三级科目	
主营业务成本	运输支出	客车	50 000
		货车	47 000
		小计	97 000
劳务成本	营运间接费用	车站	3 000
合计			100 000

根据以上资料，作如下会计分录：
　　借：主营业务成本——运输支出（客车）　　50 000
　　　　　　　　　　——运输支出（货车）　　47 000
　　　　贷：原材料——轮胎（摊销）　　　　　　　97 000
　　借：劳务成本——营运间接费用　　　　　　3 000
　　　　贷：原材料——轮胎　　　　　　　　　　　3 000

4. 折旧费用的分配见表6-5。

折旧费用的分配表

表6-5　　　　　　　　　2007年1月　　　　　　　　　单位：元

借方明细科目	车间部门	本月计提折旧					合计
		客车	货车	非营运车	机器设备	房屋建筑物	
运输支出	客车	25 000					25 000
	货车		2 000				2 000
	小计	25 000	2 000				27 000
营运间接费用	修理车间				4 500		4 500
	车站			1 600			1 600
	车队			800			800
	小计			2 400	4 500		6 900
管理费用	企业管理部门			2 000		5 000	7 000
合计		25 000	2 000	4 400	4 500	5 000	40 900

根据折旧费用分配表可以作如下分录：
  借：主营业务成本——运输支出（客车） 25 000
        ——运输支出（货车） 2 000
   劳务成本——营运间接费用（折旧费） 6 900
   管理费用 7 000
   贷：累计折旧 40 900

5. 该月营运间接费用归集的发生额为 19 020 元，当月营运车日总计为 3 200 日，其中客车 800 日，货车 2 400 日。根据以上资料，编制营运间接费用分配表如表 6-6。

营运间接费用分配表

表 6-6   2007 年 1 月   单位：元

成本核算对象	分配标准	分配率	分配额
客车运输队	800	1/4	4 755
货车运输队	2 400	3/4	14 265
合　　计	3 200	1	19 020

根据以上营运间接费用分配表，应作如下会计分录：
  借：主营业务成本——运输支出（客车） 4 755
        ——运输支出（货车） 14 265
   贷：劳务成本——营运间接费用 19 020

6. 该公司辅助营运费用归集的发生额为 4 920 元，分配率同间接费用的分配率，编制的辅助营运费用的分配表如表 6-7。

辅助营运费用分配表

表 6-7   2007 年 1 月   单位：元

成本核算对象	分配标准	分配率	分配额
客车运输队	800	1/4	1 230
货车运输队	2 400	3/4	3 690
合　　计	3 200	1	4 920

根据以上辅助营运费用分配表，应作如下会计分录：
  借：主营业务成本——运输支出（客车） 1 230

　　　　　　　　——运输支出（货车）　　　　　3 690
　　贷：劳务成本——辅助营运费用　　　　　　　　4 920

7. 本月客车队及货车队的总成本分别为：
客车队运输总成本 = 20 000 + 2 800 + 28 000 + 50 000 + 25 000
　　　　　　　　＋4 755 + 1 230
　　　　　　　　= 131 785（元）
货车队运输总成本 = 25 000 + 3 500 + 24 000 + 47 000 + 2 000
　　　　　　　　＋14 265 + 3 690
　　　　　　　　= 119 455（元）
月末，结转运输成本，应作如下会计分录：
　　借：本年利润　　　　　　　　　　　　　　251 240
　　　贷：主营业务成本——运输支出（客运）　　131 785
　　　　　　　　　　　——运输支出（货车）　　119 455

二、水路运输企业营运成本的核算

　　水运企业包括船舶运输企业和港口运输企业两部分。船舶运输企业就是将客、货从一个港口送到另一个港口。船舶运输企业的生产特点就是连续不断地进行单一的劳务作业。港口企业的主要业务是从事货物的装卸，即将一批货物或一船货物卸进仓库、货场后，再从仓库、货场装车或装船运出，这一装一卸就是一个生产经营过程。

　　船舶运输主要包括沿海运输、远洋运输和内河运输。沿海运输是海运企业船舶在我国近海航线上航行，经营国内沿海各港之间的客、货运输业务。沿海运输同内河运输相比，船舶吨位较大，运输距离较长；与远洋运输企业相比，则运输距离较短，一个单程航次一般数天即可完成。远洋运输企业的运输船舶在国际航线上航行，经营国内外港口之间的客、货运输业务。内河运输企业的运输船舶在内江内河航线上航行，经营江河港口的客货运输业务。较沿海、远洋运输而言，内河运输有以下特点：运输的船舶较小，并且主要以拖驳运输为主；航线较短，航次时间不长；有的航道可以终年通航，有的由于季节性枯水或冬季封冻而断航。正因为如此，内河运输的成本核算呈现出不同于沿海、远洋运输成本的核算特点。

　　（一）成本核算对象、成本计算单位和成本计算期
　　1. 成本核算对象
　　航运企业均以客运、货运业务作为成本核算对象，由于经营管理的需要，航运企业还分别以单船、船舶类型（客轮、货轮、客货轮、油轮、拖轮、驳船等）、航次、航线作为成本核算对象。其中，单船成本是基础，可以据其计

算船舶类型成本、客运成本、货运成本等。

沿海运输一般先计算单船成本，然后在此基础上定期或不定期计算客货运综合成本、客运成本、货运成本、船舶类型成本。沿海运输一般不计算航次成本和航线成本。

远洋运输以单船的航次为成本核算对象，计算单船的航次成本。原因是远洋运输船舶航次时间长，吨位较大，报告期终了未完成航次运输量和运输费用较大，且期初跨进与期末跨出的运输量和运费极为悬殊。所以，为保证运输成本的正确核算，必须按航次计算成本。

由于内河运输企业的船舶类型较多，除计算客运、货运成本、客货运综合成本外，内河运输企业还应以运输种类为成本计算对象计算运输种类成本。计算成本的种类一般规定如下：

（1）客运，包括客轮客运、客货轮客运、拖驳客运。
（2）货运，包括货轮货运、客货轮货运、拖驳货运。
（3）油运，包括油轮油运、拖驳油运。
（4）排运，指拖驳排运。

2. 成本计算单位

运输综合成本计算单位为元/千吨海里；客运成本计算单位为元/千人海里；货运成本计算单位为元/千吨海里。客运、货运周转量换算比例为一个铺位人海里或三个座位人海里等于一个吨海里。

3. 成本计算期

沿海运输企业由于航次时间不长，各月末未完成航次数相差不多，且未完成航次的运输量和运输费用较少，所以其成本计算期以月、季、年划分。

远洋运输企业核算航次成本的计算期为航次时间。船舶的航次时间，应以上一航次最终港卸空所载货物、旅客时起，至本航次最终港卸空所载货物、旅客时止。航次有单行次和往返航次。单航次是指船舶在两港或多港间进行单程运输；往返航次是指船舶在两港或多港间进行往返运输。远洋运输企业通常按船舶载货（客）单航程航次计算运输成本；单程空航时，以往返航次计算运输成本。

在计算航次成本的基础上，远洋运输企业应计算报告期（月、季、年）全部船舶已完成航次的成本，作为企业该月今年的运输成本。各船舶在报告期内未完成航次成本转入下期。

（二）账户设置

水运企业营运成本应在"主营业务成本"账户下设置"运输支出"二级账户，在"劳务成本"账户下设置"辅助营运费用"、"营运间接费用"、"集装箱固定费用"、"船舶固定费用"、"船舶维护费用"等明细账户，其中大部分已在汽车运输企业成本费用的核算中介绍过，此处仅介绍以下几个账户。

1. "劳务成本——集装箱固定费用"账户

本账户核算运输企业发生的集装箱固定费用。集装箱固定费用主要包括：集装箱保管费，指空箱存放堆场所支付的堆存费用，以及空箱在港口之间调运所发生的运送费；集装箱折旧费，指自有集装箱按集装箱价值和规定的折旧率按月计提的折旧费；集装箱修理费，指修理集装箱所耗用的修理用配件、材料和其他修理费用；保险费指向保险公司投保集装箱安全险所支付的保险费用；底盘车费用指企业自有或租用的集装箱底盘车发生的保险费、折旧费、租金、保管费、修理费等；其他费用。集装箱固定费用应按集装箱类型设置明细账，并按规定的费用项目进行明细核算。

发生的集装箱固定费用，借记"劳务成本——集装箱固定费用"账户，贷记"银行存款"、"其他应付款"等账户。月终，按规定的分配标准由单船或航次负担时，借记"主营业务成本——运输支出"等账户，贷记"劳务成本——集装箱固定费用"账户。

2. "劳务成本——船舶固定费用"账户

本账户用来核算计算航次成本的远洋运输企业为保持船舶正常运行状态所发生的费用。船舶固定费用主要包括：工资，指船员的标准工资、船岸差、副食品价格补贴、回民伙食津贴、航行津贴、油轮津贴、运危险品津贴、船员伙食以及其他按规定支付的工资性津贴；职工福利费，按工资总额的14%提取的职工福利费；润料费，指船舶耗用的各项润滑油脂的支出；物料费，指船舶在运输生产和日常维护保养中耗用、劳动保护以及事务耗用的各种材料、低值易耗品等的费用；船舶折旧费和修理费支出；船舶保险费和车船使用税；船舶营运期内所发生的燃料费和港口费等费用；船舶共同费用，指应由船舶共同负担、需经过分配由各船负担的船员费用和船舶业务费；其他船舶固定费用，指不属于以上各项的其他船舶固定费用，如船舶牌照税、船舶证书费、船舶检验费等。

发生船舶固定费用时，应借记"劳务成本——船舶固定费用"账户，贷记"应付职工薪酬"、"原材料"、"银行存款"等账户。月末按规定的分配标准，将船舶固定费用分配给各航次成本时，借记"主营业务成本——运输支出"等账户，贷记"劳务成本——船舶固定费用"账户。

3. "劳务成本——船舶维护费用"账户

本账户核算有封冻、枯水等非通航期的内河运输企业所发生的、应由通航期成本负担的船舶维护费用。企业在非通航期从事其他业务所发生的费用，应记入"其他业务成本"等账户，不通过该账户核算。

船舶维护费用主要包括：工资，指应记入船舶维护费的留船人员的工资；

职工福利支出；燃料，指非通航期船舶照明用燃料；材料，指非通航期领用的维护用材料及低值易耗品；保卫费及破冰费；车船使用税；其他费用。

发生船舶维护费时，借记"劳务成本——船舶维护费用"账户，贷记"应付职工薪酬"、"原材料"、"银行存款"等账户。月末，将所归集的船舶维护费用，采用适当的分配方法，分配计入通航期每个月份各成本计算对象中，借记"主营业务成本——运输支出"账户，贷记"劳务成本——船舶维护费用"账户。

（三）沿海运输企业费用的归集、分配和成本计算

1. 船舶费用的归集和分配

在沿海运输成本核算中，船舶航行费用、船舶固定费用、船舶租费统称为船舶费用。沿海运输企业通常计算单船成本，按单船设置"船舶费用明细账"。

财会部门应按有关原始凭证或费用分配表编制会计分录：借记"主营业务成本——运输支出"账户，贷记"应付职工薪酬"、"劳务成本——营运间接费用"等账户，同时将其记入按单船设置"船舶费用明细账"中。

月末应根据成本计算的要求，将其分配到客运、货运成本中。客轮费用应全部由客运成本负担；货轮费用应全部由货运成本负担；客货轮的费用则应分别由客运成本和货运成本负担。客货轮船舶航行费用中可以直接由客运和货运负担的费用，应分别记入客运、货运成本，不能直接记入客运货运成本的共同性费用，以及客货轮的船舶租费，可以采用一定的分配方法记入客运成本和货运成本。分配方法通常有如下几种：

（1）客货轮核定的客位定额的人天和载货定额的吨天比例分配。以一个铺位人天或三个座位人天等于一个吨天计算。

（2）按客位和货运所占船舱容积的比例分配。

（3）按客货轮实际完成的客货运换算周转量的比例分配。

（4）按客货轮核定的客、货定额收入的比例分配。

值得注意的是，沿海运输企业的船舶有时从事不属于运输业务的工作，这些非运输业务的收入往往与运输生产量无关，这些业务被称之为其他业务，其费用支出应在"其他业务成本"账户中核算，但沿海运输企业的船舶费用通常在"主营业务支出——运输支出"账户中完整登记，所以在归集费用时，应将其扣除。

2. 集装箱固定费用的归集和分配

沿海运输企业应为发生的集装箱固定费用设置集装箱固定费用明细账，并按规定的项目设置专栏进行明细核算。其应根据有关原始凭证和费用计算表，借记"劳务成本——集装箱固定费用"账户，贷记"累计折旧"、"银行存

款"等账户。

月终,应编制"集装箱固定费用分配计算表",根据集装箱固定费用明细账中归集的集装箱固定费用总额和全部船舶装运集装箱的箱天数,求出每一箱天集装箱固定费用,作为船舶的集装箱固定费用分摊的基础。

集装箱固定费用分摊后,应按各船分摊的集装箱固定费用,记入各船的月份运输成本,借记"主营业务成本——运输支出"账户,贷记"劳务成本——集装箱固定费用"账户。

3. 船队费用的归集和分配

设有船队的沿海运输企业应按船队设置船队费用明细账,并按规定的项目设置专栏,用以归集各船队为管理运输船舶和组织经营活动所发生的费用。应根据原始凭证或费用分配表,将船队费用序时登记入账,归集船队费用。船队费用发生时,借记"劳务成本——营运间接费用"账户,贷记"应付职工薪酬"、"银行存款"等账户。

月终,设有船队的沿海运输企业应编制"船队费用分配表",对船队费用进行分配。

4. 成本计算

根据上述各种费用的归集和分配,月终,沿海运输企业便可按规定的成本项目和费用类别编制各运输船舶的"单船成本计算表",并据以计算单船成本。在此基础上,应根据需要编制"沿海运输成本计算表"、"船舶类型成本计算表",以分别计算沿海运输总成本和船舶类型成本。

沿海运输总成本是由企业全部船舶所发生的费用(包括船舶航行费、船舶固定费用、船舶租费),扣除应由其他业务负担的船舶费用,加上集装箱固定费、应由运输企业负担的船队费用。计算公式如下:

运输总成本 = 船舶费用 – 其他业务费用 + 集装箱固定费用 + 船队费用

运输总成本除以客货运换算周转量,即为运输综合单位成本,其计算公式如下:

运输综合单位成本 = 运输总成本/客货运换算周转量

客运、货运总成本分别除以客、货运周转量,即为客运、货运单位成本。其计算公式如下:

客运单位成本 = 客运总成本/客运周转量

货运单位成本 = 货运总成本/货运周转量

(四)内河运输企业费用归集和分配及成本的计算

1. 内河运输企业费用的归集和分配

内河运输企业的船舶费用包括船舶航行费用和船舶维护费用。船舶航行费用是指运输船舶在航行中发生的直接费用,包括燃料费、润料费、材料费、外埠港口费、外埠业务费、事故损失费、养路费、过闸费和其他直接航行费用；船舶维护费用指船舶维护时发生的费用；港埠费指按规定办法分配后由本期运输成本负担的自营港埠费用。

内河运输企业的船舶航行费用按客轮、客货轮、货轮、油轮、拖轮、驳船等船舶类型进行归集。归集各船舶类型的船舶费用时，根据有关的原始凭证和费用分配表编制记账凭证，借记"主营业务成本——运输支出"账户，贷记"原材料——燃料"、"应付职工薪酬"等账户，同时将其记入按船舶类型划分的船舶费用明细账。

船舶维护费用，应按船舶类型设置"船舶费用明细账"归集。归集时，按发生的船舶维护费用，借记"劳务成本——船舶维护费用"账户，贷记"应付职工薪酬"、"原材料"等账户。非通航期的船舶维护费用，一般由通航期各成本计算期的运输成本负担。分配方法一般按全年预算数和全年计划通航天数，确定计划分配率，然后据以计算通航期每月应负担的船舶维护费用。其计算公式：

计划分配率 = 船舶维护费用全年预算数/全年计划通航天数

通航期某月运输成本应负担的船舶维护费用 = 该月通航天数×计划分配率

另外，企业还应将通航期每月运输成本所负担的船舶维护费用，按各运输种类（客运、货运、油运、排运）的船舶费用的比例分摊，记入各运输种类成本，借记"主营业务成本——运输支出"账户，贷记"劳务成本——船舶维护费用"账户。

年度终了，应根据船舶维护费用的实际发生额与分配额的差额，调整当年的运输成本。实际发生额大于分配额的差额，借记"主营业务成本——运输支出"账户，贷记"劳务成本——船舶维护费用"账户；实际发生额小于分配额的差额，做相反的分录。

港埠费用由各港埠设立"港埠费用明细账"予以归集。月终，自营港埠有对外装卸业务的，归集的港埠费用应按运输收入和装卸收入的比例在运输业务和装卸业务之间分摊。由运输业务成本负担的港埠费用，应按各运输种类的船舶费用比例分摊。各类运输种类应负担的港埠费用，分别记入各运输种类成本，借记"主营业务成本——运输支出"账户，贷记"劳务成本——营运间接费用"账户。

2. 成本计算

内河运输企业的成本计算和沿海运输计算相似。其计算公式如下：

运输总成本 = 船舶航行费用 + 运输成本负担的船舶维护费用 + 港埠费用

运输综合单位成本 = 运输总成本/客货运综合周转量

各运输种类的单位成本 = 各运输种类成本/各运输种类周转量

客（货）运单位成本 = 客（货）运总成本/客（货）运周转量

其中，各运输种类总成本指各种运输种类所负担的船舶航行费用、船舶维护费用和港埠费用之和。各运输种类总成本按货运、客运汇集即为企业的货运总成本和客运总成本。

内河运输企业月末编制"内河运输成本计算表"，以计算运输总成本和单位总成本。

第七章 施工企业特殊业务会计

施工企业是从事建筑安装、道路、桥梁修建等业务活动的企业,其不同于其他行业的业务主要包括:周转材料的核算、临时设施的核算、工程成本的核算以及工程价款结算的核算。

第一节 周转材料的核算

一、周转材料的分类

周转材料是指施工企业在施工过程中多次周转使用并基本保持原有物质形态而价值逐渐转移的各种材料,主要包括钢模、木模板、脚手架和其他周转材料等。按其在施工生产过程中的用途不同,一般可分为以下几类:

(1) 模板。是指浇灌混凝土使用的木模、钢模等,包括配合模板使用的支撑材料、滑模材料和构件等。按固定资产管理的固定钢模和现场使用固定大型钢模板则不包括在内。

(2) 挡板。是指土方工程使用的挡土板等,包括用于挡板的支撑材料。

(3) 架料。是指搭脚手架用的竹竿、木杆、竹木跳板、钢管脚手架及其附件等。

(4) 其他周转材料。是指除以上各类之外,作为流动资产管理的其他周转材料,如塔吊使用的轻轨、枕木(不包括附属于塔吊的钢轨)以及施工过程中使用的安全网等。

周转材料按其使用情况可分为在库周转材料和在用周转材料。

二、周转材料的摊销方法

由于周转材料在施工过程中可以多次周转使用并不改变其原有的实物形态,因此其价值应随同其损耗程度,逐渐转移、摊销计入到工程成本或有关费用中去。实际工作中,为了使会计核算更具有实际意义,周转材料的摊销方法应视周转材料价值的多少、耐磨程度、使用期限长短等具体因素确定。各施工企业应根据周转材料的具体使用情况,采取合适的摊销方法进行价值摊销。周转材料的摊销方法一般有以下几种：

（1）一次摊销法。是指在领用周转材料时，将其全部价值一次计入工程成本或有关费用的方法。这种方法一般适用于易腐、易潮、易损坏或价值较低、使用期限较短的周转材料，如安全网等。

（2）分期摊销法。是指根据周转材料的预计使用期限、原值、预计残值确定每期摊销额，将其价值分期摊入工程成本或有关费用的方法。这种方法一般适用于经常使用或使用次数较多的周转材料，如脚手架、跳板、塔吊轻轨及枕木等。其计算公式如下：

周转材料每期摊销额 = 周转材料原值 × （1 - 预计残值率%）/预计使用期限

（3）分次摊销法。是指根据周转材料的预计使用次数、原值、预计残值确定每次摊销额，将其价值分次摊入工程成本或有关费用的方法。这种方法一般适用于使用次数较少或不经常使用的周转材料，如预制钢筋混凝土构件所使用的定型模板、模板、土方工程使用的挡板等。其计算公式如下：

周转材料平均每次摊销额 = 周转材料原值 × （1 - 预计残值率%）/预计使用次数

周转材料本期摊销额 = 本期使用次数 × 周转材料平均每次摊销额

（4）定额摊销法。是指根据实际完成的实物工程量和预算定额规定的周转材料消耗定额计算确定本期周转材料摊销额，摊入本期工程成本或有关费用的方法。这种方法适用于各种模板周转材料。其计算公式如下：

周转材料本期摊销额 = 本期实际完成的实物工程量 × 单位工程量周转材料消耗定额

三、周转材料的核算

（一）账户设置

为了核算和监督周转材料的购入、领用、摊销和结存情况，施工企业可以设置"周转材料"科目。本科目用以核算企业库存和在用的各种周转材料的计划成本或实际成本。在本科目下可按周转材料的种类，分别设置"在库周转材料"、"在用周转材料"和"周转材料摊销"三个明细科目进行明细核算。

（二）周转材料的主要账务处理

（1）企业购入、自制、委托外单位加工完成并已验收入库的周转材料等，比照"原材料"科目进行处理。

（2）企业应当根据具体情况对周转材料采用一次转销法、分期摊销法、分次摊销法或者定额摊销法。领用、摊销和退回周转材料时，采用一次转销法的，领用时应按其账面价值，借记"工程施工"等科目，贷记"周转材料"

科目。

采用其他摊销法的，领用时应按其账面价值，借记"周转材料"（在用）科目，贷记"周转材料"（在库）科目；摊销时应按摊销额，借记"工程施工"、"销售费用"等科目，贷记"周转材料"（摊销）科目；退库时应按其价值，借记"周转材料"（在库）科目，贷记"周转材料"（在用）科目。

(3) 周转材料报废时，采用一次转销法的，应按报废周转材料的残料价值，借记"原材料"等科目，贷记"工程施工"等科目。

采用其他摊销法的，按应补提摊销额，借记"工程施工"等科目，贷记"周转材料"（摊销）科目；按报废周转材料的残料价值，借记"原材料"等科目，贷记"工程施工"等科目，同时按已提摊销额，借记"周转材料"（摊销）科目，贷记"周转材料"（在用）科目。

(4) 采用计划成本进行周转材料日常核算的，月末结转领用周转材料应分摊的成本差异，借记"工程施工"、"销售费用"等科目，贷记"材料成本差异"科目，实际成本小于计划成本的差异做相反的会计分录。

(5) "周转材料"期末借方余额，反映企业在库周转材料的计划成本或实际成本以及在用周转材料的摊余价值。

第二节 临时设施的核算

一、临时设施的概念

由于施工地点的不固定性，施工队伍进入新的建筑工地时，为了保证施工的顺利进行，必须搭建一些临时设施。但在工程完工以后，这些临时设施就失去了它原来的作用，必须拆除或作其他处理。施工企业的临时设施，即是指施工企业为了保证施工生产和管理工作的正常进行而在施工现场建造的生产和生活用的各种临时性简易设施，如房屋、建筑物和其他设施等。施工现场搭建的临时设施，通常可分为大型临时设施和小型临时设施两类。例如：施工人员的临时宿舍、机具棚、材料室、化灰池、储水池，以及施工单位或附属企业在现场的临时办公室等；施工过程中应用的临时给水、排水、供电、供热和管道（不包括设备）；临时铁路专用线、轻便铁道；现场施工和警卫安全用的小型临时设施；保管器材用的小型临时设施，如简易料棚、工具储藏室等；行政管理用的小型临时设施，如工地收发室等。

二、临时设施的摊销方法

由于临时设施的使用期限一般较长，在使用过程中又基本上保持其原有的实物形态，因此，其价值也应逐渐地转移到受益的工程成本中去，即应将临时设施的价值采用摊销的方法分期计入收益的工程成本。临时设施的摊销方法，应当根据其使用期限或工程受益期限和服务对象合理的加以确定。在一般情况下，临时设施的摊销应采用分期摊销法，即按照临时设施的预计使用年限或工程的受益期限平均摊销，其原理与固定资产折旧的平均年限法相同。

三、临时设施的核算

（一）账户设置

为了核算临时设施成本、价值摊销情况以及清理情况，施工企业应设置下列会计科目：

1．"临时设施"科目

本科目核算施工企业为保证施工和管理的正常进行，而购建的各种临时设施的实际成本，属于资产类科目。

2．"临时设施摊销"科目

本科目属于资产的调整科目，也是"临时设施"科目的备抵调整科目，来核算施工企业各种临时设施在使用过程中发生的价值损耗，即核算临时设施的累计摊销额。其贷方登记企业按月计提摊入工程成本的临时设施摊销额；借方登记企业出售、拆除、报废、毁损和盘亏临时设施的已提摊销额；期末贷方余额反映企业在用临时设施的已提摊销额。该科目也应按临时设施的种类和使用部门设置明细账，进行明细分类核算。

3．"固定资产清理——临时设施清理"科目

本科目属于资产类科目，用于核算施工企业因出售、拆除、报废和毁损等原因转入清理的临时设施价值，及其在清理过程中所发生的清理费用和清理收入等。其借方登记出售、拆除、报废和毁损临时设施的净值以及发生的清理费用；贷方登记收回出售临时设施的价款和清理过程中取得的残料价值或变价收入；期末借方余额反映临时设施清理后的净损失，如为贷方余额，则反映临时设施清理后的净收益。临时设施清理工作结束后，应将净损失或净收益分别转入"营业外支出"和"营业外收入"科目，结转后，该科目应无余额。

（二）账务处理

1．购置时的会计处理

施工企业用银行存款购入的临时设施，应按购入的实际支出，借记"临时设施"科目，贷记"银行存款"科目。对于需要通过建筑安装才能完成的临时设施，在搭建过程中发生的各项费用，先通过"在建工程"科目核算，发生费用时，借记"在建工程"科目，贷记"原材料"、"应付职工薪酬"等科目；待到搭建完工，达到预定可使用状态时，按建造期间发生的实际成本，

再从"在建工程"科目转入本科目,即借记"临时设施"科目,贷记"在建工程"科目。

2. 摊销时的会计处理

施工企业的各种临时设施,应根据其服务方式,合理确定摊销方法,在恰当的期限内将其价值摊入工程成本。当月增加的临时设施,当月不摊销,从下月起开始摊销;当月减少的临时设施,当月继续摊销,从下月起停止摊销。摊销时,应将按月计算的摊销额,借记"工程施工"科目,贷记"临时设施摊销"科目。

3. 清理时的会计处理

企业出售、拆除、报废的临时设施应转入清理。转入清理的临时设施,按临时设施账面净值,借记"固定资产清理——临时设施清理"科目,按已摊销数,借记"临时设施摊销"科目,按其账面原值,贷记"临时设施"科目。出售、拆除过程中发生的变价收入和残料价值,借记"银行存款"、"原材料"科目,贷记"固定资产清理——临时设施清理"科目,发生的清理费用,借记"固定资产清理——临时设施清理"科目,贷记"银行存款"等科目。清理结束后,若发生净损失,借记"营业外支出"科目,贷记"固定资产清理——临时设施清理"科目,若发生净收益,则计入"营业外收入"科目。

第三节 工程成本的核算

一、工程成本的构成内容

施工企业工程成本是指在施工生产过程中耗费在一定数量的建筑产品上的物化劳动和活劳动的货币表现。它由施工企业在施工生产过程中发生的与施工建筑产品相关的费用构成。计入工程成本的各项施工费用,在施工生产过程中的具体用途也各不相同。将应计入工程成本的施工费用按其经济用途进行分类的费用项目,即为工程成本项目。施工企业的工程成本项目一般包括以下五项:

(1) 材料费。主要包括施工过程中耗用的构成工程实体或有助于形成工程实体的原材料、辅助材料、构配件、零件、半成品的成本,以及周转材料的摊销和租赁费用等。使用结构件较多的工程,也可以单独设置"结构件"成本项目。

(2) 人工费。主要包括从事建筑安装工程施工人员的工资、奖金、职工福利费、工资性质的津贴和劳动保护费等。

(3) 机械使用费。主要包括施工生产过程中使用自有施工机械所发生的机械使用费和租用外单位施工机械所支付的租赁费,以及施工机械的安装、拆卸和进出场费等。

(4) 其他直接费。主要包括有关的设计和技术援助费用、施工现场材料二次搬运费、生产工具和用具使用费、检验试验费、工程定位复测费、工程点交费、场地清理费、冬雨季施工增加费、夜间施工增加费、流动施工津贴、特殊地区施工增加费、铁路和公路工程行车干扰费、送变电工程干扰通讯保护措施费、特殊工程技术培训费等。

(5) 间接费用。是指施工企业所属各施工单位(如工区、工程处、施工队、项目经理部等)为组织和管理施工生产活动所发生的各项费用。主要包括临时设施摊销费和施工单位发生的管理人员工资、奖金、职工福利费、劳动保护费、行政管理用固定资产折旧费及修理费、物料消耗、低值易耗品摊销、取暖费、水电费、办公费、差旅费、财产保险费、工程保修费、排污费及其他费用。

前四项构成建筑安装工程的直接成本,第五项为建筑安装工程的间接成本,直接成本与间接成本之和构成建筑安装工程的成本。

二、工程成本的分类

根据建筑安装工程的特点和工程成本管理的要求,施工企业的工程成本一般可以分为工程实际成本和工程合同成本两大类:

(1) 工程实际成本。是在施工过程中为完成一定建筑安装工程而实际发生的施工费用。它综合地反映了企业进行工程施工活动的个别耗费水平,是影响工程结算利润的基本因素。工程实际成本可以通过工程各项施工费用的归集与分配程序计算确定。

(2) 工程合同成本。是指施工企业根据施工图设计确定的建筑安装工程实物量和国家或地区制定的预算定额、预算单价以及有关费用标准计算确定的工程成本。它综合地反映了各地区进行工程施工活动的社会平均耗费水平,是施工企业与发包单位结算工程价款的主要依据,也是控制企业成本开支的最高限额和考核工程成本节约或超支的重要尺度。

三、工程成本的核算

在工程成本的核算过程中,为归集和分配费用,应确定成本核算对象。一般应根据工程承包合同内容以及施工生产的特点、生产费用发生的情况和管理的要求来确定。

按照工程成本核算内容的详细程度不同,工程成本核算的程序可以分为总分类核算程序和明细分类核算程序两个方面。工程成本的总分类核算程序,是指总括地核算工程成本时一般应采取的步骤和顺序。施工企业的成本核算一般实施二级或三级核算，对一些规模较小的企业也可以实行一级核算。

施工企业对施工过程中发生的各项施工费用，首先应按其用途和发生的地点进行归集。有些施工费用（如能够分清受益对象的建筑安装工人工资、材料费等）可以直接计入受益的各个工程成本核算对象的成本中；有些施工费用（如间接费用等）则需要先进行归集，然后再按照一定的方法分配计入受益的各个工程成本核算对象的成本中。

（一）科目设置

为了核算和监督建筑安装工程施工过程中各项施工费用的发生、归集和分配情况，正确计算工程成本，施工企业应设置"工程施工"、"机械作业"科目；有所属生产企业，也可以直接设置"生产成本"或"劳务成本"科目。

（1）"工程施工"科目。属于成本类科目，用于核算企业进行建筑安装工程施工所发生的各项费用支出，并确定各个成本核算对象的实际成本。工程施工费用，包括房屋、建筑物、设备基础等的建筑工程，管道、输电线路、通信导线等的敷设工程，特殊炉的砌筑工程，金属结构工程，上下水道工程，道路工程。铁路工程，矿山掘进工程，以及生产、动力、起重、运输、传动等各种需要安装设备的装配、装置工程等的施工费用。其中房屋等建筑物工程施工费用，除了包括其本身的施工费用外，还应包括列入房屋工程预算内的暖气、卫生、通风、照明、煤气等设备的价值。设备安装工程的施工费用以及为测定安装工程质量对单个设备进行的试车费用，一般不包括被安装设备本身的价值。

（2）"机械作业"科目。属于成本类科目，用于核算企业及其内部独立核算的施工单位、机械站和运输队使用自有施工机械和运输设备进行机械作业（包括机械化施工和运输作业等）所发生的各项费用。其借方登记机械作业过程中实际发生的各项费用，贷方登记按受益对象分配结转的机械作业成本，期末一般无余额。

此外，施工企业还应设置"待摊费用"和"预提费用"科目，用来核算应分摊或预提计入工程成本的有关费用。

（二）工程实际成本的核算

工程实际成本的核算，就是将工程施工过程中发生的各项生产费用，如支付给工人的工资、耗用的各种材料、使用机械设备所发生的机械使用费等，根据内部有关部门提供的手续完备的凭证资料进行汇总，然后再直接计入或分配计入有关成本核算对象，计算出各工程的实际成本。

1. 材料费的核算

工程成本中的材料费，是指施工过程中耗用的构成工程实体或有助于形成工程实体的原材料、辅助材料、构配件、零件、半成品的成本和周转材料的摊销及租赁费用。施工企业的材料，除了主要用于工程施工外，还用于临时设施、福利设施等专项工程支出以及其他非生产性耗用。因此，企业必须建立健全材料管理制度，根据发出材料的用途，严格划分工程耗用与其他耗用的界限，只有直接用于工程的材料才能计入成本核算对象的"材料费"成本项目。

2. 人工费的核算

工程成本中的人工费，是指在施工过程中直接从事工程施工的建筑安装工人以及在施工现场直接为工程制作构件和运料、配料等工人的工资、工资性津贴、福利费、劳动保护费等。

采用计件工资制度的，企业支付的工资一般都能分清是为哪个工程所发生的，可以根据"工程任务单"和有关工资结算凭证直接计入各成本核算对象的"人工费"项目；实行计时工资制度的，企业支付的工资如果能够分清受益对象，可以根据有关工资结算凭证直接计入成本核算对象。但是一个施工单位一般同时有若干个工地，建筑安装工人往往需要根据施工组织设计，在不同的工地之间流动施工生产，即使在同一个工地，也可能有若干个工程成本核算对象同时施工，工人需要根据施工要求进行流动。在这种情况下，企业支付给建筑安装工人的计时工资，应采用适当的办法在各成本核算对象间进行分配。

采用计时工资制度的，计入成本的工资，一般是按照当月工资总额和工人总的出勤工日计算的日平均工资及各工程当月实际用工数计算分配的。包括在人工费中的工程施工人员职工福利费，可以根据计提比例（14%）提取，并随同工资总额一并分配计入工程成本。

【例7-1】 星华建筑公司第一工区2006年度同时承建A工程和B工程。6月份该工区共发生应付工程施工人员工资600 000元，当月施工实际耗用3 000个工日，其中：A工程实际耗用2 000个工日，B工程实际耗用1 000个工日。该公司按14%的比例计提职工福利费，劳保费按施工人员工资比例分配，当月的劳动保护费为60 000元，随同工资一并发放给工人。有关"工程施工人员人工费分配表"如表7-1。

工程施工人员人工费分配表

表7-1　　　　　　　　　　　　　2006年6月　　　　　　　　　　　　　单位：元

工程成本核算对象	实耗工日	日平均工资	工资总额	福利费计提率	福利费	劳保费分配率	劳动保护费	合计
A工程	2 000	200	400 000	14%	56 000	10%	40 000	496 000
B工程	1 000	200	200 000	14%	28 000	10%	20 000	248 000
合　计	3 000	400	600 000	14%	84 000	10%	60 000	744 000

根据工程施工人员人工费分配表,账务处理如下:

  借:工程施工——A 工程——人工费   496 000
    工程施工——B 工程——人工费   248 000
   贷:应付职工薪酬   600 000
     应付职工薪酬——福利费   84 000
     库存现金   60 000

 3. 机械使用费的核算

  工程成本中的机械使用费,是指在工程施工过程中使用自有施工机械的台班费和使用从外单位租入施工机械的租赁费,以及支付的施工机械进出场费。施工企业在施工生产过程中使用的施工机械,既有自有施工机械,也有租入外单位施工机械,两者应采用不同方法核算。

  (1) 租入机械费用的核算。从外单位或本企业其他内部独立核算的机械站租入施工机械支付的租赁费,一般可以根据"机械租赁费结算账单"所列金额,直接计入有关成本核算对象的"机械使用费"成本项目。如果发生的租赁费应由两个或两个以上成本核算对象共同负担的,则根据所支付的租赁费总额和各个成本核算对象实际使用台班数分配计入有关成本核算对象。计算公式:

  某成本核算对象应负担的租赁费=该成本核算对象实际使用台班数×平均台班租赁费

  平均台班租赁费=支付的租赁费总额/租入施工机械作业总台班数

  (2) 自有机械费用的核算。使用自有施工机械或者运输设备进行机械作业所发生的各项费用,首先应该通过"机械作业"科目,按机械类别或每台机械分别归集,月末再根据各个成本核算对象使用施工机械的情况计算各成本核算对象应分摊的施工机械使用费。为更好地归集机械作业费用,计算机械作业成本,应在"机械作业"科目下,按机械类别或者每台机械设置明细账,并按成本项目分设专栏,进行明细核算。

  A. 自有机械费的归集。施工企业使用自有施工机械和运输设备进行机械作业所发生的各项费用,主要包括人工费、燃料及动力费、折旧费及修理费、其他直接费用和间接费用。施工企业所属内部独立核算的机械站和运输队,应根据上述成本项目,归集当月实际发生的机械作业费用总额,计算当月机械作业的总成本,并根据当月机械运转台班或完成的工程量,计算当月机械作业的实际单位成本。施工企业所属各施工单位的自有施工机械设备,一般只计算机械作业的直接费成本,而将间接费用直接分配计入各工程成本核算对象的间接费用成本项目。

【例7-2】 第一工区自有施工机械本月发生费用如表7-2所示：

机械作业费用明细表

表7-2　　　　　　　　　　2006年6月　　　　　　　　　　单位：元

费用支出	挖土机
人员工资	5 000
耗用燃油	50 000
支付水电费	30 000
计提折旧	40 000
合计	125 000

作账务处理如下：

　　借：机械作业——挖土机——人工费　　　5 000
　　　　贷：应付职工薪酬　　　　　　　　　　　　5 000
　　借：机械作业——挖土机——燃料及动力　50 000
　　　　贷：原材料——其他材料　　　　　　　　　50 000
　　借：机械作业——挖土机——水电费　　　30 000
　　　　贷：银行存款　　　　　　　　　　　　　　30 000
　　借：机械作业——挖土机——折旧、修理费 40 000
　　　　贷：累计折旧　　　　　　　　　　　　　　40 000

B. 自有机械费用的分配。月末应将归集的机械作业费用按一定方法分配计入各工程成本。

①台班分配法。即按各成本核算对象使用施工机械的台班数进行分配。计算公式如下：

某成本核算对象应分摊的某种机械使用费＝该种机械每台班实际成本×某成本核算对象实际使用台班数

某种机械每台班实际成本＝该种机械实际发生费用总额／该种机械实际作业台班数

台班分配法适用于按单机或机组进行成本核算的施工机械。

【例7-3】 上述挖土机为A、B两个工程合用，其使用情况为：A工程使用挖土机20台班，B工程使用挖土机30台班，按照台班分配法，则：

挖土机分配率（台班成本）＝125 000÷（20＋30）＝2 500（元/台班）

分配结果见表7-3：

机械使用费分配表

表 7-3   2006 年 6 月

成本核算对象	挖土机	
	台班	金额（元）
A 工程	20	50 000
B 工程	30	75 000
合计	50	125 000

根据上表进行账务处理如下：

借：工程施工——A 工程——机械使用费　　　50 000
　　　　　　——B 工程——机械使用费　　　75 000
　贷：机械作业——挖土机　　　　　　　　　125 000

②预算分配法。即按实际发生的机械作业费用占预算定额规定的机械使用费的比率进行分配的方法。计算公式如下：

实际机械作业费用占预算机械使用费的比率＝实际发生的机械作业费用总额／全部受益成本核算对象预算机械使用费总额×100%

某受益成本核算对象应负担的机械使用费＝该受益成本核算对象预算机械使用费×实际机械作业费用占预算机械使用费的比率

预算分配法适用于不便计算机械使用台班、无机械台班和台班单价预算定额的中小型机械使用费，如几个成本核算对象共同使用的混凝土搅拌机的费用。

【例7-4】　第一工区使用混凝土搅拌机，本月发生机械使用费 2 400 000 元，已知 A 工程预算机械使用费为 40 000 元，B 工程为 60 000 元，则机械使用费分配如下：

本月机械使用费分配率＝2 400 000÷（40 000＋60 000）＝24
A 工程应分配的设备使用费＝40 000×24＝960 000（元）
B 工程应分配的设备使用费＝60 000×24＝1 440 000（元）
账务处理如下：

借：工程施工——A 工程——机械使用费　　　960 000
　　　　　　——B 工程——机械使用费　　　1 440 000
　贷：机械作业——混凝土搅拌机　　　　　　2 400 000

③作业量分配法。即以各种机械所完成的作业量为基础进行分配的方法。计算公式如下：

某种机械单位作业量实际成本＝该种机械实际发生作业费用总额／该种机械实际完成作业量

某受益成本核算对象应负担的该种机械使用费 = 该种机械单位作业量实际成本 × 该种机械为受益成本核算对象提供的作业量

作业量分配法一般适用于能计算完成作业量的单台或某类机械,如汽车运输作业,按单台或一个种类汽车提供的吨公里计算作业量。

【例7-5】 第一工区自有载重汽车3辆,本月实际发生费用60 000元,提供运输作业6 000吨公里,其中,为A工程提供的作业量3 500吨公里,为B工程提供的作业量2 500吨公里。按作业量分配。分配情况如表7-4所示:

机械使用费分配表

表7-4　　　　　　　　　　　2006年6月

工程成本核算对象	载重汽车	
	作业量(吨公里)	金额(元)
A工程	3 500	35 000
B工程	2 500	25 000
合计	6 000	60 000

根据上表账务处理如下:

  借:工程施工——A工程——机械使用费　　　35 000
    工程施工——B工程——机械使用费　　　25 000
   贷:机械作业——载重汽车　　　　　　　　　　60 000

4. 其他直接费的核算

建筑安装工程成本中的其他直接费,是指施工过程中发生的除人工费、材料费、机械使用费以外的直接与工程施工有关的其他费用,主要包括材料二次搬运费、临时设施摊销费、生产工具用具使用费、检验试验费、工程定位复测费、工程点交费、场地清理费等。

【例7-6】 第一工区本月发生下列有关其他直接费的经济业务:

(1) 结转本月由企业内部非独立核算的生产部门为A工程和B工程提供业务所发生的费用440 000元。账务处理如下:

  借:工程施工——其他直接费　　　　　　　　440 000
   贷:生产成本　　　　　　　　　　　　　　　　440 000

(2) 摊销本月施工生产用的工具使用费69 000元,账务处理如下:

  借:工程施工——其他直接费　　　　　　　　69 000
   贷:低值易耗品——低值易耗品摊销　　　　　69 000

(3) 以银行存款支付检验费和场地清理费等160 300元.账务处理如下:

  借:工程施工——其他直接费　　　　　　　　160 300

贷：银行存款　　　　　　　　　　　　　　　　　　　160 300
　　（4）将本月发生的其他直接费按工程的料工机实际成本分配，则 A 工程和 B 工程应负担的其他直接费计算如下：

　　A 工程料工机实际成本 = 7 734 000（元）
　　B 工程料工机实际成本 = 5 652 000（元）
　　其他直接费总额 = 440 000 + 69 000 + 160 300 = 669 300（元）
　　其他直接费分配率 = 669 300 ÷（7 734 000 + 5 652 000）× 100% = 5%
　　A 工程应分配的其他直接费 = 7 734 000 × 5% = 386 700（元）
　　B 工程应分配的其他直接费 = 5 652 000 × 5% = 282 600（元）
　　账务处理如下：
　　　借：工程施工——A 工程　　　　　　　　　　　　　386 700
　　　　　　　　　——B 工程　　　　　　　　　　　　　282 600
　　　贷：工程施工——其他直接费　　　　　　　　　　　669 300

　　5．间接费用的核算
　　间接费用是指企业各施工单位为组织和管理工程施工所发生的全部支出，包括施工单位管理人员工资、奖金、职工福利费、固定资产折旧费及修理费、物料消耗、低值易耗品摊销、取暖费、水电费、办公费、差旅费、财产保险费、检验试验费、工程保修费、劳动保护费、排污费及其他费用等。

　　（1）间接费用的归集。间接费用虽然也构成了工程成本的组成内容，但是间接费用在发生时一般不易直接划清受益对象，因此，间接费用应在期末按照系统、合理的方法分摊计入工程成本。在会计实务中，发生的间接费用一般先在"工程施工——间接费用"科目借方进行归集，期末再按一定的方法分配计入有关工程成本核算对象的成本。

　　【例 7-7】　第一工区本月发生管理人员工资 600 000 元，计提福利费 84 000元，折旧费 60 530 元，材料消耗 85 000 元，保险费本月应分摊 300 000 元，临时设施费的摊销额为 107 760 元，支付水电费 100 000 元，间接费用归集分录如下：

　　A．归集人工费
　　　借：工程施工——间接费用　　　　　　　　　　　　684 000
　　　贷：应付职工薪酬　　　　　　　　　　　　　　　　684 000
　　B．归集折旧费
　　　借：工程施工——间接费用　　　　　　　　　　　　 60 530
　　　贷：累计折旧　　　　　　　　　　　　　　　　　　 60 530
　　C．归集材料费
　　　借：工程施工——间接费用　　　　　　　　　　　　 85 000

贷：原材料　　　　　　　　　　　　　　　　　　　85 000
　　D. 归集保险费
　　　借：工程施工——间接费用　　　　　　　　　　　300 000
　　　贷：银行存款　　　　　　　　　　　　　　　　　300 000
　　E. 归集临时设施费
　　　借：工程施工——间接费用　　　　　　　　　　　107 760
　　　贷：临时设施摊销　　　　　　　　　　　　　　　107 760
　（2）间接费用的分配。分配方法主要有人工费用比例法、直接费用比例法等。

　　A. 人工费用比例法。是以各工程成本核算对象实际发生的人工费为基数分配间接费用的一种方法。计算公式如下：

　　间接费用分配率＝当期实际发生的全部间接费用／当期各工程发生的人工费之和

　　某项工程应负担的间接费用＝该项工程当期实际发生的人工费×间接费用分配率

　　B. 直接费用比例法。是以各成本对象发生的直接费用为基数分配间接费用的一种方法。计算公式如下：

　　间接费用分配率＝当期实际发生的全部间接费用／当期各工程发生的直接费用之和

　　某项工程应负担的间接费用＝该项工程当期实际发生的直接费用×间接费用分配率

　　建筑工程间接费用的分配一般采用直接费用比例法，安装工程间接费用一般采用人工费比例法分配，而产品、劳务、作业间接费用的分配可根据各施工单位实际情况选用。

　【例7-8】　第一工区两项工程本月份共发生间接费用1 405 530元，采用直接费用比例法进行分配有关计算结果如表7-5所示：

间接费用分配表

表7-5　　　　　　　　　　　　2006年6月　　　　　　　　　　　　单位：元

工程成本核算对象	直接费成本	分配率	分配费用
A 工程	8 120 700	10%	812 070
B 工程	5 934 600		593 460
合计	14 055 300	10%	1 405 530

借：工程施工——A 工程　　　　　　　　　812 070
　　　工程施工——B 工程　　　　　　　　　593 460
　　贷：工程施工——间接费用　　　　　　　1 405 530

（三）工程实际成本的计算与结转

1. 工程实际成本的计算

工程成本的计算方法，一般应根据工程价款的结算方式来确定。按有关规定，建设工程价款结算，可以采取按月结算、分段结算、竣工后一次结算，或按双方约定的其他结算方式。会计制度规定，采用按月结算工程价款办法的工程，应按月结转已完工程成本；采用竣工后一次结算或分段结算工程价款的工程，应按合同规定的工程价款结算期，结转已完工程成本。

（1）工程成本竣工结算法。是以合同工程（一般为单位工程）为对象归集施工过程中发生的施工费用，在工程竣工后按照所归集的全部施工费用，结算该项工程的实际成本总额。在工程竣工以前，所归集的施工费用累计额，即为该项工程的未完工程（在建工程）实际成本。

在工程成本竣工结算法下，竣工单位工程的实际成本，就是单位工程从开工到竣工的整个施工期间实际发生的施工费用。

为了正确确定竣工工程的实际成本，单位工程竣工后，应及时清理施工现场，盘点剩余材料和残次料，办理退库手续，冲减工程成本。同时应核实所归集的施工费用是否全面、准确，凡应计未计的费用应予补计，凡不应计入的已计费用则应予冲减，以便保证竣工工程成本卡完整、准确地归集全部施工费用。

（2）工程成本月份结算法。是在按单位工程归集施工费用的基础上，逐月定期地结算单位工程的已完工程实际成本。也就是既要以单位工程为成本计算对象、于工程竣工后办理单位工程成本结算，又要按月计算单位工程中已完分部分项工程成本，办理工程成本中间结算。

按月结算工程成本，必须将已归集的施工费用在已完工程和未完工程之间进行分配，计算已完工程实际成本。已完工程实际成本可根据期末未结算工程成本累计减未完工程成本进行计算。其计算公式是：

本期已完工程成本 = 期初未完工程成本 + 本期发生的生产费用 − 期末未完工程成本

在这个公式中，期初未完工程成本和本期发生的生产费用是已知数，可以在"工程施工"科目查出，所以只要计算出期末未完工程成本就可以通过上述公式计算已完工程成本。未完工程成本是指期末尚未办理工程价款结算的工程成本，计算中通常采用未完施工预算成本。未完施工预算成本可由"估量法"和"估价法"两种计算方法确定。

①估量法。也叫约当产量法,它是根据施工现场盘点确定的未完成预算定额规定的工序的未完施工实物量,经过估计,将其折合成相当于已完工程数量,并乘以该分部分项工程的预算单价,算出其预算成本。计算公式如下:

月末未完施工预算成本 = 月末未完施工折合成已完分部分项工程实物量 × 该分部分项工程的预算单价

②估价法。它是先确定分部分项工程内各个工序耗用的直接费占整个预算单价的百分比,用以计算出每个工序的单价,然后乘以未完工程各工序完成量,来确定未完工程的预算成本。计算公式如下:

某工序单价 = 分部分项工程预算单价 × 某工序耗用直接费占预算单价的百分比

期末未完工程成本 = $\sum$(未完工程中某工序完成量 × 该工序单价)

按估价法计算未完工程成本,先要计算出每个工序单价,如果工序过多,应将工序适当归并,计算每一扩大的工序单价,然后再乘以未完工程各扩大工序完成量,计算手续比较复杂,所以在实际工作中,采用此法的不多。

实行分段结算办法的合同工程,已完工程实际成本的计算原理与上述月结成本法相似。

2. 工程实际成本的结转

为了计算各项建筑安装工程的实际成本,会计部门在接到施工单位的开工报告后,就应按不同成本核算对象开设工程施工成本明细分类账(或工程成本卡片),用以记录各项工程成本。为了反映和考核年度内各施工单位施工工程成本的情况,便于编制各施工单位的工程成本表,除了按成本核算对象设置工程施工成本明细账外,还要按施工单位设置工程施工成本明细账,用以记录各施工单位在年度内施工工程的成本。

工程施工成本明细账中按成本项目分设专栏,登记施工单位或工程成本核算对象每月发生的各项费用。这些费用根据上述"材料费用分配表"、"人工费用分配表"、"机械使用费分配表"、"间接费用分配表"等所列数字记入。月末或项目竣工后,计算转出已完工程实际成本。

对于尚未竣工的工程,其实际成本计算出来后,不予结转,仍然保留在"工程施工"科目,从而可以反映工程自开工至今累计发生的实际成本;对于已竣工的工程其实际成本计算出来后应及时予以结转,从"工程施工"科目的贷方转入"工程结算"科目的借方。

第四节　工程价款结算的核算

工程价款结算是指施工企业按照承包合同的规定，向发包单位点交已完工程，收取工程价款的结算行为。通过工程结算，可以及时补偿企业在施工生产过程中发生的资金耗费，保证再生产活动的顺利进行，实现施工企业经营目标。

一、工程价款结算的方式

1. 按月结算

即每月终，按已完成部分项工程结算工程价款。按月结算工程价款的，可实行旬末和月中预支，月终结算。跨年施工的工程在年终进行工程盘点，办理年度结算。施工企业与发包单位应于合同完成进行工程合同价款结算时，确认为收入实现，实现的收入额为承发包双方结算的合同价款总额。

2. 竣工后一次结算

即在单项工程或建筑项目全部竣工后结算工程价款。建筑项目或单项工程全部建筑安装工程建设期在 12 个月以内，或者工程承包合同价值在 100 万元以下的，可以实行工程价款每月月终预支，竣工后一次结算的办法。实行旬末或月中预支，月终结算，竣工后清算办法的工程合同，应分期确认合同价款收入的实现，即各月份终了，与发包单位进行已完工程价款结算时，确认为承包合同已完工部分的工程收入实现，本期收入额为月终结算的已完工程价款金额。

3. 分段结算

即按工程进度划分的不同阶段（部分）结算工程价款。当年开工、当年不能竣工的单项工程或单位工程，按照工程进度，划分不同阶段进行结算。分段结算可以按月预支工程款。实行按工程形象进度划分不同阶段，分段结算工程价款办法的工程合同，应按合同规定的形象进度分次确认已完阶段工程收益的实现。即应于完成合同规定的工程形象进度或工程阶段，与发包单位进行工程价款结算时，确认为工程收入的实现。本期实现的收入额，为本期已结算的分段工程价款金额。

4. 其他结算方式

实行其他结算方式的工程合同，其合同收益应按合同规定的结算方式和结算时间，与发包单位结算工程价款时确认为收入一次或分次实现。本期实现的收入额，为本期结算的已完工程价款或竣工一次结算的全部合同价款。

施工企业预支工程价款，应根据工程进度填列"工程价款预支账单"，送发包单位和开户建设银行办理付款手续。预支的款项应在月终或竣工结算时抵充应收的工程款。"工程价款预支账单"的一般格式,如表7-6所示。

表7-6 工程价款预支账单
发包单位名称:　　　　　　　200×年×月×日　　　　　　　　　　　单位:

单项工程项目名称	合同造价	本旬(或半月)完成数	本旬(或半月)预支工程款	本月预支工程款	应扣预收款项	实支款项	说明
1	2	3	4	5	6	7	8
甲车间厂房							

施工企业:　　　　　　　　　　　　　　　　财务负责人:

施工企业于月终完成合同规定的工程形象进度或工程竣工办理工程价款结算时,应根据实际完成的工程量,对照中标标书或施工图预算所列工程单价和有关收费标准,计算已完工程价值,编制"已完工程月报表"和"工程价款结算账单",经发包单位审查签证后,送开户建设银行办理结算。"已完工程月报表"和"工程价款结算账单"的一般格式,如表7-7、表7-8所示。

表7-7 已完工程月报表
发包单位名称:　　　　　　　200×年×月×日　　　　　　　　　　　单位:

单项工程项目名称	合同造价	建筑面积(m²)	开竣工日期		实际完成数		备注
			开工日期	竣工日期	至上月止已完工程累计	本月份已完工程	
1	2	3	4	5	6	7	8
甲车间厂房							

表7-8 工程价款结算账单
发包单位名称:　　　　　　　200×年×月×日　　　　　　　　　　　单位:

单项工程项目名称	合同造价	本期应收工程款	应扣款项			本期实收工程款	备料款余额	本期止已收工程价款累计	备注
			合计	预收工程款	预收备料款				
1	2	3	4	5	6	7	8	9	10
甲车间厂房									

施工企业:　　　　　　　　　　　　　　　　编制日期:

二、工程价款结算的核算方法

为了整体地核算和监督与发包单位的工程价款结算情况，施工企业应设置"应收账款"、"预收账款"和"工程结算"科目。"工程结算"科目是"工程施工"科目的备抵科目，用来核算企业根据合同完工进度向客户开出工程价款结算账单的价款，其贷方登记已向客户开出工程价款结算账单的价款，其借方在合同完成前不登记，期末贷方余额反映企业在建合同累计已办理结算的工程价款。合同完成后和"工程施工"科目对冲。

三、与分包单位结算工程价款的核算

一个工程项目如果由两个以上施工企业同时交叉作业，根据国家对基本建设工程管理的要求，建设单位和施工企业应实行承发包责任制和总分包协作制。在这种情况下，要求一个施工企业作为总包单位向建设单位（发包单位）总承包，对建设单位负责，再由总包单位将专业工程分包给专业性施工企业施工，分包单位对总包单位负责。

在实行总分包协作制的情况下，如果总分包单位主要材料、结构件的储备资金都由工程发包单位以预付备料款形式供应，总包单位应按照工程分包合同规定，向分包单位预付一定数额的备料款和工程款，并进行工程价款的结算。为反映与分包单位之间备料款和工程款的预付和结算情况，应设置"预付账款——预付分包备料款"科目，核算企业预付分包单位的备料款和备料款的扣回（含拨给抵作备料款的材料价值）；设置"预付账款——预付分包工程款"科目，核算预付分包单位的工程款；设置"应付账款——应付分包工程款"科目，核算企业与分包单位办理工程结算时，按照合同规定应付给分包单位的工程款。上述科目应按分包单位的户名和分包合同进行明细分类核算。

第八章 房地产企业特殊业务会计

房地产企业是指从事房地产开发建设、经营管理和维修服务等业务,具有独立的法人资格,实行自主经营、独立核算、自负盈亏的经济组织。房地产是土地和房屋及其权属的总称。我国的土地归国家和集体所有,企业只能取得土地使用权,所以房地产中的土地是指土地使用权。房屋是指土地上的房屋等建筑物及其附着物,附着物与建筑物不可分割,如水暖设备、通风设备等。房地产存在的形式包括单纯的土地、单纯的建筑物以及土地和建筑物结合的"房产"。

第一节 房地产开发成本的核算

房地产的开发建设和经营是房地产开发企业的基本经济活动,在开发经营过程中所发生耗费就是开发费用。其中,为某个开发项目所发生的费用,应予对象化,计入各开发项目的成本,称为开发成本。不能计入特定开发项目成本的费用,包括销售费用、管理费用和财务费用,作为期间费用在发生的会计期间从当期损益中直接扣除。

一、房地产开发成本的账户设置

房地产开发企业应设置"开发成本"和"开发间接费用"账户,用来核算企业在土地、房屋、配套设施和代建工程的开发过程中所发生的各项成本费用。

"开发成本"账户的借方登记成本核算对象发生的各项成本费用,贷方登记结转开发项目的完工成本,借方余额反映在建开发项目的实际成本。"开发成本"应按开发成本的种类设置明细账,如"土地开发"、"房屋开发"、"配套设施开发"及"代建工程开发"等,并在明细账下按成本核算项目进行明细核算。对于由多项开发产品共同负担的间接费用,先归集在"开发间接费用"账户,再按一定的分配标准计入有关开发产品的成本。

二、土地开发成本的核算

(一) 土地开发成本核算的内容

一般来说，企业对土地开发成本的核算可设置以下几个成本项目：

(1) 土地征用及拆迁补偿费或土地批租费。包括土地征用费、耕地占用税、劳动力安置费及有关地上、地下附着物拆迁补偿的净支出、安置动迁用房支出等。

(2) 前期工程费。指土地开发项目前期工程发生的费用，包括规划、设计、项目可行性研究、水文、地质、勘察、测绘、"三通一平"等支出。

(3) 基础设施费。指土地开发过程中发生的各种基础设施费，包括道路、供水、供电、供气、排污、排洪、通信等设施费用。

(4) 公共配套设施费。包括不能有偿转让的开发小区内公共设施发生的支出。

(5) 开发间接费。是指企业所属直接组织、管理开发项目发生的费用，包括工资、职工福利费、折旧费、修理费、办公费、水电费、劳动保护费、周转房摊销等。

(二) 土地开发成本的归集与分配

房地产开发企业开发的土地，按其用途可分为以下两种：一种是为了转让、出租而开发的商品性土地，它是企业的最终开发产品，其费用支出单独构成土地的开发成本；另一种是为开发商品房、出租房等房屋而开发的自用性土地，它是企业的中间开发产品，其费用支出应计入商品房、出租房等有关房屋开发成本。企业在土地开发过程中发生的各项支出，除可将直接计入房屋开发成本的自用土地开发支出在"开发成本——房屋开发成本"账户核算外，其余土地开发支出均应通过"开发成本——土地开发成本"核算。

属于土地开发直接费用的，如土地征用及拆迁补偿费、土地批租费、前期工程费、基础设施费等，直接计入"开发成本"及有关明细账户的借方和"银行存款"或"应付账款"的贷方。如果企业开发的自用土地分不清负担对象，应由两个或两个以上成本核算对象负担的，费用可先通过"开发成本——土地开发成本"账户进行归集，待土地开发完成投入使用时，再按一定的标准将其分配计入有关房屋开发成本。

与土地开发同步进行的配套设施开发费用，如果能够分清受益对象的，直接计入有关成本核算对象，借记"开发成本——土地开发成本"账户，贷记"银行存款"等账户；如果分不清受益对象时，应先通过"开发成本——配套设施开发"账户归集，待配套工程竣工时，再按一定分配标准在受益对象中进行分配。与土地开发不同步进行的配套设施开发费用，可先通过"开发成本——配套设施开发"账户归集，待配套设施竣工时，再转入"开发成本——土地开发成本"账户。

企业内部独立核算单位为组织和管理开发项目而发生的费用先通过"开发间接费用"账户核算，月末再按一定的分配标准分配计入有关开发成本核算对象。应由土地开发成本负担的，由"开发间接费用"账户转入"开发成本——土地开发成本"账户。如果直接组织和管理开发项目的部门是企业内部非独立核算的部门，其费用直接计入有关土地开发成本的开发间接费用项目内。

（三）土地开发成本的结转

为了转让、出租而开发的商品性土地，开发完工时，直接将其实际成本转入"开发产品——土地"账户。

如果企业开发商品房、出租房使用的土地属于企业开发商品性土地的一部分，则应将整块土地作为一个成本核算对象，在"开发成本——土地开发成本"账户中归集其发生的全部开发支出，计算其总成本和单位成本，并于土地开发完成时将成本结转到"开发产品"账户。待使用土地时，再将使用土地所应负担的开发成本从"开发产品"账户转入"开发成本——房屋开发成本"账户，计入商品房、出租房等房屋的开发成本。

属于间接费用的，先通过"开发间接费用"归集，期末再按一定标准分配计入有关"开发成本"及有关明细账户。

三、房屋开发成本的核算

（一）房屋开发成本的归集

开发企业对房屋开发成本的核算应设置以下几个成本项目：

（1）土地征用及拆迁补偿费。房屋开发过程中发生的土地征用及拆迁补偿，能分清成本核算对象的，应直接计入有关房屋开发成本核算对象"土地征用及拆迁补偿费"中，记入"开发成本——房屋开发成本"账户的借方和"银行存款"等账户的贷方。如分不清成本核算对象的，应先通过"开发成本——土地开发成本"账户进行汇集，待土地开发完成投入使用时，再按一定标准将其分配计入有关房屋开发成本核算对象，即记入"开发成本——房屋开发成本"账户的借方和"开发成本——土地开发成本"账户的贷方。

房屋开发占用的土地，如果有一部分属于综合开发的商品性土地，有一部分属于自用建设商品房的土地，则应将其发生的土地征用及拆迁补偿费先在"开发成本——土地开发成本"账户进行归集。待土地开发完成投入使用时，再按一定标准将房屋开发应承担的费用记入"开发成本——房屋开发成本"账户的借方。

(2) 前期工程费。房屋开发过程中发生的规划、设计、可行性研究以及水文地质勘察、测绘、场地平整等各项前期工程支出，能分清成本核算对象的，应直接记入有关房屋开发成本项目，即记入"开发成本——房屋开发成本"账户的借方和"银行存款"等账户的贷方。应由两个或两个以上成本核算对象负担的前期工程费，应按一定标准将其分配，并分别记入有关房屋开发成本。

(3) 基础设施费。房屋开发过程中发生的供水、供电、供气、排污、排洪、通信、绿化、环卫设施以及道路等基础设施支出，一般应直接或通过分配记入有关房屋开发成本中的"基础设施费"项目，并记入"开发成本——房屋开发成本"账户的借方和"银行存款"等账户的贷方。

(4) 建筑安装工程费。房屋开发过程中发生的建筑安装工程支出，应根据工程的不同施工方式，采用不同的核算方法。

采用发包方式进行建筑安装工程施工的房屋开发项目，其建筑安装工程支出应根据已完工程价款确定，直接记入"开发成本——房屋开发成本"账户的借方和"应付账款——应付工程款"等账户的贷方。

采用自营方式进行建筑安装工程施工的房屋开发项目，发生的各项建筑安装工程支出，可直接记入"开发成本——房屋开发成本"账户的借方并记入"库存材料"或"原材料"、"应付职工薪酬"、"银行存款"等账户的贷方。如果开发企业自行施工大型建筑安装工程，可以设置"工程施工"和"施工间接费用"等账户，用来核算和归集各项建筑安装工程支出，并于月末将其实际成本转入"开发成本——房屋开发成本"账户。

(5) 公共配套设施费。房屋开发成本应负担的配套设施费是指不能有偿转让的开发小区内公共配套设施支出。这些支出应根据配套设施的建设情况采用不同费用归集和核算方法。

如果配套设施与房屋同步开发，发生的公共配套设施支出能够分清并可直接计入有关成本核算对象的，直接记入"开发成本——房屋开发成本"账户的借方及"应付账款——应付工程款"等账户的贷方。若发生的配套设施支出应在两个或两个以上成本核算对象负担的，应先在"开发成本——配套设施开发成本"账户中归集，待配套设施完工时，再按一定标准分配记入有关房屋开发成本。

如果配套设施与房屋非同步开发，即先开发房屋后建配套设施，或房屋已开发等待出售或出租，配套设施尚未全部完成，在结算完工房屋的开发成本时，根据配套设施采用的分配标准，计算完工房屋负担的配套设施支出，记入有关房屋开发成本。待配套设施竣工时，再按实际发生数调整有关房屋开发成本。

(6) 开发间接费用。企业为开发房屋而发生的各项间接费用，应先通过"开发间接费用"账户进行核算，借记"开发间接费用"账户，贷记"银行存款"等账户。期末按一定标准分配计入各有关房屋开发成本，借记"开发成本——房屋开发成本"账户，贷记"开发间接费用"账户。

（二）房屋开发成本的结转

对于已竣工验收的商品房、代建房，应将其实际成本从"开发成本——房屋开发成本"账户转入"开发产品"账户，即借记"开发产品"账户，贷记"开发成本——房屋开发成本"账户。

四、配套设施开发成本的核算

配套设施是指企业根据城市建设规划的要求，或开发项目建设规划的要求，为满足居住的需要而与开发项目配套建设的各种服务性设施。配套设施可以分为三类：第一类是根据城市建设规划，在开发项目以外为开发项目的居民服务的给排水、供电、供气的增容增压、交通道路等，它们建成后有偿转让给公用事业部门或市政建设部门；第二类是开发小区内不能有偿转让的非营业性公共配套设施，如居委会、派出所、幼儿园、消防、锅炉房、水塔、自行车棚、公厕等；第三类是开发小区内有可能有偿转让的营业性配套设施项目，如商店、银行、邮局以及非营业性公共配套设施中的中小学、文化站、医院等。

（一）配套设施开发成本的归集

配套设施是开发产品的一部分，也需设置土地拆迁及补偿费、前期工程费、基础设施费、建筑安装工程费、公共配套设施费及开发间接费等成本项目。企业发生的各项配套设施支出，在"开发成本——配套设施开发成本"账户中进行核算，并按成本项目进行明细分类核算。

配套设施工程发生的土地征用及拆迁补偿费、前期工程费、基础设施费，通常是与商品房等建筑产品同时进行，一般属于同一笔费用，除了能够分清配套设施工程成本负担的费用，直接计入配套设施成本外，其余则应采用一定分配标准，分配计入有关配套设施、商品房等产品成本。属于配套设施负担的土地征用及拆迁补偿费、前期工程费、基础设施费应借记"开发成本——配套设施开发"，贷记"开发成本——土地开发成本"或"银行存款"等账户。

（二）配套设施开发成本的结转

对于不能有偿转让的配套设施，如果按规定应计入商品房开发成本的，应在竣工验收后，将发生的实际成本，按一定的标准分配记入"开发成本——房屋开发成本"账户，即借记"开发成本——房屋开发成本"账户，贷记"开发成本——配套设施开发"账户。

对于能有偿转让的配套设施，验收竣工后，应将实际成本转入"开发产品"账户,即借记"开发产品",贷记"开发成本——配套设施开发"。

五、代建工程开发成本的核算

代建工程是指房地产开发企业接受委托单位的委托,代为开发建设的工程,或参加委托单位招标,中标后承建的开发建设工程。代建工程包括建设场地、房屋、市政工程等。

企业代委托单位开发的建设场地、各种房屋所发生的各项费用支出,分别在"开发成本——土地开发成本"和"开发成本——房屋开发成本"账户进行核算,核算方法与土地核算和房屋核算相同。

企业为委托单位代建除场地和房屋以外的其他各种市政建设工程,包括城市道路建设、园林绿化、旅游风景区建设及城市基础建设等,由此而发生代建工程开发费用,先按成本核算对象和成本项目归集到"开发成本——代建工程开发"账户,待代建工程竣工后,再将实际成本结转到"开发产品——代建工程"账户。

六、开发间接费用的核算

(一) 开发间接费核算的内容

开发间接费用是指房地产开发企业内部独立核算单位在开发现场组织管理开发产品而发生的各项费用,一般包括工程部门、设计部门、成本控制部门、综合报建部门的费用。这些费用虽然属于直接为房地产开发而发生的费用,但不能确定应为某项开发产品所负担,因而无法直接计入各项开发产品的成本。开发间接费用包括工资、福利费、折旧费、修理费、办公费、水电费、劳动保护费、周转房摊销及利息支出等。

(二) 开发间接费用的核算

房地产开发企业应设置"开发间接费用"科目,用来核算各内部核算单位发生的各项间接开发费用。企业平时发生的各项开发间接费用,先在"开发间接费用"科目中进行归集,即借记"开发间接费用"账户,贷记"银行存款"、"应付职工薪酬"、"累计折旧"、"周转房——周转房摊销"等账户。期末,按一定标准将开发间接费用分配计入各有关开发项目的成本中,借记"开发成本(有关明细科目)"账户,贷记"开发间接费用"账户。开发间接费用的分配标准分为直接比例法和间接比例法。

(1) 直接比例法。是以本期各开发项目直接费用为标准进行分配的方法。计算公式如下:

分配率 = 本期实际发生的间接开发费用 ÷ 本期各开发项目直接费用之和
某开发项目应分担的间接开发费用 = 该开发项目的直接费用 × 分配率

这种分配方法适用于开发成本预算管理制度不健全的开发企业。

(2) 间接比例法。是以本期各开发项目预计开发间接费用为标准进行分配的方法。计算公式如下：

分配率＝本期实际发生的开发间接费用÷本期各开发项目预计开发间接费用之和

某开发项目应分担的间接开发费用＝本期该开发项目计划开发间接费用×分配率

这种分配方法适用于企业有较为健全的开发成本预算管理制度，按年、按季、按月地编制开发项目成本预算。

第二节　开发产品销售的核算

一、房屋销售的核算

房屋开发完成，在竣工验收取得验收合格证书并办理登记手续后，即可以出售。房屋可整幢出售，也可分套出售。整幢房屋在分套出售前，企业应明确各套房屋的建筑面积及相应的土地使用权比例。房屋出售的价格，可由买卖双方确定，但必须将出售价格报当地房产管理机关备案。房屋买卖双方达成协议后，应签订《房屋买卖合同》。

房地产开发企业销售商品房应该在商品房已经移交，已将发票结算账单提交给买主时作为销售的实现。对于当时收到款项的经营收入，应借记"银行存款"账户，贷记"主营业务收入——商品房销售收入"账户。对于尚未收到的款项，应根据有关凭证，借记"应收账款"账户，贷记"主营业务收入——商品房销售收入"账户。企业有预收款项，如果预收款项大于成交金额，应将其差额退给买方；如果预收款项小于成交金额，买方应补足款项。月末，企业应根据本月已对外销售房屋的实际成本，借记"主营业务成本——商品房销售成本"账户，贷记"开发产品"账户。

二、土地转让的核算

开发企业开发的商品性土地，可以将土地使用权进行转让。但在向其他单位转让时，必须按照法律和合同的规定，投入相当的资金，完成相应的开发。土地使用权的转让，应签订转让合同，在合同中载明土地的位置、四周边界和面积、地上附着物、土地用途、建筑物高度、绿化面积、土地转让期限、土地转让金的支付方式和违约责任等。

第三节 开发产品出租的核算

开发产品出租是指把土地和房屋等开发产品用于出租经营。它们的盈利是以收取租金的方式逐步实现的。

一、账户设置

为核算企业出租经营的土地、房屋等使用及摊销情况,开发企业应设置"出租开发产品"总分类账户,并设置"出租产品"和"出租产品摊销"两个二级账户。"出租产品"账户核算出租开发产品的原始价值,借方登记出租的土地及房屋的原始价值,贷方登记改变出租开发产品用途对外销售的出租开发产品的原始价值。借方余额反映实际出租的土地、房屋的原始价值。"出租产品摊销"账户核算实际出租的开发产品的摊销价值,贷方登记按月计提出租产品的摊销价值,借方登记改变出租产品用途,对外销售出租产品时冲销的出租开发产品的已摊销价值。贷方余额反映实际出租的土地、房屋等出租开发产品累计摊销价值。

二、开发产品出租的核算

（一）出租开发产品增加的核算

企业开发完成的用于出租的土地和房屋,应于签订出租合同、协议后,按土地和房屋的实际成本,借记"出租开发产品——出租产品"账户,贷记"开发产品"账户。

（二）出租开发产品摊销的核算

出租开发产品在租赁经营期间,由于损耗等原因,其价值会逐渐减少。企业应根据出租开发产品的原始价值、净残值和预计摊销年限,计算其损耗价值,并按月摊销计入主营业务成本。出租开发产品摊销额的计算公式如下：

月摊销率 = （1 - 净残值率）÷ 预计摊销年限 ÷ 12 × 100%

月摊销额 = 应计提摊销的出租开发产品原始价值 × 该出租开发产品月摊销率

企业按月计提出租产品摊销时,借记"主营业务成本——出租产品"账户,贷记"出租开发产品——出租产品摊销"账户。

（三）出租开发产品修理的核算

出租开发产品在租赁期间发生的修理支出,直接记入"主营业务成本——出租产品"账户。

(四) 出租开发产品销售的核算

企业改变出租产品用途，将其作为商品对外销售，应于销售实现时按售价借记"银行存款"或"应收账款"账户，贷记"主营业务收入——商品房销售"账户；同时，按出租产品摊余价值借记"主营业务成本"账户，按出租产品累计已提摊销额借记"出租开发产品——出租产品摊销"账户，按出租产品原始价值贷记"出租开发产品——出租产品"账户。

第四节　周转房的核算

周转房是指企业用于安置拆迁居民周转使用，产权归企业所有的各种房屋。包括在开发建设过程中已明确为安置拆迁居民周转使用的房屋；企业开发完成的商品房，在尚未销售前用于安置拆迁居民周转使用的部分；搭建的用于安置拆迁居民周转使用的临时性简易房屋。

一、账户设置

为核算周转房的实际成本，企业应设置"周转房"总分类账户，并在该账户下设置"在用周转房"和"周转房摊销"两个二级账户。

"在用周转房"账户核算在用周转房实际成本，借方登记增加的在用周转房实际成本，贷方登记减少的在用周转房实际成本。借方余额反映在用周转房的原始价值。

"周转房摊销"账户核算周转房的摊销价值，贷方登记按月提取的在用周转房摊销价值，借方登记改变周转房用途，对外销售应冲减的已提摊销价值。贷方余额反映在用周转房的累计已提摊销价值。

二、周转房的核算

（一）周转房增加的核算

企业应于周转房竣工验收或投入使用时，按其实际成本，借记"周转房——在用周转房"账户，贷记"开发产品"、"开发成本"等账户。企业还应根据在用周转房具体使用情况，建立"周转房使用卡片"，按每一套周转房的栋号（或楼层、房间号）进行明细核算，详细记录周转房的坐落地点、结构、层次、面积、安置居民姓名等情况。

（二）周转房的摊销的核算

周转房在周转使用过程中要发生损耗，其损耗价值应转移到受益对象的成本中去。由于周转房并非以盈利为目的，因而其每期的摊销额不能计入到"主营业务成本"中，只能由入住的拆迁居民原所在地正在开发的工程来负担。

对临时性简易周转房,由于周转使用次数有限,一般可采用周转使用次数摊销法。按预计周转使用次数计提每周转使用一次摊销额。对使用年限较长的非临时性简易周转房,可采用平均年限摊销法,计提每月摊销额。计提周转房损耗价值时的月摊销额的计算公式如下:

月摊销额 = 周转房原值 × 月摊销率

月摊销率 = （1 - 预计净残值率）÷ 预计摊销年限 ÷ 12 × 100%

按计提的月摊销额,借记"开发成本"或"开发间接费用"等账户,贷记"周转房——周转房摊销"账户。

（三）周转房修理的核算

由于周转房直接服务于企业各有关的开发项目,数额小的修理费,可直接计入有关的开发产品成本；数额较大的修理费,可分次摊销计入有关开发产品成本。

企业根据实际情况经常会改变周转房用途,将其作价对外销售,在销售前,企业往往对周转房进行恢复性修缮,所支付的修缮费用,与一般修理费一样,计入有关开发产品成本。

（四）周转房销售的核算

企业将周转房改变用途对外销售时,应视同商品房销售处理。取得销售收入时,借记"银行存款"等账户,贷记"主营业务收入——商品房销售"账户；结转销售成本时,应按周转房摊余价值,借记"主营业务成本——商品房销售"账户,按累计已提摊销价值,借记"周转房——周转房摊销"账户,按周转房原始价值,贷记"周转房——在用周转房"账户。

第九章 邮电通信企业特殊业务会计

邮电通信企业，是指行政上具有独立的组织机构，经济上实行独立核算，自负盈亏，主要从事信息传递和服务等经营活动的非物质生产企业。邮电通信企业与其他行业相比，其营业收入和营业成本的核算内容有所不同，另外，邮电通信企业还存在着系统内资金调拨。下面分别予以介绍。

第一节 系统内上下级资金调拨的核算

邮电通信企业具有全程联网、联合作业的特点，省级以下企业有关工程项目资金往往由上级局拨付，设备的折旧和工程余款通常上缴上级局等。这类业务就是邮电通信企业系统内上下级资金的缴拨。

一、拨付所属资金的核算

为了核算系统内资金缴拨，上级局应设置"拨付所属资金"科目，该科目是资产类科目。拨付给所属企业工程款项时，借记"拨付所属资金"科目，贷记"银行存款"科目；收到所属企业上交折旧或工程余款时，借记"银行存款"科目，贷记"拨付所属资金"科目。"拨付所属资金"科目应按所属企业设置明细账进行明细分类核算，并定期与所属企业核对下拨、上缴数及余额，季末，省内汇总报表时，"拨付所属资金"科目余额应与所属企业"上级拨入资金"科目余额相抵消。

二、上级拨入资金的核算

为了核算系统内资金缴拨，下级局应设置"上级拨入资金"科目，该科目是负债类科目。收到上级拨入资金时，借记"银行存款"等科目，贷记"上级拨入资金"科目；企业向上级上交折旧或工程余款时，借记"上级拨入资金"科目，贷记"银行存款"等科目。"上级拨入资金"科目应按上级拨入资金项目及上交资金类别设置明细账进行明细核算，并应定期与上级核对拨入、上交数及余额。

第二节　营业收入的核算

邮电通信企业的营业收入，是指邮电通信企业从事邮电经营活动所取得的收入，包括通信业务收入（即主营业务收入）和其他业务收入。本章仅介绍通信业务收入的核算。

一、通信业务收入的内容

通信业务收入是邮政电信企业的主营业务收入。包括邮政收入和电信收入。

（一）邮政收入

邮政收入是指邮政专业从事生产经营活动所取得的收入。主要包括以下内容：

（1）函件收入。指信函、明信片等各种资费收入。具体包括：国内函件收入、国际及港澳台函件收入、邮政快件收入、其他收入等。

（2）包裹收入。指民用包裹、商品包裹、纸质品包裹的资费收入。具体包括：国内包裹收入、国际及港澳台包裹收入及其他包裹收入等。

（3）汇票收入。指开发各类国际、国内汇票的汇费收入。具体包括国内汇票收入、国际及港澳台汇票收入等。

（4）特快专递收入。指国内、国内同城、国际及港澳台特快专递收入。

（5）机要通信收入。指收寄各种机要邮件的资费收入。

（6）报刊发行收入。指订阅及零售报纸、杂志的征订收入和发行收入。

（7）储蓄收入。指邮政储蓄的利差收入、代办保险手续费收入等。

（8）集邮收入。指出售集邮邮票和集邮用品的销价收入。

（二）电信收入

电信收入是电信专业从事电信业务活动所取得的收入。具体包括：国内长途通信收入、国际长途通信收入、电报收入、数据通信收入、本地网通信收入、邮电附加费收入等。

二、通信业务收入的核算

邮电通信企业发生各项业务活动取得的收入，都应由业务人员在受理业务时填制相应的票据，按相关业务量和资费标准计算应向客户收取的款项。票据既是通信业务收入的原始凭证，又是办理邮电通信业务的证明。

票据一般包括计费票据和各类业务凭证，如包裹单、汇票联单、话费收据等。

为了反映邮电企业营业部门或分支机构每天通信业务收入的总括情况，营业人员应根据相关原始凭证逐日填列"营业报告单"（见表9-1）。营业报告单是营业部门或分支机构将营业收款向会计部门报账和缴款的凭证，经会计部门审核后，作为登记账簿的依据。企业会计部门也可以不必逐日根据"营业报告单"进行账务处理，而是每月将营业部门或分支机构每日填报的营业报告单汇总后填制"业务收入汇总表"（见表9-2）。根据"业务收入汇总表"进行账务处理，以简化会计核算工作。

为了核算通信业务收入的实现和结转情况，应设置"主营业务收入"科目，用来核算邮电通信企业生产经营活动取得的各项主营业务收入。该科目贷方登记企业实现的各项通信业务收入；借方登记发生的业务退费以及期末转入"本年利润"科目的数额；期末结转后该科目无余额。该科目应按收入项目设置明细科目，进行明细分类核算。

为了核算营业款解缴情况，应设置"营业款结算"科目。它是资产类科目，借方登记营业部门或分支机构应交未交的已收取的营业款，贷方登记营业部门或分支机构实际交来的营业款。该科目余额一般在借方，表示营业部门或分支机构尚未交纳的营业款。该科目按营业部门或分支机构名称设置明细科目进行明细核算。

会计部门根据营业部门或分支机构报来的营业报告单编制业务收入汇总表，根据营业报告单或业务收入汇总表的收入方有关数据，借记"营业款结算"科目，贷记"主营业务收入"（按收入项目列明细科目）、"应收账款——用户欠费"、"预收账款——用户预存款"、"其他业务收入——出售品收入"等科目；根据营业报告单或业务收入汇总表的支出方有关数据，借记"主营业务收入"（按收入项目列明细科目）、"应收账款——用户欠费"、"预收账款——用户预存款"等科目，贷记"营业款结算"科目。

会计部门收到营业部门或分支机构交来款项时，借记"库存现金"或"银行存款"科目，贷记"营业款结算"科目。

【例9-1】 某电信通信企业营业部门2007年3月31日填报的"电信营业报告单"以及会计部门根据本月的营业报告单汇总填制的"业务收入汇总表"如表9-1、表9-2所示：

电信营业报告单

表 9-1　　　　　　　　　　2007 年 3 月 31 日　　　　　　　　　　单位：元

收入				支出			
项目		款项		项目		款项	
		本日发生	本月累计			本日发生	本月累计
电报收入	国内电报收入	20 000	500 000	退回业务收入	电报收入		20 000
	用户电服收入		10 000				
	传真业务收入	10 000	100 000				
	出租设备及代维费收入		50 000				
	出租更改电路收入		10 000				
	国际及港澳台电报收入		50 000				
	其他收入		10 000				
	小计	30 000	730 000		小计		20 000
长途电话收入	国内电话收入	150 000	1 600 000		用户欠费	300 000	800 000
	会议电话收入		100 000				
	广播电视传送业务收入		300 000				
	出租电路电话收入		100 000				
	出租设备及代维费收入	10 000	50 000				
	国际及港澳台电话收入		500 000				
	其他收入		30 000				
	小计	160 000	2 680 000		小计	300 000	800 000
市内电话收入	月租费收入	10 000	1 550 000				
	公用电话收入	120 000	400 000				
	出租设备及代维费收入	20 000	150 000				
	其他收入		30 000				
	小计	150 000	2 130 000				
出售品收入		10 000	50 000	缴款	现金		
用户预存款			100 000		银行支票		
收回用户欠费			200 000		银行存款回单	50 000	5 070 000
合计		350 000	5 890 000	合计		350 000	5 890 000

表 9-2　　　　　　　　　业务收入汇总表
2007 年 3 月 31 日　　　　　　　　　单位：元

项目	收入				
	通信业务收入	其他业务收入	用户预存款	收回用户欠费	收入合计
	5 590 000		100 000	200 000	5 890 000
	支出				
	退回函件收入	退回电报收入	退回用户预存款	用户欠费	支出小计	应缴款
		20 000		800 000	820 000	5 070 000

1. 根据"电信营业报告单"和"业务收入汇总表"收入方的有关数据，作会计分录如下：

　　借：营业款结算　　　　　　　　　　　　　　　5 890 000
　　　贷：主营业务收入——（明细科目略）　　　　　5 540 000
　　　　　其他业务收入——出售品收入　　　　　　　　50 000
　　　　　预收账款——用户预存款　　　　　　　　　 100 000
　　　　　应收账款——用户欠费　　　　　　　　　　 200 000

2. 根据"电信营业报告单"和"业务收入汇总表"支出方的有关数据，作会计分录如下：

　　借：主营业务收入　　　　　　　　　　　　　　　　20 000
　　　　应收账款——用户欠费　　　　　　　　　　　 800 000
　　　贷：营业款结算　　　　　　　　　　　　　　　 820 000

3. 收到缴款额，根据银行存款回单作会计分录如下：

　　借：银行存款　　　　　　　　　　　　　　　　5 070 000
　　　贷：营业款结算　　　　　　　　　　　　　　5 070 000

第三节　营业成本的核算

邮电通信企业的营业成本，是指邮电通信企业从事邮电经营活动有关的各项支出，包括通信业务成本（即主营业务成本）和其他业务支出。本章仅介绍通信业务成本的核算。

一、通信业务成本的内容

通信业务成本是邮电通信企业的主营业务成本，包括邮政专业成本和电信专业成本。

(一) 邮政专业成本的主要内容

邮政专业成本是指函件汇兑、包件、机要通信、报刊发行、储蓄等各种业务活动的成本支出。具体包括：

1. 职工薪酬。指邮政生产和辅助生产人员的工资和按规定提取的应计入邮政专业成本的职工福利费。

2. 折旧费。指各类邮政生产用固定资产的折旧费。

3. 邮件运输费。指企业支付的委办和自办的邮件运输费，包括铁路运费、航空运费、汽车运费、船运运费、其他运费及国际联邮运费结算支出等。

4. 修理费。指邮政生产用固定资产（包括租入的固定资产）发生的各种维护修理费用。

5. 周转材料摊销。指邮政用的各种周转材料的购置费、摊销费和修理费支出。

6. 业务费。指支付邮政通信生产耗用的各项业务费。包括业务材料和用品费、代办手续费、业务宣传费、集邮商品进价及展览费、保险费、票券印刷费、邮袋购置费、邮袋修理及改制费、邮政生产用机动车辆耗用的润料和燃料费、业务损失补偿费、生产人员因公使用名章刻制费、生产用图书资料费、差旅费以及由"共同费用"按比例分摊的各项业务费。

(二) 电信专业成本的主要内容

电信专业成本是指电信通信业务活动所发生的各项支出。具体包括：

1. 职工薪酬。指从事电信业务活动人员的工资和按规定提取的应计入电信专业成本的职工福利费。

2. 折旧费。指各类电信生产用固定资产的折旧费。

3. 修理费。指电信通信生产用固定资产（包括租入的固定资产）发生的各种维护修理费用。

4. 周转材料摊销。指电信通信生产用的各种周转材料的购置费、摊销费和修理费支出。

5. 业务费。指支付的电信通信生产耗用的各项业务费。包括业务材料和用品费、代办手续费、业务宣传费、展览费、保险费、设备耗用的外购电力费、自有电源设备耗用的润料和燃料费、水电取暖费、劳动保护费、交换机用电池费、生产人员因公使用名章刻制费、生产用图书资料费、差旅费、物业管理费以及由"共同费用"按比例分摊的各项业务费。

二、通信业务成本的核算

为了核算和监督企业通信业务成本，计算邮电生产经营过程中发生的成本支出，邮电通信企业应设置"主营业务成本"和"共同费用"科目。

"主营业务成本"科目，是用来核算邮电通信企业在邮电生产过程中实际发生的各项有关费用支出。借方登记发生的有关费用支出、贷方登记期末转入"本年利润"科目的数额，结转后无余额。"主营业务成本"科目应按邮电专业成本分支出项目设置明细科目进行明细分类核算。

"共同费用"科目，是用来核算应由邮电专业和管理部门共同负担的各项支出。借方登记发生的各项共同费用，贷方登记月终按规定的分摊方法和标准分配转出的共同费用，结转后无余额。"共同费用"科目应按费用项目设置以下5个明细科目。

1．"修理费"明细科目。核算企业支付的共同使用的房屋修理和设备修理所发生的工料费等。

2．"动力费"明细科目。核算企业支付的共同耗用的外购电力费和自供电源设备消耗的燃料等费用。

3．"水电取暖费"明细科目。核算企业耗用的水费、照明费、照明设备的材料消耗费用，冬季取暖耗用的燃料、用具、运杂费、煤炭清理费以及油灯蜡烛购置费等。

4．"劳动保护费"明细科目。核算企业按规定支付的劳保用品费，如工作服、标志服、防寒防雨服装、清凉饮料、劳动安全标志、安全手册及操作规程印制费等。

5．"其他"明细科目。核算企业不属于以上明细科目的共同费用，如房屋租赁费、材料仓库用标牌和包装物品的购置费、防腐防潮费用等。

企业发生的有关费用支出，能直接记入"主营业务成本"科目的，借记"主营业务成本"科目，贷记"应付职工薪酬"、"累计折旧"、"银行存款"、"库存现金"、"周转材料（摊销）"等科目。不能直接计入"主营业务成本"科目的间接费用，于费用发生时，借记"共同费用"科目（有关明细科目），贷记"银行存款"等科目；月末按实际情况确定分配标准和分配比例，分配转出"共同费用"时，根据分配结果，借记"主营业务成本"、"管理费用"等科目，贷记"共同费用"科目，结转后，"共同费用"科目无余额。

第十章 电影新闻出版企业特殊业务会计

电影新闻出版企业是指我国境内的所有电影、新闻出版企业和实行企业化管理的电影制片、发行、放映、图书、报纸、期刊（杂志）、音像制品等事业单位。电影新闻出版企业与其他行业比，其营业收入、成本费用和存货减值的内容及处理有所不同，本章主要就此进行介绍。

第一节 营业收入的核算

电影新闻出版企业的营业收入，是指在生产经营活动中，由于销售产品、刊登广告以及提供劳务服务等而取得的收入，包括主营业务收入和其他业务收入。

一、主营业务收入的核算

主营业务收入包括：电影制片企业的发行权费收入（有洗印发行拷贝、素材任务的制片厂，还应包括洗印发行拷贝、素材的销售收入）；电影发行企业的分成收入；电影放映企业收入（包括电影放映、录像放映和演出收入）；电台、电视台的广告收入；出片企业销售书刊和其他产品的收入；报社按定价计算的发行报纸收入、刊登广告收入和销售其他产品收入；音像出片企业销售库存商品、自制半成品以及提供工业性劳务等取得的收入。

为了核算电影新闻出版企业销售收入，应设置"主营业务收入"科目，发生各类销售收入时，记贷方；期末转入"本年利润"科目时，记借方；结转后无余额。"主营业务收入"科目应按电影新闻出版企业的收入类型设置明细科目进行明细分类核算。

二、其他业务收入的核算

其他业务收入包括：电影制片、发行放映企业的电影器材销售、修配、场地出租、提供运输和劳务以及经营电影刊物等收入；出版企业的刊登广告、创汇等收入以及企业材料销售、固定资产出租、周转材料出租、代储代运、多种经营等收入。应说明的是，考虑到报社的广告业务同主营业务密不可分，且广告收入占主营业务收入的比重越来越大,因此,把报社的广告收入作为主营业务收入核算,不列作其他业务收入核算。

为了核算电影新闻出版企业其他业务收入,应设置"其他业务收入"科目,发生各类其他业务收入时,记贷方;期末转入"本年利润"科目时,记借方;结转后无余额。"其他业务收入"科目应按电影新闻出版企业的收入类型设置明细科目进行明细分类核算。

第二节 成本费用的核算

电影新闻出版企业费用内容很多,其中比较有代表性的是书刊出版企业的费用。下面以此为例加以说明。

一、费用的分类

书刊出版企业的费用按经济用途进行分类,可以分为书刊出版成本和期间费用。

(一)书刊出版成本

书刊出版成本简称书刊成本,是指出版企业生产经营过程中为出版一定种类数量的书刊,实际发生的直接材料费用、直接人工费用、其他直接费用、应摊销的各项间接费用。如支付给作者的稿费、所用的纸张费、装帧用的材料费、办公用的固定资产折旧费、办公费等。计入书刊成本的各项费用,按其经济用途进一步划分,称为书刊成本项目。主要有以下四项:

(1)直接材料。包括出版企业在生产经营过程中实际消耗的纸张和装帧材料。纸张按照不同的印刷方法和出版用途分为:新闻纸、胶版纸、铜版纸、凸版纸、薄凸版纸、白版纸、画报纸、书皮纸、字典纸、牛皮纸和特种纸。装帧材料是指用于制作书刊、画册等的封面和封套材料。常用的装帧材料有:板纸、精装书壳用面料、烫印材料和书脊材料几类。

(2)直接人工。包括出片企业直接从事书刊生产人员的工资、奖金、津贴和补贴,以及直接从事书刊生产人员的职工福利费等。

(3)直接费用。包括出版企业支付的稿费和校对费,指支付给著译者及校订人员的稿费和校订费;租胶片所支付的租赁费;制版费,指用于书刊排版、制版、传版及纸型或胶片费;印刷费,指书刊印刷过程中的浇版、镀版、晒版、装版及印刷等加工费用;装订费,指书刊装订过程中的折页、配页、套页、平订、索线订等费用以及封面烫金、上封面、护封、封套、包装等费用;专有出版权转让费,指为取得专有出版权而支付的费用;出版损失,指书刊在稿件加工和印制过程中,由于出版企业的原因,需要变更部分内容或停止出版造成的稿费、纸张和印刷费损失等；广告成本，指为刊出广告所支付的费用，包括组稿费、广告业务费、设计费以及专设广告机构人员的工资、差旅费、办公费等；其他直接费用。

(4) 间接费用。指出版企业编辑、出版设计、校对等部门为组织和管理书刊编辑加工发生的各项费用，包括编辑、出版、资料、摄绘等部门人员的薪酬、办公费、编辑业务会议费、社外加工费、组稿采访费、摄影费、编绘用品费、样品赠阅费、图书资料费、内部刊物费、学习费及其他费用。

（二）期间费用

电影新闻出版企业的期间费用包括管理费用、财务费用、销售费用。其中，管理费用和财务费用与其他企业相同，这里只介绍销售费用。电影新闻出版企业的销售费用包括应由企业负担的包装费、运杂费、影片维护费、宣传推广费、保险费、呆滞损失、委托代销手续费、经营性租赁费和销售服务费用等。电影发行放映企业以及新闻出版企业专设发行机构的人员薪酬、折旧费、办公费、差旅费、周转材料摊销和其他经费等。

书刊出版企业委托有关单位协助进行出版物的宣传推广，并按定价（零售价）的全额收取价款的，可按推销出版物总定价的一定比例支付宣传推广费，但不得直接支付给个人。

二、书刊成本的核算

（一）科目设置

书刊成本的核算主要应设置"生产成本"和"制造费用"两个会计科目。

(1) "生产成本"科目。下设书刊生产成本和其他生产成本两个二级科目。"生产成本——书刊生产成本"，用来核算出版企业在书刊编印生产过程中发生的各项费用。"生产成本——其他生产成本"，用来核算出版企业出版书刊以外的产品（如音像出版物）和出版企业自设制版和照排等部门为本企业提供中间产品或劳务发生的各项费用。

(2) "制造费用"科目。用来核算出版企业编辑、出版、设计、校对等业务所发生的各项费用。包括编辑、出版、设计、校对、摄绘等部门人员薪酬、办公费、编辑业务会议费、社外和业余加工费、组稿采访费、摄影费、编绘样品费、样本赠阅费、图书资料费、内部刊物费、学习费及其他费用。本科目借方登记出版企业发生的各项编录经费，贷方登记分配转出的编录经费，结转后无余额。

（二）书刊成本核算对象

书刊成本核算对象，应根据图书和期刊分别确定。图书成本核算对象，一般按图书品种、类别和版次、印次核算；期刊成本核算对象一般按期刊品种、期数核算。出版企业可以根据本单位所出版书刊的具体情况和要求，适当增减分类，以便做到既能满足管理需要，又能简化会计核算手续。

（三）书刊核算单位

书刊正文以印张作为核算单位（包括图书和杂志）。一个印张是指787×1092毫米规格的标准纸半张。正常核算时，以千张为计算单位（相当于上述规格的平版纸一令）。不同规格的纸张折合成标准纸令。其计算公式如下：

标准印张＝某种规格纸张的面积／（787×1092）

各种规格的纸张对787×1092毫米规格标准印张的折算如表10-1所示。

表10-1　　　　　　　　　　标准印张折算表

纸张规格（尺幅）	折合标准印张
787×960	0.879
690×960	0.771
880×1096	1.118
850×1168	1.155
880×1230	1.259

封面、封套、插页作为正文的组成部分，但不计算印张。部分插页如按统计规定可视同正文计算印张的，则作为正文处理。

（四）书刊成本核算方法

书刊成本一般以每一种书刊作为成本计算对象，并分清初版、重版和印次（杂志按每种核算）设置成本登记卡，进行明细核算。书刊成本登记卡格式如表10-2所示。

由于每种书刊的出版成本，一般要等该书刊全部印刷完成后才能计算，因此，书刊成本计算期与书刊出版周期是一致的。在进行书刊成本核算时，根据经过审核的记账凭证，按照书刊名称，在各种书刊之间按照成本项目进行归集和分配，并逐笔登记在各种书刊成本明细账（书刊成本登记卡）中。

凡能直接计入该书刊的费用，如纸张、装帧材料等直接材料费，稿费、校订费、制版费、印刷费、装订费、租型或租胶片费、出版损失等，应直接计入该书刊明细账即书刊成本登记卡中。凡不能直接计入该书的间接费用，如各项编录经费，应先归集汇总在"制造费用"科目及有关的明细科目中，然后再分配转入各种书刊明细账中。期末将书刊成本明细账上登记的各项目成本金额加总，结算出合计数。已印制完毕并列为本期出版的书刊，按书刊分类，初、重版的印次,并根据抽取原始单据清单(表 10-3)、原始单据分割单(表 10-4)等有关资料,汇总编制"书刊出版成本表"(表 10-5)。

表 10-2　　　　　　　　　书刊成本登记卡

编号:　　　　　定价类别:　　　总定价:　　　　　单位印张:
总印张:　　　　书名:　　　　　初版印次:　　　　初版字数:
作(译)者:　　　开本:　　　　　印数(精)(平):　　计量单位:元

付款		传票号	摘要	正文纸张	装帧材料	校对费	制版费	印刷费	装订费	出版损失废版	直接成本合计	制造费用	管理费	间接成本合计	成本总额	出版盈亏
年月	日															

表 10-3　　　　　　　　　抽取原始单据清单

原始凭证		书　名	费用项目	金　额
单位名称	编号			

单据共　　张抽附于上列各书成本卡　　　　　　　制单:

表 10-4　　　　　　　　　原始单据分割单

原始凭证		费用项目	金　额
单位名称	编号		

(本单所列费用系从　　年　　月　　日凭证　　号　分割)

表 10-5　　　　　　　　　　　书刊出版成本表
单位：　　　　图书类别：　　　　年　月　日　　　　　　　计量单位：元

书名	印次	字数	印数	印张	总定价	批发价	正文纸张	装帧材料	稿费校订费	制版费	印刷费	装订费	出版损失	直接成本合计	制造费用	管理费用	间接费用合计	成本总额	出版利润

期末，要按照书刊的初版字数或本期出版书刊总定价（总印张）为分配标准，将"制造费用"科目汇总的间接费用，全部分配转入书刊成本。分配方法如下：

1. 按书刊初版字数作为分配标准。有关计算公式如下：

每千字应分配制造费用＝制造费用总额÷本期书刊出版总字数（千字）

某种书刊应分摊的制造费用＝某种书刊的初版字数（千字）×每千字应分配的制造费用

这种分配方法是将制造费用只在初版书刊之间进行分配，这是因为重版、重印时需要的制造费用较少，为简化会计核算，可以省略不计。

2. 按本期出版书刊总定价作为分配标准。有关计算公式如下：

每千元应分摊制造费用＝制造费用总额÷本期书刊出版总定价（千元）

某种书刊应分摊的制造费用＝某种书刊的总定价（千元）×每千元应分配的制造费用

3. 按本期出版书刊总印张作为分配标准。有关计算公式如下：

每千印张应分摊制造费用＝制造费用总额÷本期书刊出版总印张（千印张）

某种书刊应分摊的制造费用＝某种书刊的总印张（千印张）×每千印张应分配的制造费用

由于每种书刊的印数不同，定价标准有高有低，采用以总价或总印张作为分配标准分配制造费用不尽合理。

有的出版企业既出版图书也出版期刊，如果单独设有期刊编辑室，可将期刊编辑的制造费用只在期刊之间进行分配。若不易分清图书和期刊的制造费用，可以根据图书和期刊的出版字数各占总字数的比例进行分配，分别计算出本期出版的图书共分摊多少制造费用，本期出版的期刊共分摊多少制造费用。然后再按本期出版的各种图书期刊的字数分摊，分别计算出各种图书和期刊应分摊的制造费用。

第三节 书刊呆滞损失的核算

由于书刊是一种时间性较强的商品，随着时间的延长，很多书刊会逐渐降低使用价值。因此出版企业应根据其这一特点，对库存图书、期刊、音像制品的呆滞损失实行分年核价，提取提成差价（存货跌价准备，下同）的办法。提存差价的提取标准为：

1. 杂志（包括半年刊和年鉴）和年画等，当年出版的按年末库存总定价（总码洋）提取25%，前一年出版的提取50%。

2. 图书，当年出版的不提。前一年出版的按年末库存图书总定价提取10%，前两年出版的提取20%，前三年及三年以上的提取30%~50%。前三年及三年以上的提取标准由企业根据实际情况在上述标准幅度内自行确定，但一经确定，不应随意变更。为合理计算各期损益，书刊提成差价可按月末库存书刊总定价的一定比例预提，年终按上述标准进行调整。

3. 音像制品，按月末库存音像制品总成本的0.5%~1%计提，计入销售费用。

新闻出版企业首次提取提存差价时，按照期末库存额和相应的提存比例计算，根据计算结果，借记"销售费用"科目，贷记"存货跌价准备"科目。以后每期期末，按应提数与账面结存数的差额计入当期"销售费用"，借记"销售费用"科目，贷记"存货跌价准备"科目；如应提数少于账面结存数，则冲减当期的销售费用，借记"存货跌价准备"科目，贷记"销售费用"科目。

第十一章 金融企业特殊业务会计

金融企业是从事金融服务的企业。金融企业的营业活动与制造企业和商品流通企业不同,它不从事产品的制造,也不从事物质商品的经营,没有购销活动。同时,金融企业还与其他的服务性企业不同,它不是通过提供劳务服务来开展业务活动的,也不是通过提供物质产品(餐饮业)服务来开展业务活动的。金融企业的营业活动,是围绕着提供金融产品服务来进行的。金融企业的特殊业务主要有:银行存款业务、银行贷款业务、信托业务、租赁业务、证券业务、同业往来等。

第一节 银行存款业务的核算

存款是银行的重要业务。按存款的对象分,存款分为单位存款和居民储蓄存款。按存款的时期分,存款又分为活期存款和定期存款。

一、单位存款的核算

(一)单位存款账户的开立

单位在银行的存款户按支取方式的不同,分为支票户和存折户两类。单位向银行申请开户时,应填写开户申请书,连同盖有单位名称一致的公章及财务人员名章的印鉴卡,一并送交开户银行。银行会计部门审查同意开户时,应根据单位送交的开户申请书登记开、销户登记簿,并在吸收存款账户下编列账户,建立分户账,将账号和单位名称填入分户账上端的有关栏内。

(二)单位活期存款的核算

1. 支票户存取款的核算

单位向银行存入现金时,应填写现金缴款单(又称送款单或进账单)一式两联,连同现金送交银行出纳部门,出纳部门根据缴款单所填列金额收妥款项后,在缴款单上加盖现金收讫戳记和出纳员名章,登记现金收入日记簿,然后将缴款单回单联退交存款单位,另一联缴款单代现金收入传票送交会计部门,经审核无误后记入存款单位账户。借记"库存现金"科目,贷记"吸收存款——活期存款——××单位"科目。

存款单位向其开户银行提取现金时，应签发现金支票，将支取金额和款项用途填入现金支票，并在支票上加盖预留银行印鉴，送交银行会计部门。会计部门收到单位送交的现金支票，要审查支票是否在有效期内，账号和户名填写是否正确，大小写金额是否一致，支票签章是否与预留银行印鉴相符，票面金额是否在其账户余额或拨款限额之内，款项用途是否符合现金管理的规定，是否为挂失支票等。经审查无误后，将出纳对号单交给取款人到出纳部门取款，并以现金支票代借方传票登记存款单位账户。借记"吸收存款——活期存款——××单位"科目，贷记"库存现金"科目。

经会计人员加盖名章，交复核人员进行复核盖章后，再将现金支票内部传递到出纳部门。出纳部门根据现金支票登记现金付出日记簿，凭对号单向取款人支付现金。

2. 存折户存取款的核算

单位采用存折户存取款项的，存入现金时，应填写存款凭条，连同存折现金一并交给出纳部门。银行出纳部门根据存款凭条收妥款项后，登记"现金收入日记簿"，并将存款凭条和存折一并送会计部门。会计部门审核无误后，以存款凭条代借方传票，凭以登记存款单位账户和存折。经复核无误后，将存折退还存款单位。其会计分录与支票户存入现金的处理相同。

存款单位向其开户银行凭存折取款时，应填写取款凭条，连同存折送交银行会计部门审核无误后，以取款凭条代借方传票登记存款单位账户和存折。其会计分录与支票户支取现金相同。经复核无误加盖会计复核人员名章后，将存折和取款凭条一并送交出纳部门登记"现金付出日记簿"，并支付现金，将存折退还取款单位。

（三）单位定期存款的核算

单位办理定期存款时，应按存款金额填写转账支票给银行，银行审核无误后，以转账支票代单位存款账户的转账借方传票，另外填写一式三联的单位定期存款存单。以存单第一联作转账贷方传票，第三联作定期存款卡片账，第二联加盖业务公章和经办人员名章后，交存款单位作存款凭证。借记"吸收存款——活期存款——××单位"科目，贷记"吸收存款——定期存款——××单位"科目。

单位持定期存单来银行办理支取款项手续时，银行应将存单与原来留存的定期存款卡片账进行核对无误后，计算应付利息，并加盖"结清"戳记，以定期存单代定期存款的转账借方传票，另编转账借、贷方传票，办理转账。按本金借记"吸收存款——定期存款——××单位"科目、按转销前期已计利息借记"应付利息"科目,按本期应计利息借记"利息支出"科目,按本息金额贷记"吸收存款——活期存款——××单位"科目。

二、储蓄存款的核算

储蓄存款是银行吸收居民的闲散资金形成的存款,包括活期储蓄存款、定期储蓄存款、定活两便储蓄存款。定活两便储蓄存款,如果提前支取,则按活期储蓄存款处理;如果到期支取,则按定期储蓄存款处理。

(一)活期储蓄存款的核算

1. 开户与续存

储户第一次来银行存款称作开户。开户时,由储户填写一联"活期储蓄存款凭条",连同现金一并交接柜人员。经办人员收到储户交来的现金和存款凭条,审核凭证和初点现金后登记开销户登记簿,编列账户,以存款凭条代贷方传票记载分户账并开立存折。借记"库存现金"科目,贷记"吸收存款——活期储蓄存款——××储户"科目。

储户持活期存折前来办理续存手续时,应填写"活期储蓄存款凭条",连同存折和现金一并交记账员,记账员验明存折确系本所签发,存款凭条上的日期、账号、户名、金额等填写正确无误,然后初点收款。根据存折凭条上账号,登记分户账及存折。会计分录与开户相同。

2. 支取与销户

储户支取存款时,应填写活期储蓄取款凭条连同存折一并交记账员。记账员抽出分户账与存折核对相符后,以取款凭条代借方传票登记存折及开户账。借记"吸收存款——活期储蓄存款——××储户"科目,贷记"库存现金"科目。

然后交由出纳员复核账、折并配款,再交由记账员进行复点,无误后,即可将存折和现金交给储户,分户账由记账员留下,取款凭条交给出纳员。

储户要求销户时,除按取款手续办理外,还应结出利息余额,凭以填制支付利息的凭条。再将存折和账页逐页盖"结清"戳记,并在账页上注明实付利息数,注销开销户登记簿。存折作取款凭条附件,结清账页另行保管。按本金借记"吸收存款——活期储蓄存款——××储户",按利息额借记"利息支出"科目,按本息和贷记"库存现金"科目。

(二)定期储蓄存款

定期储蓄存款是由储户在第一次存入款项时,事先约定存款期限,一次或分次存入,到期一次支取本息的一种存款。储户办理定期储蓄存款时,应填写"定期储蓄存款凭条",和现金一起交给记账员,记账员审核"定期储蓄存款凭条",初点现金无误后,填写一式三联"定期储蓄存单",存单第一联为贷方传票凭以收款,存单第二联加盖有关印章后交储户收执,存单第三联由记账员另行保管,凭以登记"定期储蓄存款开销户登记簿"。借记"库存现金"科目,贷记"吸收存款——定期储蓄存款——××储户"科目。

存单到期支取时,先抽出卡片账与存单核对无误后,以存单代借方传票,并按规定利率计算出利息,交给出纳员核对配款,再交给记账员复核现金以后,将款项付给储户。按本金借记"吸收存款——定期储蓄存款——××储户"科目,按前期已计利息,借记"应付利息"科目,按本期应计利息借记"利息支出"科目,按本息和贷记"库存现金"科目。

三、存款利息的计算

利息的计算是根据存款的本金、存期、利率计算的。其中,利率是由国家统一规定的,利率分为年利率(%)、月利率(‰)、日利率(‰)三种。其换算关系为:

年利率÷12=月利率;月利率÷30=日利率;年利率÷360=日利率

利率的计算采用不同的方法。其具体方法有逐笔计息法、月积数计息法、日积数计息法、固定基数法等。

1. 逐笔计息法。是以单笔存款作为计息对象计算利息的方法。存款满年(月)的,按年(月)计算,有整年(月)又有零头天数的,可全部化成天数计算,其计算公式如下:

全是整年的,按年计算利息:利息=本金×年数×年利率

是整月的,按月计算利息:利息=本金×月数×月利率

全部化成天数的,按日计算利息:利息=本金×日数×日利率

这种方法适用于定期存款。当存期内利率调整时应分别计算。

2. 月积数计息法。是根据分户账上的余额,按月份计算出月积数,乘以月利率得到利息的一种计算方法。这种方法适用于零存整取储蓄存款利息的计算。

【例11-1】 某储户每月1日存入200元,存期1年,月利率3‰。则:

全年月累计积数为15 600元

应付利息=15 600×3‰=46.80(元)

3. 日积数计息法。是根据分户账上的余额,按日计算出日积数,乘以日利率得到利息的一种计算方法。这种方法计算准确,适用于单位存款,也适用于储蓄存款。

【例11-2】 某活期存款分户账如表11-1所示。按日积数计息法计算第4季度利息。

表 11-1　　　　　　　　　吸收存款——活期存款分户账

户名：大兴公司　　账号：××××××　　货币：人民币　　月利率：2.1‰

年		摘要	凭证号数	对方科目	借方	贷方	借或贷	余额	日数	积数	复核
月	日										
9	20	承前页					贷	100 000			
9	21	存入				50 000	贷	150 000	19	2 850 000	
10	10	支付			60 000		贷	90 000	12	1 080 000	
10	22	存入				30 000	贷	120 000	8	960 000	
10	30	存入				10 000	贷	130 000	9	1 170 000	
11	8	支取			40 000		贷	90 000	9	810 000	
11	17	存入				80 000	贷	170 000	12	2 040 000	
11	29	支付			50 000		贷	120 000	6	720 000	
12	5	存入				100 000	贷	220 000	6	1 320 000	
12	11	支付			90 000		贷	130 000	9	1 170 000	
12	20	存入				20 000	贷	150 000	1	150 000	

（注：计息期为 9 月 21 日 ~ 12 月 20 日）

计算大兴公司第 4 季度存款利息如下：

累计日积数 = 150 000 × 19 + 90 000 × 12 + 120 000 × 8 + 130 000 × 9

　　　　　　+ 90 000 × 9 + 170 000 × 12 + 120 000 × 6 + 220 000 × 6

　　　　　　+ 130 000 × 9 + 150 000 × 1

　　　　　　= 12 270 000（元）

第 4 季度存款利息 = 12 270 000 ×（2.1‰/30）= 858.90（元）

4. 固定基数法。是按规定利率和存期算出每元存款应付利息作为基数，再乘以存入金额，得到应付利息的一种计算方法。这种方法适用于零存整取利息的计算。其计算公式如下：

应付利息 = 累计存款额 × 利息基数

利息基数 = 1 × 平均存期 × 利率

由于零存整取的存期是逐期递减的，平均存期根据等差级数求平均值的原理计算：

平均存期 =（存款总期数 + 1）÷ 2

【例 11-3】　某储户每月存入 1 000 元，存期 1 年，月利率 2.4‰。则：

平均存期 = (12+1) ÷2 = 6.5（月）
利息基数 = 1×6.5×2.4‰ = 0.0156（元）
应付利息 = 12 000×0.0156 = 187.20（元）

第二节　银行贷款业务的核算

贷款是金融企业的主要资产项目，也是银行按一定利率供应资金的一种信用活动。包括信用贷款、抵押贷款、活存透支、贴现等。贷款业务应设置"贷款"科目进行核算，按贷款类别、客户，分别"本金"、"利息调整"、"已减值"等进行明细分类核算。

一、信用贷款的核算

信用贷款是指单凭借款人的信誉而无需提供抵押品所发放的贷款。其核算包括贷款的发放、资产负债表日计算应收贷款利息、贷款的收回等。

（一）贷款发放的核算

单位申请贷款时，除填具申请书外，还应填写一式四联借款借据，在借据第一联上加盖预留银行印鉴，送交银行信贷部门。银行信贷部门审批签署意见后，送交会计部门办理贷款手续。会计部门接到借款凭证后，应审查凭证各栏填写是否正确、完整，大小写金额是否一致，印鉴是否相符，有无信贷部门的审批意见等。经审核无误后，以借款凭证第二、三联代转账借方、贷方传票，办理转账。借记"贷款——信用贷款——××单位"科目，贷记"吸收存款——活期存款（或××）——××单位"科目。

转账后，第一联（借款正联）按贷款到期日先后顺序专夹保管，第四联借款凭证盖章后交借款单位。

（二）资产负债表日计算应收贷款利息的核算

资产负债表日，应按借款数和约定利率计算贷款利息。贷款利息的计算方法与存款利息的计算方法相同。计算出贷款利息时，借记"应收利息——××单位"科目，贷记"利息收入——信用贷款利息"科目。

（三）贷款收回的核算

贷款到期，借款单位应填交贷款偿还凭证或签发转账支票送交开户银行，办理还款手续。会计部门审查凭证并核对借据和分户账无误后，办理转账。按本息和借记"吸收存款——活期存款（或××）——××单位"科目，按贷款本金贷记"贷款——信用贷款——××单位"科目，按已提未结算利息贷记"应收利息——××单位"科目，按未提应收利息贷记"利息收入——信用贷款利息"科目。

二、抵押贷款的核算

抵押贷款是指银行要求借款人提供一定的抵押品作为物质保证而发放的贷款。这种贷款在借款方不能归还贷款本息时，银行根据贷款合同有权处理其抵押品，以所获得的收入作为补偿。

（一）抵押贷款的发放与收回

借款人申请抵押贷款时，应向银行填交抵押贷款申请书，写明借款用途、金额、期限、抵押品名称、数量、价值和保管方式与事项，经信贷部门审批后，由会计部门办理贷款手续。银行会计部门审核借款凭证和所附抵押品单据无误后，办理转账。借记"贷款——抵押贷款——××借款人"科目，贷记"吸收存款——活期存款——××借款人"科目。

其他手续同信用贷款，但抵押品有关单据一般由银行专夹保管，银行要对抵押品建立登记簿予以登记。

贷款到期，借款人以贷款偿还凭证或转账支票来行还款时，银行经审核无误后，办理转账。按本利和借记"吸收存款——活期存款——××借款人"科目，按本金贷记"贷款——抵押贷款——××借款人"科目，按利息贷记"利息收入——抵押贷款利息收入"科目。

贷款本息收回后，抵押品及有关单据应退还借款单位，并销记有关登记簿。其他手续同信用贷款。

（二）抵押贷款逾期的处理

抵押贷款到期，借款人如不能按期偿还贷款本息，银行应对其逾期贷款加收罚息，同时向借款人填发"处理抵押品通知单"，逾期一个月借款单位仍无法归还借款本息的，银行有权处理其抵押品，对抵押品的处理有作价入账和出售两种方法。处理后取得的收入，扣除银行在处理抵押品过程中发生的保管、维护、清理、诉讼等费用后，应优先归还贷款本金，再归还利息。

如作价入账，按估计价格借记有关资产科目，按本金贷记"贷款——抵押贷款——××借款人"科目，按估价与本金的差额，贷记"利息收入"科目。

如系出售抵押品，按收到的款项借记"吸收存款——活期存款——购买抵押品单位"科目，按本金贷记"贷款——抵押贷款——××借款人"科目，按出售价与本金的差额贷记"利息收入"科目。

如处理抵押品后的净收入不足以归还全部贷款本金，则其剩余部分从贷款减值准备中核销，其应收利息冲减坏账准备；如净收入大于本金而又不足以弥补全部应收利息，其差额以坏账准备弥补；如净收入大于贷款本息之和，则超出部分作为银行利息收入入账，计入当期损益。

三、活存透支的核算

活存透支目前主要是用于信用卡业务。信用卡持有人向银行或其他金融机构申领信用卡，必须存足一定数额的保证金和备付金。其中，保证金存款按同期同档次定期存款利率计算利息。备付金存款是活期性质（视为活期），按活期存款处理。

持卡人凭卡取现和消费时，一般从活期存款（备付金）中开支。按信用卡发卡章程的规定，持卡人可以在一定的条件下，超出其信用卡存款额度用款，视为透支。

信用卡活期存款账户发生透支时，银行要垫款，因而具有贷款的性质，属于贷款的范畴。但活存透支与信用贷款又有很大的差异：（1）信用贷款的主动权在银行，是否贷款、贷款多少、期限多长由银行决定；而活存透支是持卡人掌握主动权，发卡行是被动的。（2）期限规定不同。信用贷款的期限可长可短，由银行与借款单位共同商定；透支时间则规定为 15 天，加缓冲期为 1 个月。（3）利率政策不同。信用贷款的利率由国家统一规定，在整个借款期内，按该利率执行；活存透支为促使透支人尽快还款而实行区间利率（或称分段利率），从透支之日起，15 天内按规定利率（一般高于同档次的贷款利率）计收透支利息；超过 15 天的，从第 16 天起到一个月内按更高档的利率计息；超过一个月的，除加收罚息外，必要时可收回信用卡。（4）活存透支有善意与恶意之分，信用贷款不存在这一问题。（5）贷款的过程不同。信用贷款事先必须经过银行，活存透支银行只是事后知晓。

发生活期存款透支时，根据实际透支额，借记"贷款——信用卡透支"科目，贷记"吸收存款——信用卡存款"科目。并立即通知持卡人及时补足存款。

对于透支的金额，按月分段计收利息，编制计息凭证，从持卡人账户中扣收。借记"吸收存款——信用卡存款"科目，贷记"利息收入"科目。

四、票据贴现的核算

票据贴现是指票据的持票人为获得资金，以未到期的票据向银行贴补一定的利息所作的票据转让。办理贴现时，贴现银行要拿出一笔资金购入未到期的票据，因而具有贷款的性质，须由信贷部门审批同意后，会计部门才能办理贴现业务。

（一）受理贴现的核算

持票人需要贴现时，应根据商业汇票填制贴现凭证一式五联，连同贴现票据一并提交贴现银行信贷部门审批。信贷部门按有关规定审查并签署"同意"

字样后，再转交会计部门办理手续。会计人员审核查对相符后，按规定的贴现率计算出贴现利息和实付贴现金额，并将贴现、贴现息、实付贴现金额填在凭证上，第一联贴现凭证作贴现资产科目借方传票，第二、三联分别作吸收存款和利息收入的贷方传票，办理转账。按票据到期值借记"贴现资产"科目，按实付贴现额贷记"吸收存款——贴现申请人户"科目，按贴现息贷记"利息收入"科目。

（二）贴现票据到期的核算

贴现票据到期，如为银行承兑汇票，贴现行可按开户行受理银行承兑汇票的手续办理，即以第五联贴现凭证作贴现资产科目贷方传票，以第三联汇票作借方传票办理转账。如为商业承兑汇票，贴现行应匡算邮程，于期满前填制委托收款凭证，向票据的付款人收款，以后收到付款人开户行寄来的联行报单及委托收款凭证的收款通知，经审核无误后办理转账。借记"存放同业——付款人开户行"科目，贷记"贴现资产"科目。

五、贷款损失准备金的核算

银行经营贷款业务，由于种种原因，不可避免地会出现贷款沉淀，从而影响到金融企业的信贷资金运行。为适应商品经济的要求，增强企业的风险意识和抵御风险的能力，应建立贷款损失准备金制度。

（一）贷款损失准备金的计提方法和范围

贷款损失准备金的提取方法是，按年初贷款余额的一定比例计提，具体方法是：本年应提贷款损失准备金 = 年初贷款余额 × 计提比例 - 贷款损失准备账户贷方余额（或 + 贷款损失准备账户借方余额）。

计提贷款损失准备时，除预算安排的拨改贷、地方政府和国家主管部门委托的专门贷款、抵押贷款，同业拆借等以外，其余贷款均应按规定计提。

（二）核销条件和报批手续

核销的条件是：（1）借款人和担保人依法宣告破产，经法定清偿后仍未能还清的贷款；（2）借款人死亡，以其财产或遗产清算后仍未能还清的贷款；（3）借款人遭受重大自然灾害或意外事故，损失巨大且不能获得保险赔偿，确实无力偿还的部分或全部贷款，或者以保险赔偿清偿后未能还清的贷款；（4）经国务院专案批准核销的贷款。

审批的手续是：在申请核销贷款损失时，应填报"核销贷款损失申报表"，并附详细说明，按规定的核销权限逐级上报。上级行接到下级行的"核销贷款损失申报表"时，要组织信贷、会计、稽核部门进行严格的审查，并签署意见。对符合条件、事实确凿、材料齐全、手续完备的贷款损失，在按规定报批后才能冲销贷款损失准备金。

（三）贷款损失准备金的核算

贷款损失准备金的核算包括贷款损失准备金的计提，贷款损失的核销，已经确认并转销的贷款损失以后年度又收回等几个方面的核算。贷款损失准备金的核算，应设置"贷款损失准备"科目和"资产减值损失"科目。

1. 提取贷款损失准备金的核算。资产负债表日，银行应按贷款损失准备金计提方法计提贷款损失准备金，如计算结果为正数时，借记"资产减值损失"科目，贷记"贷款损失准备——××贷款"科目；其结果为负数时，借记"贷款损失准备——××贷款"科目，贷记"资产减值损失"科目。

2. 贷款损失核销的核算。根据报批核销的贷款损失额，借记"贷款损失准备——××贷款"科目，贷记"贷款——××贷款——××借款人"科目。

3. 已确认并转销的贷款损失又收回的核算。已报批转销的贷款损失，不应完全放弃收取权，而要关注借款人的状况，如有可能，应与其联系收回已核销的贷款。当收回已核销的贷款损失时，应按收回的金额，借记"贷款——××贷款——××借款人"科目，贷记"贷款损失准备——××贷款"科目；同时：借记"吸收存款——活期存款——××人"科目，贷记"贷款——××贷款——××借款人"科目。

第三节　信托业务的核算

信托是信用委托的简称。它是指在信任的基础上，财产所有者为了取得收益或达到某项目的，委托信托机构按其要求代为经营和处理财产的一种信用活动。

一、信托存款

信托存款是指在特定的资金来源范围内，由金融信托企业接受办理的存款。这类存款应设置"吸收存款——信托存款"科目，按存款人分户进行明细核算。信托存款的核算包括开户存入和到期结清的核算两个方面。

（一）开户存入

存款单位委托信托机构办理信托存款时，应先填写信托存款开户申请书，加盖预留印鉴，经信托业务部门同意接受开户并由双方商定收益率和手续费率，由委托人开出支票将资金划入信托机构的银行账户。信托机构凭以签发信托存款证，加盖业务公章后，交给委托人。

信托存款证一式三联，第一联作信托存款的贷方传票；第二联信托存款证，交委托人保证到期以支取存款；第三联卡片账，按不同收益率、到期日顺序分类、专夹保管。开户存入时，借记"银行存款"科目，贷记"吸收存款——信托存款——委托人"科目。

（二）到期结清

信托存款到期，委托人支取时应交回盖有预留印鉴的信托存款证，经办人员将其与专夹保管的卡片账核对相符后办理转账，同时应计付收益金和计收手续费。有关计算公式如下：

应付收益金＝信托存款额×信托期（月）×月收益率

应收手续费＝信托存款额×信托期（月）×月手续费率

信托机构支付收益金在"利息支出"科目核算，计收手续费在"手续费及佣金收入"科目核算，一般情况下，支付的收益金高于计收的手续费。有两种处理方法：

（1）按两者差额作支付收益金处理。这种方法有两种具体做法：一是信托机构规定较低的收益率，不另向客户收取手续费；二是将收益金与手续费相抵后出账。不管是哪种做法，到期结清时，按其本金借记"吸收存款——信托存款——委托人"科目，按收益金与手续费的差额借记"利息支出"科目，按实际支付的款项贷记"银行存款"科目。

（2）分别反映收益金和手续费。这种方法是支付的收益金全额作"利息支出"记账，收取的手续费全额作"手续费及佣金收入"记账。到期结清时，按其本金借记"吸收存款——信托存款——委托人"科目，按支付的收益金借记"利息支出"科目，按实际支付的金额贷记"银行存款"科目，按收取的手续费贷记"手续费及佣金收入"科目。

二、信托贷款

信托贷款是信托机构通过信托存款等方式筹集的信托资金，选择用款单位，以贷款方式向借款人提供资金并计收利息的一种资金运用活动。信托贷款的核算通过"贷款——信托贷款"科目进行，并按借款人进行明细分类核算。信托贷款的核算包括信托贷款发放的核算、信托贷款利息的核算、信托贷款收回的核算等。

（一）信托贷款发放的核算

借款单位向信托机构申请信托贷款时，必须出具贷款申请书，经信托业务部门审批同意后，由借款单位填写借款凭证办理贷款。会计部门凭借款凭证作转账，借记"贷款——信托贷款——借款人"科目，贷记"银行存款"科目。

（二）信托贷款利息的核算

信托贷款利息的计算方法，分利随本清和按季根据贷款积数计算应收利息两种。其中贷款期限在三个月内的可采用利随本清方式计息；期限超过三个月的应按季计息，每季末月的20日为结息日。信托贷款的利率可比照同期银行短期贷款利率上浮30%或经双方商定。利随本清收回的贷款利息与到期收回本金是同时进行的，其会计处理参照信托贷款收回的核算。按季计息的核算包括每季末计息和后期付息。季末计息时，根据应计收的利息，借记"应收利息——借款人"科目，贷记"利息收入"科目。收回前期利息时，借记"银行存款"科目，贷记"应收利息——借款人"科目。

（三）信托贷款收回的核算

信托贷款到期，借款单位向信托机构归还贷款时，由会计部门根据有关贷款归还凭证办理转账。在利随本清方式下，收回贷款本息时，按本息和借记"银行存款"科目，按本金贷记"贷款——信托贷款——借款人"科目，按利息额贷记"利息收入"科目。

在按季计息方式下，收回贷款本金及未收利息时，按本息和借记"银行存款"科目，按本金贷记"贷款——信托贷款——借款人"科目，按已计未收利息贷记"应收利息——借款人"科目，按未计应收利息贷记"利息收入"科目。

三、委托存贷款

委托存贷款是指委托单位为获取收益，将拥有的资金存入信托机构，并指定资金用途的一种业务活动。委托存款不同于信托存款，接受存款的信托机构没有资金的自主支配权，不能随意运用。因此，信托机构在接受此类存款时，要严格审查其资金来源及运用的可能。

委托贷款则是指信托机构接受委托人的委托，在委托人存入的存款额度内，按其指定的用途、对象、期限、利率与金额等发放贷款，并负责到期收回贷款本金的一项业务活动。

委托存贷款业务的核算，一般涉及三个方面的当事人，即委托人、受托人（信托机构）和借款人。因此，委托贷款协议的签订有两种方式：一种是三个当事人直接签订协议；另一种是受托人即信托机构分别与委托人和借款人签订协议，但两个协议的内容必须衔接。对于手续费的收取，由信托机构根据商定的收费标准，按委托贷款的金额向委托人或借款人收取。

（一）委托存贷款存入款项的核算

委托存贷款业务要设置"吸收存款——委托存款"科目、"委托贷款"科目进行核算。委托人委托信托机构办理委托贷款，首先由信托机构与委托人签订"委托贷款合作协议书"，注明委托金额、发放对象、用途、期限、利率等，信托机构根据协议书的内容，再与借款单位签订贷款协议。协议书签订后，由委托单位将资金划入在信托机构开立的有关存款账户内。当信托机构收到委托存款时，借记"银行存款"科目，贷记"吸收存款——委托存款——

委托单位"科目。

（二）委托贷款发放的核算

信托机构收到委托资金后，应通知借款单位前来办理委托贷款手续。委托贷款发放时，借记"委托贷款——借款单位"科目，贷记"银行存款"科目。

（三）委托贷款利息及手续费收取的核算

由于用于发放委托贷款的资金属于委托人所有，因此，委托贷款利息收入不应作为信托机构的利息收入入账，而应支付给委托人。信托机构收到借款人支付的利息收入后应暂时作为应付款项处理。委托贷款手续费的收入则为信托机构的业务收入。其收取的方法，根据委托贷款协议规定，既可以从应付款项中抵扣，也可另向委托人收取。每期收取委托贷款利息时，借记"银行存款"科目，贷记"其他应付款——委托人"科目。

信托机构向委托人收取手续费，如从收取的利息中抵扣，于抵扣时借记"其他应付款——委托人"科目，贷记"手续费及佣金收入"科目。

信托机构向委托人收取手续费，如直接收取的，收到时，借记"银行存款"科目，贷记"手续费及佣金收入"科目。

（四）委托贷款到期的核算

委托贷款到期前，信托机构应向借款单位填送有关还款通知书及计息清单，借款人在接到通知后，应于贷款到期日办理还款手续。信托机构收到借款单位归还的贷款本金及利息时，按收款额借记"银行存款"科目，按本金贷记"委托贷款——借款单位"科目，按利息贷记"其他应付款——委托人"科目。信托机构将委托贷款本息交付委托单位时，按原委托额借记"吸收存款——委托存款——委托单位"科目，按贷款利息借记"其他应付款——委托人"科目，按实际支付额贷记"银行存款"科目，按收取的手续费贷记"手续费及佣金收入"科目。

第四节　租赁业务的核算

租赁是一种融物和融资相结合的信用方式，是指物资财产所有者将物资出租给承租人使用，双方给定期限，由承租人定期支付一定租金给出租人的一种特定的经济行为。在整个租赁期间，出租人只转移租赁物资的使用权，而不转移其所有权。因此，租赁实质是一种借贷行为，即以收取租金为条件的租赁物资的定期让渡。租赁期满后，出租人或是低价将物资转售给承租人，或是收回租赁物资继续向其他承租人出租，租赁分为融资性租赁和经营性租赁。

一、融资性租赁业务的核算

（一）融资性租赁的特点

融资性租赁又称资本租赁，是指租赁公司以融资的方式为其他企业购买设备，并将所购设备租给企业使用，收取租金以补偿其购买设备的成本、融资利息、经营费用、税款，并获取一定利润的一种业务活动。租赁合同期满后，租赁公司一般不收回设备，只是收取较低的价款，将设备转让给承租企业。其特点主要有：

1. 所有权与使用权分离。在租赁期间，租赁物资的所有权属于出租人，而使用权归承租企业。同时，承租企业应对租赁设备负有维修及保养的全部责任。只有当租赁期满后，承租人才可以根据合同购买设备残值，获取其所有权。

2. 融资与融物相结合。融资性租赁兼有银行与商贸机构的双重职能，它为企业提供资金并购买设备，然后以收回设备成本及获取一定的利润为条件，将设备租给企业。在租赁过程中，它既是一种商品交易活动，又是一种融通资金的方式。

3. 租赁合同不能任意解除。融资性租赁除双方事先商定或极偶然的情况下，一般不能提前解除租赁合同。

4. 租赁期限较长。融资性租赁的租期，一般包括了租赁物资的整个使用年限，少数情况下，租期短于设备耐用期。但承租人有权优先于其他企业廉价取得该项设备。

（二）融资性租赁的核算

融资性租赁业务的核算包括承租单位申请租赁并交来保证金的核算、购买设备并起租的核算、租金计收的核算、租赁期满的核算等。

1. 承租人提出申请并交来保证金的核算。承租单位向租赁公司租用设备应事先提出申请，经公司业务部门审查同意，双方签订租赁合同。按合同规定，承租单位必须同时交足额的保证金。租赁公司收到客户交来的购买设备的租赁保证金，借记"银行存款"科目，贷记"存入保证金——××承租单位"科目。保证金退还时作如上相反的会计分录。

2. 购买租赁设备并起租的核算。租赁公司购入承租单位在合同上指定的设备物资时，按实际支付的全部支出入账。借记"融资租赁资产——××承租单位"科目，贷记"银行存款"科目。然后，租赁公司与承租单位应从设备运交之日起根据合同起租，按应收租金总额借记"长期应收款——××承租单位"科目，按租赁资产的实际成本贷记"融资租赁资产——××承租单位"科目，按未实现融资收益贷记"未实现融资收益"科目。

3. 租金计收的核算。融资性租赁的租金一般由三个部分组成：设备成本（设备买价、采购费用及税金、保险费等）、融资利息收入、手续费收入等。其中，利息和手续费收入即为租赁收入。每期计算应收未收租赁资产利息及手续费时，借记"未实现融资收益"科目，贷记"租赁收入——融资租赁收入"科目。收到租金时，借记"银行存款"科目，贷记"长期应收款——××承租单位"科目。

4. 租赁期满的核算。租赁合同到期，租赁资产的所有权转移，租赁公司对租赁资产的残值作价处理时，借记"银行存款"科目，贷记"营业外收入"科目。

二、经营性租赁业务的核算

经营性租赁又称服务性租赁，是指出租人将其拥有的设备出租给承租企业使用，同时提供必要的设备使用技术及维修服务，并按期收取租金的一种租赁业务。经营性租赁主要解决承租企业对某些大型通用设备、专用设备一次性使用和临时短期需要，承租企业不能长期使用和拥有该设备的所有权。和融资租赁相比，经营性租赁具有租期短、租金高、租赁风险较大等特点。租赁公司用于经营租赁的资产，应作为固定资产核算，并按期计提折旧。

（一）用于经营性租赁资产购置的核算

租赁公司经营租赁的物资多属于通用和易于找到接替用户的设备，如汽车、飞机、电器等。公司应承租人的需求，购置经营用租赁资产时，应按实际支付的成本记账。借记"固定资产——经营租赁资产——未出租资产"科目，贷记"银行存款"科目。

（二）根据经营租赁合同起租的核算

由于经营性租赁属于一种非一个租赁期内全部或大部分收回设备价值的租赁形式，因此，租赁公司与承租人签订的租赁合同期限较短，在出租设备的全部耐用年限内，租赁公司将多次反复地租赁给不同用户。租赁公司根据租赁合同起租时，借记"固定资产——经营租赁资产——已出租资产"科目，贷记"固定资产——经营租赁资产——未出租资产"科目。

（三）经营性租赁租金计收的核算

用于经营性租赁业务的出租资产属于租赁公司的固定资产。在租赁期间，公司只向客户提供租赁物资的使用权，而与资产所有权及报酬有关的风险均由租赁公司承担。如租赁公司必须对租赁资产的质量、性能、维修、保险等负全部责任。因此经营性租赁业务的租金较高。其租金的构成因素有：租赁资产的折旧、租赁期间的利息、租赁资产的维护费用、出租企业的营业费用、税金、保险费等。经营性租赁业务的租金一般按市场行情计算。公司每期收到承租人支付的租金时，借记"银行存款"科目，贷记"租赁收入——经营租赁业务"科目。

（四）租赁期满收回租赁资产的核算

合同到期后，租赁公司按合同收回租赁资产，借记"固定资产——经营租赁资产——未出租资产"，贷记"固定资产——经营租赁资产——已出租资产"科目。

第五节 证券业务的核算

证券是以证明或设定权利为目的而做成的凭证，被用以证明证券持有者有权按规定取得相应的权益。严格地讲，凡是表明各类经济权益的凭证都可称为证券，但在多种场合，人们通常只把收益证券称为证券。我们在此讨论的证券也只是收益证券。收益证券包括股票、债券、基金等，是一种特殊资本，它一方面可凭以获得一定的收益，另一方面，出售证券又可收回本金。金融企业的证券实务主要包括自营证券、代理证券、证券卖出回购等业务。其中，自营证券的核算与其他企业的核算相同，下面仅介绍代理证券、证券卖出回购等业务的核算。

一、代理证券业务的核算

代理证券业务，是指证券公司接受客户委托承销证券、兑付证券、买卖证券等业务。

（一）代理承销证券的核算

承销证券是证券公司接受客户的委托代其发行有关证券的业务。包括代销和余额承购包销等方式。

1. 采用代销方式承销证券的核算。代销证券，要与委托人签订代销合同，收到委托人要求代销的证券时，按其合同确认的承销价款，在备查簿中记录承销证券的情况。代销证券的核算包括销售证券收取款项、将代销证券款项划交委托单位、向委托单位收取代销手续费等，代销结束，如有尚未售完的代销证券，应将其退还委托人，并销记备查簿中记录。销售证券收到款项时，借记"结算备付金"（或银行存款）科目，贷记"代理承销证券款"科目。承销期结束，结算代销证券款，收取手续费时，按承销价款借记"代理承销证券款"科目，按实际支付款项贷记"结算备付金"（或银行存款）科目，按其差额贷记"手续费及佣金收入"科目。承销期结束，应将未售出证券退还委托单位，并销记备查簿记录。

2. 采用余额承购包销方式承销证券的核算。这是公司与发行单位以合同方式规定公司承担发行单位发行的部分或全部证券。如发行期内公司承担发售的证券没有全部售出，则剩余的部分由公司负责购入的一种代理证券业务。余额承购包销方式分为两个阶段，即发行期内的核算与发行期结束后的核算。其发行期内的核算与代销方式相同。发行期结束后，对于未售出的证券，按合同规定由企业认购，应按承销价款，借记"交易性金融资产"（或可供出售金融资产、持有至到期投资）科目，贷记"代理承销证券款"科目。

（二）代理兑付证券的核算

代理兑付证券是金融企业接受客户委托对其发行的证券到期进行兑付的证券业务。委托人委托证券机构代理兑付到期证券，要拨付相应数额的兑付资金。兑付完毕后将已兑付证券交付委托方，并收取一定的手续费。其具体处理有两种情况：一是委托人事先只拨付兑付款，兑付完毕后，委托人汇入手续费；二是委托人将手续费与兑付款事先一并汇入。

1. 委托人事先只拨付兑付款，兑付完毕后，委托人汇入手续费的核算。收到委托单位的兑付资金时，借记"银行存款"（或结算备付金）科目，贷记"代理兑付证券款"科目；代理兑付证券，用银行存款等支付兑付款时，借记"代理兑付证券款"科目，贷记"银行存款"等科目；代理兑付业务结束，将兑付证券交给委托人，收取手续费时，借记"银行存款"等科目，贷记"手续费及佣金收入"科目。

2. 委托人将手续费与兑付款事先一并汇入的核算。收到委托单位的兑付资金及手续费时，按收到的款项借记"银行存款"（或结算备付金）科目，按兑付款贷记"代理兑付证券款"科目，按手续费贷记"其他应付款——预收代理兑付证券手续费"科目；代理兑付证券，用银行存款等支付兑付款，借记"代理兑付证券款"科目，贷记"银行存款"等科目；代理兑付业务结束，将兑付证券交给委托人，确认手续费收入，借记"其他应付款——预收代理兑付证券手续费"科目，贷记"手续费及佣金收入"科目。

（三）代理买卖证券的核算

代理卖出证券是证券公司接受客户委托，按客户约定的价格，在证券公司柜台或证券交易所出售证券的业务。代理购进证券是证券公司与客户达成协议，按客户的要求，以客户能够接受的价格购买有价证券的业务。

证券公司代客户买卖证券时，应由委托人填制"有价证券转让委托书"，列明证券的种类、面额、买入或卖出的限价、委托期限等，并由委托人签名盖章后交证券公司办理。

1. 代理买卖证券，收到客户交来的款项，借记"结算备付金——客户"科目，贷记"代理买卖证券款"科目。

2. 按受客户委托，买入证券成交总额大于卖出证券成交总额的，按"买卖证券成交价的差额+代扣代交的相关税费+应收佣金"的金额，借记"代理买卖证券款"科目，贷记"结算备付金——客户"科目，同时按代扣税费、收取佣金之和借记"结算备付金——自有"科目，按代扣税费贷记"应交税费"科目，按收取的佣金借记"手续费及佣金收入"科目。

3. 按受客户委托，卖出证券成交总额大于买入证券成交总额的，按"买卖证券成交价的差额+代扣代交的相关税费+应收佣金"的金额，借记"结算备付金——客户"科目，贷记"代理买卖证券款"科目，同时，按代扣税费、收取佣金之和借记"结算备付金——自有"科目，按代扣税费贷记"应交税费"科目，按收取的佣金借记"手续费及佣金收入"科目。

二、证券卖出回购的核算

证券卖出回购业务，是证券公司与企业签订合同，先卖给企业一定数量的证券，合同期满，按规定的价格再将该种有价证券买回的业务。这种业务不需要作证券实物的转移，它实质上是公司将闲置的资金存放在证券公司谋利，也可看成是证券公司向企业借款或融通资金，是证券公司解决头寸不足问题的一个手段。

1. 回购证券卖出的核算。公司根据回购协议卖出证券，按实际收到的金额，借记"银行存款"等科目，贷记"卖出回购金融资产款"科目。

2. 回购证券利息的核算。卖出的回购证券，实质上是一种负债。资产负债表日，应按合同约定计算应付的利息费用，借记"利息支出"科目，贷记"应付利息"科目。

3. 回购证券回购的核算。回购证券到期，应于回购日及时回购，支付全部款项，按账面余额借记"卖出回购金融资产款"，按已计未付利息借记"应付利息"科目，按应付未计利息借记"利息支出"科目，按实际支付款贷记"银行存款"等科目。

第六节　金融企业往来业务的核算

金融企业往来业务主要包括联行往来业务、同业往来业务和同城票据交换业务等。

一、联行往来业务的核算

联行往来是同一银行系统各行处之间由于办理结算、资金调拨等有关业务而发生的资金账务往来。

（一）联行往来的会计科目和凭证

1. 会计科目

联行往来会计科目是核算联行间代收、代付款项，处理联行账务的工具，根据联行账务的需要，应设置以下科目：

"存放同业"科目。该科目为资产类科目，核算银行日常签发、受理联行划拨款项而存放联行的各种往来款项等。该科目下设联行来户、联行往户和联行清差户等。

"同业存放"科目。该科目为负债类科目，核算银行日常签发、受理联行划拨款项以及联行存放本行的各种往来款项等。该科目下同样设联行来户、联行往户和联行清差户等。

非同一系统银行间的往来也通过"存放同业"和"同业存放"科目，下设相关明细科目核算。

2. 凭证

联行报单是联行往来的基本凭证，它是联行间办理资金划拨和账务核算的重要依据。联行报单由总行统一规定格式，并统一编号印发，它的联次和用途都有严格的规定，不能互相代用。由于寄递方式不同，联行报单分为邮划报单和电划报单两类。又由于划拨款项的性质不同，邮划报单分为邮划借方报单和邮划贷方报单；电划报单分为电划借方报单和电划贷方报单以及电划借方补充报单和电划贷方补充报单。以上六种报单除电划借方（或贷方）补充报单由收报行根据发报行电报译电编制外，其余都由发报行填制。各联报单用途如下：

（1）邮划借方（或贷方）报单。

第一联来账卡片。由发报行寄收报行，收报行转账后，代来户卡片账。

第二联来账报告卡。由发报行寄收报行，收报行转账后，随联行来账报告表寄管辖行。

第三联往账报告卡。由发报行随联行往账报告表寄管辖行。

第四联往账卡片。发报行留存，代往户卡片账。

（2）电划借方（或贷方）报单。

第一、二联缺。

第三联往账报告卡。由发报行随联行往账报告表寄管辖行。

第四联往账卡片。发报行凭以向收报行拍发电报后，留存代往户卡片账。

（3）电划借方（或贷方）补充报单。

第一联来账卡片。收报行转账后，代来户卡片账。

第二联来账报告卡。收报行转账后，随联行来账报告表寄管辖行。

第三联转账借方（或贷方）凭证。收报行代替结算凭证，记入付款人（或收款人）账户。

第四联付款（或收款）通知。收报行转账后，交付款人（或收款人）作付款（或收款）通知。

（二）发报行发报的处理

发报行是联行往账的发生行。其工作主要有：

（1）编制报单。联行业务发生后，应根据代付或代收业务的性质编制借方或贷方报单。如代对方行收款，借记"吸收存款——付款人"科目，贷记"同业存放——联行往户"科目；如代对方行付款，借记"存放同业——联行往户"科目，贷记"吸收存款——收款人"科目。

（2）报单的审核与寄发。为了保证联行往账的正确无误，联行报单必须经过复核才能寄发。复核时，应注意报单上收报行行名、行号是否相符；报单与附件所列的收（付）款单位的账号、名称、金额是否相符；如应编密押的，检查密押是否正确；第一联报单是否加盖联行专用章。核对无误后，应将邮划报单第一、二联有关凭证装入联行专用信封，并在专用信封上填注借方、贷方报单笔数，送邮局寄往收报行。电划报单及电稿，经复核无误后，当日内送邮局拍发电报。

（3）编制联行往账报告表。联行往账报告表是管辖行凭以核对账务的重要工具。发报行应于每日营业终了（业务量小的行处5天），将第三联报单，先按借方、贷方分开，再按收报行行号（电划在前，邮划在后）顺序整理，分别借方、贷方加计总笔数和金额，编制联行往账报告表一式二份，经复核人员认真与本日"存放同业——联行往户"和"同业存放——联行往户"复核相符后，一份连同第三联提单寄管辖行，一份与第四联报单一起装订留存。

（三）收报行收报的处理

收报行是联行报单的收受行。收报行对收到的报单应认真审查。当收到联行专用信封时，经签收和仔细检查拆封后，将实收报单笔数与联行专用信封上所填报单笔数核对，如有不符，应注明实收笔数并向发报行发出查询。拆空的联行专用信封应捆扎在一起，标明日期后保管。

对邮划报单，应审查收报行行号、行名是否本行，收、付款单位是否在本行开户，报单与附件所列收、付款单位名称、金额是否一致，联行凭证专用章有无遗漏，密押是否正确。对电划款项的电报，经审查电报挂号无误后，译制电划借（贷）方补充报单。

收报行收到的报单，有的是完整正确的报单，有的是有缺陷甚至是有错误的报单，应分别情况进行处理。

1. 完整正确报单的处理

收报行对于完整正确的报单，应及时办理转账，以邮划报单或电划补充报单第一联办理转账手续，同时在报单上填注转账日期。如收受发报行寄来的借方报单，审核无误后，借记"吸收存款——付款人户"科目，贷记"同业存放——联行来户"科目；如收受发报行寄来的贷方报单，审核无误后，借记"存放同业——联行来户"科目，贷记"吸收存款——收款人户"科目。

2. 有缺陷报单的处理

这类报单填写虽不完整，但能肯定其正确性，因而是可以转账的报单。其会计处理方法如下：

（1）报单上的收报行行名、行号是本行的，但附件内容是他行的。将报单留下按本行处理，对于非本行的附件则按附件上所列的收报行，另填报单办理划转手续。收到的缺陷报单是贷方报单，借记"存放同业——联行来户"科目，贷记"同业存放——联行往户"科目。收到的缺陷报单是借方报单，借记"存放同业——联行往户"科目，贷记"同业存放——联行来户"科目。

（2）报单行号是他行的，附件是本行的报单。应将附件留下转账，同时按报单上所列收报行的行号填发反方报单转账，并将原发报行的报单作附件一并寄收报行。

【例11-4】 工行武汉市江汉区办事处收到工行长沙市支行邮划贷方报单一份，金额5万元。经审查报单上的行名及附件都是本行的，但报单所填行号为工行郑州市支行营业部行号。武汉市江汉区办事处向郑州市支行营业部填发借方报单，连同原长沙市填发的贷方报单一并寄郑州市支行营业部。其会计分录如下：

借：存放同业——联行往户　　　　　　　　50 000
　　贷：吸收存款——收款人　　　　　　　　50 000

郑州市支行营业部收到武汉市江汉区办事处的邮划借方报单及所附的原长沙市支行的贷方报单后，即办理转账。会计分录如下：

借：存放同业——联行来户　　　　　　　　50 000
　　贷：同业存放——联行来户　　　　　　　50 000

如果收报行收到非本行行号的报单，而联行行名行号簿上无此行号，收报行如能肯定该笔业务确属本行的，可按本行行号代为更正转账。更正后，必须通知管辖行和发报行，以便作相应的更正。

（3）收到报单仅收报行行名非本行，行号及附件均是本行的，收报行可以更正行名办理转账。

（4）收报行收到报单内容清楚具体，仅缺附件，收报行可补制附件办理转账。

3. 不能转账错误报单的处理

收报行收到报单，如收、付款单位账号、户名不清楚无法肯定账户，报单与附件金额不符，漏编密押或密押不符，漏盖银行专用章等，均不能转账。收报行对不能转账的错误报单，应登记"未转账错误报单登记簿"，并及时发出查询。错误报单连同附件专夹保管，俟接到查复后，再分别按正常手续转账，并销记登记簿。但如遇防汛、救灾等特殊情况，经领导批准，也可以一边转账，一边查询，并在报单上注明错误情况及查询日期。

（四）联行汇差的轧计与清算

联行汇差，是指本系统各行处委托和代理联行收付款项相互轧抵后的差额，表示联行间所发生的相互存欠资金的关系。联行汇差资金分为应收汇差和应付汇差。当借方发生额大于贷方发生额时为应收汇差，反映为联行垫付了资金；当贷方发生额大于借方发生额时为应付汇差，反映占用了联行资金。汇差资金是银行信贷资金的重要组成部分。准确轧计汇差，逐日清算联行资金，对加强信贷资金集中管理，防止联行之间计划外互占资金具有重要意义。

1. 联行汇差的轧计

办理联行往来的行处，在每日营业终了前将当天"存放同业"联行往来账的借方发生额与"同业存放"联行往来账的贷方发生额相比较，当借方发生额大于贷方发生额时，为应收汇差；反之为应付汇差。

2. 汇差资金的清算

联行汇差资金由主管行统一负责清算，全国联行汇差由总行统一管理清算；分行辖内往来由省分行统一管理清算；支行辖内往来由县（市）支行统一管理清算。其清算方法是由应付汇差行向主管行汇缴汇差资金，再由主管行将汇差资金拨付给应收汇差行。下面以分行辖内往来汇差资金清算为例，说明其核算方法。

应付资金行通过人民银行调出汇差资金，借记"存放同业——联行清差户"科目，贷记"存放中央银行款项——备付金"科目。

省分行收到应付资金行的汇差资金，借记"存放中央银行款项——备付金"科目，贷记"同业存放——联行清差户"科目。

省分行再根据应收资金行的应收差额，将汇差资金下拨给应收资金行，借记"存放同业——联行清差户"科目，贷记"存放中央银行款项——备付金"科目。

应收资金行收到省分行下拨的应收汇差，借记"存放中央银行款项——备付金"科目，贷记"同业存放——联行清差户"科目。

二、同业往来业务的核算

同业往来是指专业银行之间，因办理结算、代收代付款项以及相互融通资金所发生的资金账务往来。由于各企业单位开户的银行不同，因而跨行之间的结算，就会发生银行之间的资金账务往来。此外各银行间为了弥补资金的暂时不足而进行相互拆借，也会形成同业往来的借贷关系。

（一）同业划款及资金清算

1. 跨系统汇划款项转账的处理

（1）汇出地为双设机构地区的处理。汇出行所在地设有汇入行系统内的金融机构，其跨系统汇划款项实行"跨行汇划款项，相互转汇"（即先横后直）的办法。

汇出行的处理。汇出行受理的跨系统异地汇划凭证，应按不同系统逐笔填制转汇清单，并根据转汇清单汇总编制划款凭证，通过"同业存放"科目划转同城跨系统行办理转汇，借记"吸收存款——××单位"科目，贷记"同业存放——转汇行户"科目。

转汇行的处理。转汇行收到汇出行送来的划款凭证，填制本系统联行贷方报单，并附汇出行转来的汇划凭证，一并寄汇入行，借记"存放同业——汇出行户"科目，贷记"同业存放——联行往户"科目。

异地汇入行的处理。异地汇入行收到本系统联行报单，办理转账，借记"存放同业——联行来户"科目，贷记"吸收存款——××单位"科目。

（2）汇出地为单设机构、汇入地为双设机构地区的处理。汇出地没有汇入行系统内的金融机构，而汇入地设有汇出行系统内的金融机构，其跨系统汇划款项实行"先直后横"的办法。

汇出行的处理。汇出行对受理的跨系统异地汇划凭证，直接通过本系统联行将款项汇至异地转汇行，其处理手续与一般汇款相同。款项汇出后，借记"吸收存款——××单位"科目，贷记"同业存放——联行往户"科目。

异地转汇行的处理。异地转汇行收到本系统联行报单，将款项转划汇入行。借记"存放同业——联行来户"科目，贷记"同业存放——汇入行户"科目。

异地汇入行的处理。异地汇入行收到转汇行送来的跨系统汇划凭证，办理转账。借记"存放同业——转汇行户"科目，贷记"吸收存款——××单位"科目。

（3）汇出、汇入地均为单设机构地区的处理。汇出地和汇入地均为单设机构的地区，如发生跨系统汇划款项，只能先通过分行辖内往来将款项划转其管辖行，再由其管辖行办理转汇手续。管辖行的账务处理与汇出地为双设机构地区的处理相同。

2. 兑付跨系统汇票款项的处理

（1）兑付地为双设机构地区的处理。兑付行（收款行）解付跨系统行汇票的处理。兑付行解付跨系统汇票，应先将汇票解讫通知通过"存放同业"科目，提交同城跨系统行，俟该汇票通过中央银行清算收回资金后，办理汇票解讫手续。借记"存放同业——转汇行户"科目，贷记"吸收存款——××单位"科目。

同城跨系统转汇行的处理。同城跨系统转汇行收到解付行转来汇票解讫通知，经审核无误后，即转划本系统的汇票签发行。其手续与本身解付的汇票款项相同。转汇后，借记"存放同业——联行往户"科目，贷记"同业存放——解付行户"科目。

汇票签发行（付款行）收到异地本系统联行报单，办理转账，借记"吸收存款——××单位"科目，贷记"同业存放——联行来户"科目。

(2) 兑付地为单设机构、签发地为双设机构地区的处理。兑付行解付跨系统汇票的处理。兑付行解付跨系统行汇票后应通过系统内联行借方报单划给异地本系统联行，由其向同城跨系统汇票签发行清算收回资金。借记"存放同业——联行往户"科目，贷记"吸收存款——××单位"科目。

异地本系统联行的处理。异地本系统联行收到借方报单及所附汇票解讫通知，应即通过"存放同业"科目向跨系统汇票签发行清算收回资金。借记"存放同业——签发行户"科目，贷记"同业存放——联行来户"科目。

汇票签发行（付款行）收到同城转汇行送来的跨系统汇划凭证，办理转账，借记"吸收存款——××单位"科目，贷记"同业存放——转汇行户"科目。

(3) 兑付、签发地均为单设机构地区的处理。兑付行解付跨系统汇票后，应通过本系统联行借方报单划转双设机构地区的管辖行，或附近本系统联行，由其代转同城跨系统行，再由同城跨系统行转划汇票签发行清算收回资金。

3. 跨系统行汇划款项的资金清算

各银行之间因办理异地汇划转汇和解付跨系统汇票所产生的相互存欠资金的清算，必须通过"存放中央银行款项"备付金存款账户办理转账。其清算方式是：由应付资金行将资金划给应收资金行。

(1) 应付资金行的处理。每日营业终了，应收资金行与应付资金行将余额核对相符后，由应付资金行签发中央银行转账支票交应收资金行，结清存欠资金。以转账支票存根联作借方传票，另填制转账贷方传票办理转账。借记"存放同业——清算户"科目，贷记"存放中央银行款项——备付金户"科目。

(2) 应收资金行的处理。应收资金行以中央银行的收账通知作转账借方传票，另填转账贷方传票办理转账，借记"存放中央银行款项——备付金户"科目，贷记"同业存放——清算户"科目。

4. 跨系统款项通过中央银行汇划的处理

(1) 汇出行的处理。汇出行对客户提交的汇往异地跨系统他行的汇划凭证，经审核无误后，在汇款凭证上注明汇入行行号，分别信、电汇逐笔填制两联转汇清单，然后根据转汇清单编制转账传票办理转账手续，借记"吸收存款——××单位"科目，贷记"存放中央银行款项——备付金户"科目。转账后，将转汇清单和汇划凭证一并提交开户的中央银行办理转汇。

（2）汇入行的处理。汇入行收到中央银行转来的转汇清单和汇划凭证，经审核无误后，进行账务处理，借记"存放中央银行款项——备付金户"科目，贷记"吸收存款——××单位"科目。

（二）同业拆借

同业拆借是指银行之间相互融通资金。拆借资金主要用于弥补因异地汇划转汇，票据交换清算或系统内资金一时周转不灵而产生的临时性的资金需要。

1. 拆借资金的处理

同业拆借资金，是同业间相互调剂资金余缺的一种短期周转借贷行为。拆借时间一般在3个月以内。借贷双方根据签订的协议，由借款行填具借款凭证，向贷款银行办理借款手续。

（1）贷放行的账务处理。贷放行按借款行送交的五联借款凭证，经审查无误后，将借款借据留存，专夹保管，以两联借款凭证代传票办理转账，借记"拆出资金——××银行户"科目，贷记"存放中央银行款项——备付金户"科目。办理转账后，将另两联借款凭证加盖业务公章和经办人员名章退借款行。同时签发中央银行同额转账支票交借款行，由借款人根据转账支票内容填制两联进账单，持向中央银行办理资金划转手续。

（2）借款行的账务处理。借款行在中央银行办理资金划转后，以第一联进账单作借方传票，以一联借款凭证作贷方传票，另一联借款凭证作附件，办理转账，借记"存放中央银行款项——备付金户"，贷记"拆入资金——××银行户"科目。

2. 归还借款的处理

同业拆借资金的偿还也是通过两个行处在中央银行的存款账户划转清偿。同时，同业临时拆借时，必须逐笔计息，利随本清。借款行偿还贷款时，应计算利息连同贷款金额一并开具中央银行转账支票送贷款行，由贷款行填具进账单连同转账支票送中央银行划转清算。

借款行按归还借款本金，借记"拆入资金——××银行户"科目，按支付的利息，借记"利息支出"科目，按归还的本息，贷记"存放中央银行款项——备付金户"科目。

贷放行按收回的本息，借记"存放中央银行款项——备付金户"科目，按收回的本金，贷记"拆出资金——××银行户"科目，按收到的利息贷记"利息收入"科目。

三、同城票据交换的核算

在同一城市或毗邻地区，由于结算业务频繁，而且各单位有可能不在同一银行开户，如采取逐笔划转的做法，势必影响及时入账。因此，一般都采用票据交换的办法。票据交换由中央银行主办，各专业银行在同一地区设有机构的均参加票据交换。票据交换采取"定时定点，集中交换，占用资金，当天清算"的办法。各专业银行之间票据交换的差额，须通过中央银行存款账户进行清算。

（一）票据交换的处理

进行票据交换时，票据提出行根据提出的借方和贷方凭证，分别逐笔填制票据交换清单，然后根据交换清单汇总编制两联借方或贷方凭证，将一联借方或贷方凭证代传票办理转账。如系代收款项，借记"吸收存款"科目，贷记"存放中央银行款项——同城交换户"科目；如系代付款项，借记"存放中央银行款项——同城交换户"科目，贷记"吸收存款"科目。办理转账后，将另一联借方或贷方凭证连同有关提出的凭证交票据交换中心进行票据交换。

票据提回行提回一联借方或贷方凭证及有关提回凭证，办理转账。如系提回贷方凭证，借记"存放中央银行款项——同城交换户"科目，贷记"吸收存款"科目；如系提回借方凭证，借记"吸收存款"科目，贷记"存放中央银行款项——同城交换户"科目。

（二）票据交换差额清算的处理

参加票据交换的各银行于每日营业终了，须计算当日应收或应付差额。如"存放中央银行款项"科目同城交换户的余额在贷方，为应付差额；反之，为应收差额。

清算差额时，由应付差额行根据应付差额向中央银行填制"两行往来划拨凭证"办理划款手续。各行的会计处理如下：

应付差额行据以借记"存放中央银行款项——同城交换户"科目，贷记"存放中央银行款项——备付金户"科目。

应收差额行据以借记"存放中央银行款项——备付金户"科目，贷记"存放中央银行款项——同城交换户"科目。

第十二章 保险企业特殊业务会计

保险企业是从事保险业务活动的企业。保险企业以"建立保险基金，承担风险责任"为己任，在国民经济中日益显示出共济互助、分担风险的保障作用。为规避和防范金融风险，保险业应分业经营，即同一保险公司不得兼营人身保险和财产保险两种业务。同时，保险人为了分散风险，通过签订再保险合同，将其所承保的风险和责任的一部分转移给其他保险公司或再保险公司。保险业务分为三种：财产保险业务、人寿保险业务和再保险业务。

第一节 财产保险业务的核算

财产保险，是指以物质财产及其利益作为保险标的的保险。财产保险业务核算的内容包括保险业务收入、保险业务支出、财产保险准备金三个方面。

一、财产保险业务收入的核算

保险业务收入包括保费收入和分保费收入，其中分保费收入在再保险业务的核算中介绍，下面仅介绍保费收入的核算。

保费是投保人依据保险合同向保险人支付的费用。保费收入是保险公司建立保险基金的来源。保费收入的多少，反映保险公司承保业务能力的大小和保险责任的大小。因此，积极组织保费收入，准确核算保费数额，对提高保险公司的偿付能力，具有重要的意义。

保险费的数额通常是由保险金额、保险费率和保险期限三个因素决定的。由于险种的多样化，使得保险也出现了不同形式。归纳起来有两种：一种是直接交纳法，即投保人直接将规定的保费以现金（或银行存款）形式交纳给保险人；另一种是以投保人交纳的储金的运用收益作为保费。

（一）直接交纳保费的核算

1. 直接交纳保费金额的计算。有两种计算方法：

一是以保险金额为依据计算，其公式是：

应交保费 = 保险金额 × 保险费率

二是以保险标的为依据计算，其公式是：

应交保费＝某项保险标的数额×每一保险标的应交纳的保险费

2. 直接交纳保费的核算。为了反映和监督保费收入的情况，应设置"保费收入"科目，该科目贷方登记收到保费确认收入的数额，借方登记期末转入"本年利润"科目的数额，结转后该科目没有余额。

保险合同订立时，在多数情况下，并不是同时收妥保险费。这是因为，保险公司为了方便投保人，往往给投保人几天交费期限。另外，用银行存款支付保费的保户，还需要一个转账结算的时间。因此，会计部门收到业务部门交来的"保费日报表"和"保费收据"等有关单证时，保费一般未收到。但由于保单签订后，双方的权利和义务均已确立，在会计上应反映"保费收入"的增加，在实务处理上，保费收入大多是汇总入账的，当会计部门收到业务部门交来的"保费日报表"等单据时，一般都借记"应收保费"科目，贷记"保费收入"科目；实际收到保费时，根据"保费收据"等单据，借记"库存现金"或"银行存款"科目，贷记"应收保费"科目。

（二）以保户储金收益作为保费的核算

投保人在投保时，按照保险金额与保险人规定的储金比率，一次交存保户储金，保险人将此保户储金存入银行或直接进行投资，则存款的利息收入或投资收益作为保险费，无论保险期内是否发生保险事故，投保人于保险期满时都可以从保险公司领取全部保户储金。这种方式通常称为"两全保险"。其应交保费的计算取决于三个因素：保户储金、保险期限、月利率。其计算公式是：

应交保费＝保户储金×月利率×时期

为了反映和监督保户储金的存储和退还情况，应设置"保户储金"科目，收到保户储金时，借记"银行存款"、"库存现金"科目，贷记"保户储金"科目。这种保险业务形式，要把保户储金作为定期存款存入银行，期限一般3～5年。按保户储金及预定利率计算利息并转入保费收入。每年年末，应根据两全保险"定期存单登记簿"所列利息，借记"应收利息"科目，贷记"保费收入"科目。保险期满，退还保户储金时，借记"保户储金"科目，贷记"库存现金"、"银行存款"科目。

二、财产保险业务支出的核算

财产保险业务支出包括赔款支出、分出保费、分保赔款支出、分保费用支出等，除赔款支出外，其余均在再保险业务的核算中介绍。下面介绍赔款支出的核算。

保险赔款是指保险标的发生了保险责任范围内的保险事故后，保险人向被保险人支付的损失补偿金。保险公司及时筹措资金支付保险赔款，对恢复企业生产经营，安定人民群众生活，维护保险人的信誉，都是非常重要的。

(一) 财产保险赔款金额的计算方法

保险赔款的计算方法，因险种不同而有所不同。财产保险赔款的计算方法主要有三种：

1. 比例赔偿方式。这种方式在定值保险和不定值保险中有所不同。在定值保险中，比例赔偿方式是指保险赔款额按保险标的的损失程度计算。其计算公式如下：

保险赔款 = 保险金额 × 损失程度

损失程度 = 保险标的的受损价值 ÷ 保险标的的受损当时市场完好价值 × 100%

保险标的受损价值 = 保险标的受损当时市场完好价值 - 残值

在定值保险中，保险金额是根据投保时保险标的的保险价值决定的，即保险金额等于保险标的的价值。因此，赔款时不论受损财产当时的实际价值是多少，全部损失按保险金额赔偿，部分损失按保险程度赔偿。

在不定值保险中，比例赔偿方式是指保险赔款额按保险保障程度计算。其计算公式如下：

保险赔款 = 保险标的损失价值 × 保险保障程度

保险保障程度 = 保险金额 ÷ 保险标的的受损当时市场完好价值 × 100%

若保险金额超过实际价值，超过部分无效。因此，保险保障程度最高为100%。在不定值保险中，保险金额是投保时约定的，作为保险赔偿的最高限度。保险事故发生时，若保险金额高于或等于财产的实际价值，则按照财产的实际损失价值十足赔偿；若保险金额低于财产的实际价值，则按保障程度赔偿。

2. 第一危险赔偿方式。是指在财产保险中保险金额限额以内的损失作为第一危险损失，超过保险金额的损失作为第二危险损失。保险人对第一危险损失负责十足赔偿，第二危险损失则由被保险人自负。我国家庭财产保险就是采用这种赔偿方式。

3. 限额责任赔偿方式。指被保险人仅在财产损失超过一定限额时才负赔偿责任。这种赔偿方式适合于农作物收获保险。保险赔款是限额标准与农作物收获量之差的价值。所谓限额标准，是指保险所保障的收获量。实际收获量达到或超过保险保障收获量的，保险人则不予以赔偿；只有当实际收获量低于保障收获量的，保险人才负责赔偿其差额的价值。

（二）财产保险赔款支出的核算

理赔人员计算出赔偿金额后，填制"赔款计算书"，连同被险人签章的"赔款收据"送交会计部门。会计部门接到业务部门的"赔款计算书"后，应认真审查有关内容，如保险事故是否发生在合同有效期内，赔款计算是否合理，损余物资是否处理等。审核无误后，应立即支付赔款并进行账务处理。

为了核算和监督赔款支出情况，应设置"赔付支出"科目，核算财产保险业务按保险条款规定支付的赔款等。本科目借方反映发生的赔款支出、理赔勘查费、施救费用等，贷方反映收回的损余物资转作材料、错赔和骗赔而追回的赔款等。本科目按险种设置明细账。

赔款的计算和审核是一项细致复杂的工作，往往需要很长时间，保险公司为了使被保险人及时恢复生产经营活动，经常采用先预付估计损失一定比例的赔款，等损失核定后再补足差额的办法。为了核算和监督预付赔款的情况，应设置"预付赔付款"科目，该科目借方登记预付赔付款的数额，贷方登记收回或转销预付赔付款的数额。本科目应按险种及赔案设置明细账。

保险财产遭受保险事故后，在多数情况下，不是完全灭失而是部分受损。因此，还有具有一定利用价值的残留物资，即损余物资。正确合理地处理损余物资，对于物尽其用，减少赔款支出，有重要意义。损余物资一般应合理作价归被保险人，并在赔款中予以扣除；如果被保险人不愿接受，保险公司可按全额赔付，损余物资归保险公司处理，处理损余物资的收入冲减赔付支出。

三、财产保险准备金的核算

财产保险准备金是指保险公司为履行其承担的保险责任或者应付未决赔款，从所收取的保费中提存的资金准备，财产保险业务提存的准备金包括保险责任准备金和未到期责任准备金。

（一）保险责任准备金的核算

保险责任准备金，包括未决赔款准备金、寿险责任准备金、长期健康险责任准备金。为了核算和监督保险责任准备金，应设置"保险责任准备金"科目，该科目按保险责任准备金的类别进行明细分类核算，也可单独设置"未决赔款准备金"、"寿险责任准备金"、"长期健康险责任准备金"科目进行核算。

财产保险公司的保险责任准备金只有未决赔款准备金。应设置"保险责任准备金——未决赔款准备金"科目和"提取保险责任准备金——未决赔款准备金"科目。投保人发生的财产保险合同约定的保险事故当期，保险公司应按保险精算确定的未决赔款准备金，借记"提取保险责任准备金——未决赔款准备金"科目,贷记"保险责任准备金——未决赔款准备金"科目;每期期末,应对保险责任准备金进行充足性测试,如有不足,应即补提,并按补提的保险责任准备金,借记"提取保险责任准备金——未决赔款准备金"科目,贷记"保险责任准备金——未决赔款准备金"科目;年末,将"提取保险责任准备金——未决赔款准备金"科目余额全部转入"本年利润"科目,借记"本年利润"科目,贷记"提取保险责任准备金——未决赔款准备金"科目。

(二)未到期责任准备金的核算

未到期责任准备金又称保费准备金,是指损益核算期在一年以内(含一年)的财产险为承担跨期责任而提存的准备金。为了核算和监督未到期责任准备金,应设置"未到期责任准备金"和"提取未到期责任准备金"科目。企业在确认保费收入的当期,应按保险精算确定的未到期责任准备金,借记"提取未到期责任准备金"科目,贷记"未到期责任准备金"科目;资产负债表日,应按保险精算重新计算确定的未到期责任准备金(本期已到期的部分除外)与已确认的未到期责任准备金(包括已到期的部分)的差额(已到期的部分),借记"未到期责任准备金"科目,贷记"提取未到期责任准备金"科目;期末,将"提取未到期责任准备金"科目的余额转入"本年利润"科目,借记"本年利润"科目,贷记"提取未到期责任准备金"科目。

第二节 人寿保险业务的核算

人寿保险是指以人的生命为保险标的的保险。当被保险人在保险期限内因保险事故致死或者生存到保险期满,保险人给付保险金。人寿保险分为生存保险、死亡保险、两全保险和年金保险。人寿保险业务核算的内容主要包括寿险保费收入、保险金给付、退保、保户质押贷款、保单红利支出、手续费及佣金支出、人寿保险准备金等业务。

一、寿险保费收入的核算

寿险保费是根据"保险合同双方权利和义务对等"的原则确定的。对投保人来说,按保险合同规定交付保险费是其义务,只有履行了交费义务,寿险合同的受益人才有在未来保险事故发生时领取保险金的权利。对保险人来说,收取保险费是其权利,给付保险金是其义务。保险费是保险基金的根本来源。因此,及时收取保险费,组织好保费收入的会计核算,对于增加寿险公司的资金来源,增加寿险公司的偿付能力,提高寿险公司的经济效益,都具有十分重要的意义。

寿险保户的第一期保费一般是直接向保险公司交付现金或通过银行划账。以后续期保费，保户应按规定的交费时间和保费金额，前往保险公司指定的地点（如保险公司营业部门等）交费，或将保费存入银行由保险人通过银行划收。保险公司的内勤人员收到保费时，当即交由出纳人员收款，随即在三联式的"交费凭证"上加盖"现金收讫"章及经办人员名章。交费凭证一式三联：一联"保费收据"交保户收执；一联"收据副本"由业务部门留存；一联"收据存根"连同银行进账单回单，一并送交会计部门，会计人员据以办理会计手续。

业务部门每日终了，应根据"交费凭证"编制"保费日报表"，连同"交费凭证"、银行进账单回单等送会计部门。会计部门收到"保费日报表"及所附的"交费凭证"、银行进账单回单等，审查无误后，据以进行账务处理。

为了核算和监督寿险保费的收取情况，应设置"保费收入"和"预收保费"科目。发生预收保费时，借记"银行存款"、"库存现金"等科目，贷记"预收保费"科目；转作保费收入时，借记"预收保费"科目，贷记"保费收入"科目。"预收保费"科目应按保户设置明细账进行明细核算。

二、保险金给付的核算

保险金的给付要坚持"重合同，守信用，实事求是，及时给付"的原则。对于被保险人提出的给付申请，保险人应立即进行调查、定损。如属于保险责任，应尽快确定给付金额，办理给付手续。会计部门要随时准备好给付资金，以保障被保险人的权益和维护保险人的信誉。寿险保险金的给付包括满期给付、死亡医疗给付和年金给付。

（一）满期给付

当被保险人生存至保险契约满期时，保险公司按照保险契约所订立的保险金额给付。满期给付一般由被保险人本人受领。寿险业务中只有生存保险和两全保险有满期给付。

为了核算和监督满期给付寿险业务的被保险人生存到保险期满，保险公司按保险条款规定给付被保险人保险金的情况，应设置"赔付支出——满期给付"科目，发生满期给付时，借记"赔付支出——满期给付"科目，贷记"银行存款"或"库存现金"科目；期末结转"本年利润"科目时，借记"本年利润"科目，贷记"赔付支出——满期给付"科目，结转后"赔付支出——满期给付"科目无余额。

（二）死伤医疗给付

死伤医疗给付是指人寿保险公司及长期健康险业务的被保险人在保险期内

发生保险责任范围内的保险事故，保险人按保险合同约定支付给受益人（或被保险人）的保险金。包括死亡给付和医疗给付两项责任。

为了核算和监督死伤医疗给付寿险业务，应设置"赔付支出——死伤医疗给付"科目。发生死伤医疗给付时，借记"赔付支出——死伤医疗给付"科目，贷记"银行存款"或"库存现金"科目；期末结转"本年利润"科目时，借记"本年利润"科目，贷记"赔付支出——死伤医疗给付"科目，结转后"赔付支出——死伤医疗给付"科目无余额。

（三）年金给付

年金给付是指年金保险的被保险人投保至约定年金领取年龄后，保险人按期支付给被保险人的年金金额。应设置"赔付支出——年金给付"科目进行核算。发生年金给付时，借记"赔付支出——年金给付"科目，贷记"银行存款"或"库存现金"科目；期末结转"本年利润"科目时，借记"本年利润"科目，贷记"赔付支出——年金给付"科目，结转后"赔付支出——年金给付"科目无余额。

三、退保业务的核算

寿险业务是长期性业务，在这个较长的过程中，由于种种原因，可能会发生保户要求退保的情况。不同险种，退保处理规定有所不同。

简易人寿险的投保人交付保险费一周年以上，且保险期已满一年，如不愿继续保险，可向保险公司申请退保，保险公司按规定退还保金。

团体人寿险的被保险人在保险有效期间离职、退职、退休、离休，可按照参加保险的交费年限，由投保单位申请退保并领取退保金。

普通人寿保险和年金保险只要投保人交费满两年，保险期限满两年，投保人就可要求退保，保险人退还保单现金价值。

为了核算和监督退保金业务，应设置"退保金"科目，本科目核算寿险保单的投保人申请退保时，保险人按规定支付给投保人的退保金。支付退保金时，借记"退保金"科目，贷记"银行存款"或"库存现金"科目；期末结转"本年利润"科目时，借记"本年利润"科目，贷记"退保金"科目，结转后"退保金"科目无余额。

四、保户质押贷款业务的核算

寿险业务中的多数险种具有储蓄性，即保单经过一定时期后将积累一定量的现金价值。如果投保人有临时性的经济困难，可以向保险公司申请保单贷款。贷款金额以不超过保单当时现金价值的一定比例为限。贷款本息超过或等于保单的现金价值时，投保人应在保险公司发出通知后的一个月内还清借款本息，否则保单失效。

为了核算和监督保户质押贷款，应设置"保户质押贷款"、"应收利息"和"利息收入"科目。发生保户质押贷款时，借记"保户质押贷款"科目，贷记"银行存款"或"库存现金"科目；每期计算贷款应收利息或收到贷款利息时，借记"应收利息"或"银行存款"、"库存现金"科目，贷记"利息收入"科目；收回保户质押贷款本息，按本息合计数，借记"银行存款"或"库存现金"科目，按本金数，贷记"保户质押贷款"科目，按已计息部分，贷记"应收利息"科目，按未计息部分，贷记"利息收入"科目。

五、保单红利支出的核算

寿险公司盈余来源于三个方面：一是被保险人实际发生的死亡率低于用来计算保险费的预计死亡率而产生的"死差益"，二是保险人运用寿险责任准备金的实际收益超过预定利息率而产生的"利差益"，三是保险人实际支付的业务及管理费用率低于预定的费用率而产生的"费差益"。由此可见，寿险公司的利润是对保户利益的占有。基于上述认识，我国寿险公司曾于1997年首次推出利差返还型寿险产品，即当实际利率高于预定利率时，保险人将这个差额对寿险责任准备金产生的利息返还给保单持有人。

为了核算和监督保险公司返还的利差，应设置"保单红利支出"和"应付保单红利"科目。期末，按精算部门计算的应付给保户的红利，借记"保单红利支出"科目，贷记"应付保单红利"科目；发放保户红利时，借记"应付保单红利"科目，贷记"银行存款"或"库存现金"科目；将"保单红利支出"科目余额转入"本年利润"科目时，借记"本年利润"科目，贷记"保单红利支出"科目，结转后"保单红利支出"科目无余额。

六、手续费及佣金支出的核算

手续费及佣金，是寿险公司向专门推销寿险保单的个人代理人所支付的报酬。其支付总额不得突破缴费期内实收保费的5%。保险公司应设置"手续费及佣金支出"和"其他应付款——应付手续费及佣金"科目。公司计算出应付给代理人手续费及佣金时，借记"手续费及佣金支出"科目，贷记"其他应付款——应付手续费及佣金"科目；实际支付手续费及佣金时，借记"其他应付款——应付手续费及佣金"科目，贷记"银行存款"或"库存现金"科目；期末将"手续费及佣金支出"科目余额转入"本年利润"科目时，借记"本年利润"科目，贷记"手续费及佣金支出"科目，结转后"手续费及佣金支出"科目无余额。

七、人寿保险准备金的核算

人寿保险准备金，是根据保险合同，为支付将来的保险给付而设置的积累基金。它是在任何时候为保证保险给付所需要准备的金额，是人寿保险公司对保险单所有人的负债。为了保证投保人的利益，促使人寿保险公司安全经营，保险监督机构通过保险监督法规规定人寿保险公司应提留保险准备金，以确保人寿保险公司最低偿债能力。

人寿保险准备金包括寿险责任准备金、长期健康险责任准备金和未到期责任准备金。其中未到期责任准备金已在财产保险准备金中介绍，本处介绍寿险责任准备金和长期健康险责任准备金。

（一）寿险责任准备金的核算

寿险责任准备金是保险人为履行未到期的保险责任，从寿险保费中提取的专用基金。为了核算和监督寿险责任准备金，应设置"保险责任准备金——寿险责任准备金"科目和"提取保险责任准备金——寿险责任准备金"科目。保险公司应按保险精算确定的寿险责任准备金，借记"提取保险责任准备金——寿险责任准备金"科目，贷记"保险责任准备金——寿险责任准备金"科目；每期期末，应对保险责任准备金进行充足性测试，如有不足，应即补提，并按补提的保险责任准备金，借记"提取保险责任准备金——寿险责任准备金"科目，贷记"保险责任准备金——寿险责任准备金"科目；年末，将"提取保险责任准备金——寿险责任准备金"科目余额全部转入"本年利润"科目，借记"本年利润"科目，贷记"提取保险责任准备金——寿险责任准备金"科目。

（二）长期健康险责任准备金

长期健康险是介于短期健康险与普通健康险之间的一类业务。长期健康险责任准备金与寿险责任准备金的核算相同。

第三节　再保险公司业务

再保险又叫分保。它是再保险人对原保险人所承保的风险的保险，也是一种独立的保险业务种类。保险人为了分散自己承保的风险，经常通过签订再保险合同，将其所承保的风险和责任的一部分转移给其他保险公司或再保险公司。分出业务的保险公司称为分出公司、分保分出人或原保险人；接受再保险业务的保险公司称为分入公司或分保接受人。

一、再保险公司业务核算应设置的会计科目和账务处理

分保业务包括分出业务和分入业务。分出业务是指保险公司将自己直接承保的业务，根据保险合同的规定分给分保接受人的业务。分出公司对分出业务的核算，主要是定期编制分保账单，计算分保应收、应付的收支项目，正确计算损益。分入业务是按分保合同接受的分出公司业务。分入业务的核算主要是审核分保账单，计算分保收支项目，正确计算分保损益。为了正确核算和监督再保险业务的核算，主要应设置以下会计科目：

1. "应收分保账款"科目

"应收分保账款"科目核算保险公司从事再保险业务应收取的款项。再保险分出人和再保险接受人的应收分保账款的核算不同。

（1）再保险分出人应收分保账款的主要账务处理。再保险分出人按相关再保险合同约定计算确定的应向再保险接受人摊回的分保费用，借记"应收分保账款"科目，贷记"摊回分保费用"科目；按再保险合同约定计算确定的应向再保险接受人摊回的赔付成本金额，借记"应收分保账款"科目，贷记"摊回赔付支出"科目；按再保险合同约定计算确定的应向再保险接受人摊回的纯益手续费等金额，借记"应收分保账款"科目，贷记"摊回分保费用"科目；在原保险合同提前解除的当期，按再保险合同约定计算确定的摊回分保费用的调整金额，借记"摊回分保费用"科目，贷记"应收分保账款"科目；结算应收分保账款时，借记"银行存款"科目，贷记"应收分保账款"科目。

（2）再保险接受人应收分保账款的主要账务处理。再保险接受人确认再保险合同保费收入时，借记"应收分保账款"科目，贷记"保费收入"科目；收到分保业务账单时，按账单标明的金额对分保费收入进行调整，按调整增加额，借记"应收分保账款"科目，贷记"保费收入"科目；按调整减少数做相反的会计分录；按照账单标明的再保险分出人扣存本期分保保证金，借记"存出保证金"科目，贷记"应收分保账款"科目；按照账单标明的再保险分出人返还上期扣存分保保证金，借记"应收分保账款"科目，贷记"存出保证金"科目；按账单标明的分保赔款、分保费用（纯益手续费等），借记"赔付支出"、"分保费用"科目，贷记"应收分保账款"科目；结算应收分保账款时，借记"银行存款"科目，贷记"应收分保账款"科目。

2. "分出保费"科目

"分出保费"科目核算保险公司分出分保业务向分保接受人支付的分保费，分保分出人发生分出分保业务时，按分保业务账单中标明的分出保费项目的金额，借记"分出保费"科目，贷记"应付分保账款"科目；期末，将

"分出保费"科目余额结转"本年利润"科目时,借记"本年利润"科目,贷记"分出保费"科目。

3."摊回赔付支出"科目

"摊回赔付支出"科目核算保险公司分出分保业务向分保接受人摊回的应由其承担的赔付款。分保分出人发生分出分保业务时,按分保业务账单中标明的应摊回的赔付金额,借记"应收分保账款"科目,贷记"摊回赔付支出"科目;期末,将"摊回赔付支出"科目余额结转"本年利润"科目时,借记"摊回赔付支出"科目,贷记"本年利润"科目。

4."摊回分保费用"科目

"摊回分保费用"科目核算保险公司分出分保业务向分保接受人摊回的应由其承担的分保费用。分保分出人发生分出分保业务时,按分保业务账单中标明的应摊回的分保费用金额,借记"应收分保账款"科目,贷记"摊回分保费用"科目;期末,将"摊回分保费用"科目余额结转"本年利润"科目时,借记"摊回分保费用"科目,贷记"本年利润"科目。

5."存入保证金"科目

"存入保证金"科目核算保险公司分出分保业务按合同约定扣存分保接受人的保费所形成的保证金。分保分出人发生分出分保业务时,按分保业务账单中标明的扣存本期分保保证金的金额,借记"应付分保账款"或"应收分保账款"科目,贷记"存入保证金"科目;按分保账单标明的返还上期扣存分保保证金,借记"存入保证金"科目,贷记"应付分保账款"或"应收分保账款"科目。

6."应付分保账款"科目

"应付分保账款"科目核算保险公司从事再保险业务应付出的款项。再保险分出人和再保险接受人其应付分保账款的核算不同。

(1)分保分出人应付分保账款的主要账务处理。再保险分出人按相关再保险合同约定计算确定的分出保费金额,借记"分出保费"科目,贷记"应付分保账款"科目;按分保业务账单中标明的扣存本期分保保证金的金额,借记"应付分保账款"科目,贷记"存入保证金"科目;按分保账单标明的返还上期扣存分保保证金,借记"存入保证金"科目,贷记"应付分保账款"科目;结算应付分保账款时,借记"应付分保账款"科目,贷记"银行存款"科目。

(2)分保接受人应付分保账款的主要账务处理。分保接受人按再保险合同约定计算确定的分保费用金额,借记"分保费用"科目,贷记"应付分保账款"科目;收到分保业务账单时,按账单标明的金额对分保费用进行调整,按调整增加额,借记"分保费用"科目,贷记"应付分保账款"科目;按调整减少额，做相反的会计分录；按账单标明的分保赔付款项金额，借记"赔付支出"科目，贷记"应付分保账款"科目；结算应付分保账款时，借记"应付分保账款"科目，贷记"银行存款"科目。

7．"保费收入"科目

"保费收入"科目在再保险业务的核算中，是核算保险公司接受分入分保业务时，按分保业务账单中向分保分出人收取的分保费。公司发生分入分保业务时，按分保业务账单中标明的分入保费金额，借记"应收分保账款"科目，贷记"保费收入"科目；期末，将"保费收入"科目余额结转"本年利润"科目时，借记"保费收入"科目，贷记"本年利润"科目。

8．"赔付支出"科目

"赔付支出"科目核算保险公司接受分保业务而向分保分出人支付的分保赔付款项。公司发生分入赔付款项时，按分保账单中标明的赔付款项金额，借记"赔付支出"科目，贷记"应付分保账款"科目；期末，将"赔付支出"科目余额结转"本年利润"科目时，借记"本年利润"科目，贷记"赔付支出"科目。

9．"分保费用"科目

"分保费用"科目核算保险公司接受分保业务而向分保分出人支付的分保费用。公司发生分入分保费用时，按分保账单中标明的分保费用金额，借记"分保费用"科目，贷记"应付分保账款"科目；期末，将"分保费用"科目余额结转"本年利润"科目时，借记"本年利润"科目。

10．"存出保证金"科目

"存出保证金"科目核算保险公司接受分保业务按合同约定由分保接受人扣存的保费所形成的保证金。分保接受人发生接受分保业务时，按分保业务账单中标明的扣存本期分保保证金的金额，借记"存出保证金"科目，贷记"应付分保账款"科目；按分保账单标明的返还上期扣存分保保证金，借记"应付分保账款"科目，贷记"存出保证金"科目。

二、分保账单的编制

分保账单是分保分出公司，对于分保业务活动的各项财务指标，按一定格式填制的凭证。它是再保险业务的原始凭证，是编制记账凭证的依据。根据核算的需要填制数联，其中一联寄送分保接受公司，再保险双方当事人据此进行往来账务的清结。

分保账单的编制有两种方法：一种是每一项目都按分保接受人所接受的比例，直接列出具体数字；另一种是在分保账单内每个项目都按100%列示数字，再列出某个分保接受人所接受的比例，然后计算出该分保接受人应分担的数字。这样就简化了分保账单编制的手续。分保账单的一般格式如下（表12-1）：

表12-1　　　　　　　　兴隆保险公司分保账单

火险：06号合同　　　　　　　　　　　　　　业务年度：××年
分入公司：大兴保险公司　　　货币单位：元　　账单期：××年第4季度

借方		贷方	
项目	金额	项目	金额
分保赔款	300 000 000	分保费	600 000 000
分保费用	100 000 000	返还上期扣存分保保证金	80 000 000
扣存本期分保保证金	100 000 000	应付我方余额	
应付你方余额	180 000 000		
合计	680 000 000	合计	680 000 000
你方成分（％） 应付你方余额	10% 18 000 000	你方成分（％） 应付我方余额	10%

第十三章 行政事业单位特殊业务会计

行政事业单位的会计业务不同于企业,而行政单位和事业单位的会计业务又有所不同。现分别进行介绍。

第一节 行政单位收入与支出的核算

一、行政单位会计概述

行政单位是指进行国家行政管理,组织经济建设和文化建设,维护社会公共秩序的单位,主要包括:各级人民代表大会及其所属机构等国家权力机关;各级人民政府及其所属机构等国家行政机关;各级司法部门、法院、检察机关及其派出机构;接受国家预算拨款视同行政单位的党派和人民团体组织等。

行政单位按照机构建制和经费领拨关系可分为以下三级:

1. 主管会计单位。主管会计单位是指向同级财政部门领取经费,并发生预算管理关系,有下一级会计单位的行政单位。

2. 二级会计单位。二级会计单位是指向主管会计单位或上一级会计单位领拨经费,并发生预算管理关系,有下一级会计单位的行政单位。

3. 基层会计单位。基层会计单位是指向上一级会计单位领拨经费,并发生预算管理关系,没有下级会计单位的行政单位。向同级财政部门领取经费,没有下级会计单位的,视同基层会计单位。

以上三级会计单位实行独立会计核算,负责组织管理本部门、本单位的全部会计工作。不具备独立核算条件的,实行单据报账制度,作为"报销单位"管理。

《行政单位会计制度》规定了行政单位会计要素为资产、负债、净资产、收入和支出五大类。会计要素之间的关系为:资产+支出=负债+净资产+收入

各级行政单位统一适用的会计科目表如表13-1所示。

表 13-1　　　　　　　　　行政单位会计科目表

序号	编号	科目名称	序号	编号	科目名称
		一、资产类			三、净资产类
1	101	现金	10	301	固定基金
2	102	银行存款	11	303	结余
3	103	有价证券			四、收入类
4	104	暂付款	12	401	拨入经费
5	105	库存材料	13	404	预算外资金收入
6	106	固定资产	14	407	其他收入
		二、负债类			五、支出类
7	201	应缴预算款	15	501	经费支出
8	202	应缴财政专户款	16	502	拨出经费
9	203	暂存款	17	505	结转自筹基建

二、行政单位收入的核算

行政单位收入是行政单位为了完成业务活动，从财政部门、上级单位或其他单位取得的收入，主要包括拨入经费、预算外资金收入和其他收入。

（一）拨入经费的核算

拨入经费，是指行政单位按照经费领拨关系，由财政部门或上级主管部门拨入的预算经费。拨入经费包括拨入经常性经费和拨入专项经费。拨入经常性经费，是指财政部门或上级主管部门拨给行政单位用于完成日常行政任务的行政经费。拨入专项经费，是指财政部门或上级主管部门拨给行政单位用于完成专项工程或专项工作，并需要单独报账结算的资金。它是由财政部门、上级单位拨入的在行政经费以外的专项拨款。

在经费的领拨过程中，行政单位应按行政建制，严格遵守经费领拨的层次关系，不得越级或平级领拨。其领拨经费的层次为：财政部门拨到主管会计单位，由主管会计单位拨到二级会计单位，再由二级会计单位拨到基层会计单位，逐级转拨。

行政单位设置"拨入经费"账户，核算行政单位按照经费领拨关系，由财政部门或上级主管部门拨入的预算经费。收到同级财政机关或上级主管部门拨款时，借记"银行存款"账户，贷记"拨入经费"账户；缴回拨款时，借记"拨入经费"账户，贷记"银行存款"账户。年终结账时，将"拨入经费"账户贷方余额（不含收到财政部门或上级单位预拨下年度的经费）转入"结余"账户，借记"拨入经费"账户，贷记"结余"账户。

（二）预算外资金收入的核算

预算外资金，是指国家机关、事业单位和社会团体为履行或代行政府职能，依据国家法律、法规或具有法律效力的规章而收取、提取和安排使用的未纳入国家预算管理的各种财政性资金。

预算外资金收入，是指财政部门按规定从财政专户核拨给行政单位的预算外资金以及部分经财政部门核准不上缴预算外资金财政专户，而直接由行政单位按计划使用的预算外资金。

行政单位取得预算外资金收入有以下三种情况：

（1）实行收支两条线的管理办法，由财政专户核拨给行政单位的预算外资金收入。

（2）实行预算外资金按核定比例上交的办法，直接留给行政单位的部分作为预算外资金收入。

（3）实行预算外资金收支结余定期缴入同级财政专户的核算办法，收到预算外资金时，直接作为预算外资金收入。

为了核算预算外资金收入，行政单位应设置"预算外资金收入"账户，该账户贷方记收到财政按计划拨还或按确定比例留用的预算外资金数，借方记采用结余上缴的预算外资金管理办法下，上缴财政专户的预算外资金数。平时，贷方余额反映预算外资金收入的累计数。年终，将预算外资金收入账户贷方余额转入"结余"账户。转账后本账户无余额。该账户按预算外资金管理的要求应分别设置"经常性收入"和"专项收入"二级账户，二级账户下按预算外资金项目"款"级项目设置明细账。

预算外资金有三种管理办法，其核算也有所不同。

（1）预算外资金全额专户存储，财政按计划拨还的核算办法。单位取得预算外应缴财政专户款并存入银行时，借记"银行存款"科目，贷记"应缴财政专户款"科目；将取得的预算外资金全额上缴财政专户时，借记"应缴财政专户款"科目，贷记"银行存款"科目；收到财政部门从财政专户核拨给单位的资金时，借记"银行存款"科目，贷记"预算外资金收入"科目。

（2）预算外资金经财政部门核定按比例上缴的核算办法。实行预算外资金按确定的比例上缴办法的行政单位，收到预算外资金时，借记"银行存款"账户，贷记"应缴财政专户款"（应上缴部分），贷记"预算外资金收入"（单位留用部分）；上缴应缴部分款项时，借记"应缴财政专户款"科目，贷记"银行存款"科目。

(3) 预算外资金按收支结余的数额定期缴入同级财政专户的核算办法。实行预算外资金结余上缴办法的行政单位，收到预算外资金时，借记"银行存款"账户，贷记"预算外资金收入"账户；用预算外资金支付有关费用时，借记"经费支出——预算外支出"科目，贷记"银行存款"科目；定期结算应缴预算外资金结余时，借记"预算外资金收入"，贷记"应缴财政专户款"账户；将年终结余的预算外资金上缴财政专户时，借记"应缴财政专户款"科目，贷记"银行存款"科目。

值得说明的是，当主管部门收到财政专户核拨的属于应返还所属单位的预算外资金时，应通过"暂存款"账户核算，而不在本账户核算。

（三）其他收入的核算

其他收入，是指行政单位按规定收取的其他各种收入，以及其他来源形成的收入。主要包括：

（1）行政单位按规定不必上缴财政的零星杂项收入，如招待所收入、食堂收入等。

（2）有偿服务收入。它是指公务活动内提供服务所取得的收入，这部分收入不必上缴。

（3）有价证券及银行存款的利息收入。

（4）固定资产的残值变价收入。

行政单位设置"其他收入"账户，用来核算行政单位其他资金收入的情况。发生其他收入时，借记"银行存款"、"现金"等账户，贷记"其他收入"账户；冲销转出时，借记"其他收入"账户，贷记有关账户。年终结账时，"其他收入"账户贷方余额，转入"结余"账户，借记"其他收入"账户，贷记"结余"账户。本账户可按收入的主要类别设明细账，进行明细分类核算。

三、行政单位支出的核算

行政单位支出是行政单位为了开展业务活动所发生的各项资产耗费及损失，主要包括经费支出、拨出经费、结转自筹基建等。

（一）经费支出的核算

经费支出是行政单位为完成业务活动所发生的各项支出。经费支出是行政单位各项收入（包括拨入经费、预算外资金收入和其他收入）综合安排使用的结果，它是行政单位在预算执行过程中各项资金的实际消耗数。

按照支出的性质，行政单位的经费支出可分为如下两类：

第一，经常性支出。这是指行政单位为维持正常运转和完成日常工作任务而发生的各项支出。如行政单位按规定支付给工作人员的基本工资、津贴等，行政单位为完成日常工作所发生的办公费、劳务费、交通费等。

第二，专项支出。这是指行政单位为完成专项工作或特定任务而发生的各项支出。行政单位的专项支出一般包括专项会议支出、专项设备购置支出、专项修缮支出、专项任务支出等。

为了核算行政单位在业务活动中发生的各项支出，应设置"经费支出"账户。发生经费支出时，借记"经费支出"账户，贷记"银行存款"、"现金"等账户；支出收回或冲销转出时，借记有关账户，贷记"经费支出"账户。年终本账户借方余额应转入"结余"账户，借记"结余"账户，贷记"经费支出"账户。本账户应按经常性支出和专项支出分设二级账户，二级账户下按财政部门统一规定的"目"、"节"级支出账户设置明细账。

（二）拨出经费的核算

拨出经费，是指行政单位按核定预算将财政或上级单位拨入的经费，按预算级次转拨给下属预算单位的资金。如果行政单位是主管会计单位或二级会计单位，那么，它们从财政部门或上级主管会计单位取得的预算经费中就包含着其所属单位的预算经费。主管会计单位或二级会计单位应当在取得预算经费时，及时将归其所属单位部分转拨给这些所属单位。拨出经费包括拨出经常性经费和拨出专项经费两部分。

为了核算行政单位按核定预算拨付所属单位的预算资金，应设置"拨出经费"账户。对其所属单位转拨经费时，借记"拨出经费"账户，贷记"银行存款"等账户；收回时，借记"银行存款"账户，贷记"拨出经费"账户。年终，将"拨出经费"账户借方余额转入"结余"账户，借记"结余"账户，贷记"拨出经费"账户。本账户应按"拨出经常性经费"和"拨出专项经费"分设二级账户，并按所属拨款单位设置明细账，进行明细分类核算。

（三）结转自筹基建的核算

结转自筹基建，是指行政单位经批准用拨入经费以外的资金安排基本建设，其所筹集并转存建设银行的资金。行政单位对自筹基建支出的管理原则主要是：专款专用，专项核算，从严控制自筹基本建设支出，不得用财政预算拨款安排基本建设支出，对确需用预算外资金和其他收入安排的，也要严格控制，严格审批程序，未经批准，不得使用。批准后的自筹基本建设资金，应纳入基本建设财务管理，由基本建设会计组织会计核算。

行政单位应设置"结转自筹基建"账户，用于核算行政单位经批准用经费拨款以外的自筹资金安排基本建设，并转存建设银行的资金。将自筹的基本建设资金转存建设银行时，根据转存数借记"结转自筹基建"账户，贷记"银行存款"账户；年终结账时，应将本账户借方余额全数转入"结余"账户，借记"结余"账户，贷记"结转自筹基建"账户。

第二节　行政单位净资产的核算

行政单位净资产，是指资产减去负债的差额，包括固定基金、结余等。

一、固定基金的核算

固定基金，是指行政单位固定资产所占用的基金。行政单位固定基金体现国家和行政单位对固定资产的所有权，主要包括行政单位用国家投入或单位自有的资金购建、上级主管部门调入、接受捐赠的各项固定资产所占用的基金。

随着固定资产的不断使用，其价值是不断减少的，国家和行政单位所拥有的固定基金数额也是逐年减少的。但是，由于行政单位固定资产不计提折旧，所以，账面上固定基金的数额和固定资产的数额始终是相等的。

行政单位应设置"固定基金"账户，核算行政单位固定基金的增减变动情况。增加固定基金时，借记"固定资产"账户或有关账户，贷记"固定基金"账户；减少固定基金时，借记"固定基金"账户，贷记"固定资产"账户。

【例13-1】　某行政单位发生如下业务：

（1）新建办公大楼1幢，造价1 500 000元，已经竣工，经验收合格并交付使用。其会计分录为：

借：经费支出　　　　　　　　　　　　　　1 500 000
　　贷：银行存款　　　　　　　　　　　　　　1 500 000

同时：

借：固定资产——房屋建筑物　　　　　　　1 500 000
　　贷：固定基金　　　　　　　　　　　　　　1 500 000

（2）收到上级单位无偿调入专用设备1台，估计价值24 000元。其会计分录为：

借：固定资产——专用设备　　　　　　　　24 000
　　贷：固定基金　　　　　　　　　　　　　　24 000

（3）经批准将原价为180 000元的旧设备卖给其他单位，售价为6 500元，款项已存入银行。取得残值收入时，其会计分录为：

借：银行存款　　　　　　　　　　　　　　6 500
　　贷：其他收入　　　　　　　　　　　　　　6 500

核销一般设备账面价值时，其会计分录为：

借：固定基金　　　　　　　　　　　　　　180 000
　　贷：固定资产——一般设备　　　　　　　　180 000

二、结余的核算

结余是行政单位年度各项收入与支出相抵后的余额。作为结余反映的内容可能是收入大于支出的剩余,也可能是支出大于收入的超支数额。行政单位的结余每年年终结算一次。行政单位结余一般由两部分构成:

(1) 经常性结余。即经常性经费收支相抵后的余额。经常性结余的多少,可表明公务活动过程中收入保证支出的程度,是结余的主要部分。

(2) 专项结余。即专项经费收支相抵后的余额。对于未完成项目的专项结余,行政单位应结转下年度继续用于该项目的支出;对于已完成项目的专项结余,行政单位应报经主管部门或财政部门批准后,由行政单位统筹安排使用。

行政单位的结余全额结转下年使用。结余一般没有限定用途,可用于行政单位公务活动的各个方面,但主要是用于弥补行政单位以后年度收不抵支的差额和补助所属单位等。

为了核算行政单位年度各项收支相抵后的余额,应设置"结余"账户。该账户借方登记年终各支出账户余额的转入数,贷方登记年终各收入账户余额的转入数。本账户贷方余额为行政单位滚存结余。有专项资金的单位应将结余分为经常性结余和专项结余,并且经费结余与专项资金结余应分别核算。

年终,将"拨入经费"、"预算外资金收入"和"其他收入"账户的余额转入"结余"账户的贷方时,借记"拨入经费"、"预算外资金收入"、"其他收入"账户,贷记"结余"账户;将"经费支出"、"拨出经费"和"结转自筹基建"账户的余额转入"结余"账户借方时,借记"结余"账户,贷记"经费支出"、"拨出经费"和"结转自筹基建"账户。有专项资金收支的单位,应将非专项的收支分别转入"结余"账户的"经常性结余"明细账户中;将专项收支转入结余账户的"专项结余"明细账户中。

第三节 事业单位收入与支出的核算

一、事业单位会计概述

事业单位是指受国家机关领导,不具有社会生产职能和国家管理职能,直接地或间接地为上层建筑、经济建设和人民生活服务的单位。

《事业单位会计制度》规定了事业单位会计要素为资产、负债、净资产、收入和支出五大类。会计要素之间的关系为:资产+支出=负债+净资产+收入。

事业单位记账方法采用借贷记账法。

按事业单位会计要素的类别,事业单位会计科目可分为资产、负债、净资产、收入和支出等五类。各类事业单位统一适用的会计科目表如表 13-2 所示。

表 13-2　　　　　　　　　　事业单位会计科目表

序号	编号	科目名称	序号	编号	科目名称
		一、资产类			四、收入类
1	101	现金	26		财政补助收入
2	102	银行存款	27		上级补助收入
3	105	应收票据	28		拨入专款
4	106	应收账款	29		事业收入
5	108	预付账款	30		经营收入
6	110	其他应收款	31		附属单位缴款
7	115	材料	32		其他收入
8	116	产成品			五、支出类
9	117	对外投资	33		拨出经费
10	120	固定资产	34		拨出专款
11	124	无形资产	35		事业支出
		二、负债类	36		经营支出
12	201	借入款项	37		专款支出
13	202	应付票据	38		销售税金
14	203	应付账款	39		成本费用
15	204	预收账款	40		上缴上级支出
16	207	其他应付款	41		对附属单位补助
17	208	应缴预算款	42		结转自筹基建
18	209	应缴财政专户款			
19	210	应交税金			
		三、净资产类			
20	301	事业基金			
21	302	固定基金			
22	303	专用基金			
23	306	事业结余			
24	307	经营结余			
25	308	结余分配			

二、事业单位收入的核算

事业单位收入是事业单位为开展业务及其他活动依法取得的非偿还性资金。事业单位的收入依据其来源渠道的不同，可以分为财政补助收入、上级补助收入、拨入专款、事业收入、经营收入、附属单位缴款和其他收入等。

（一）财政补助收入的核算

财政补助收入，是指事业单位直接从财政部门取得的和通过主管部门从财政部门取得的各类事业经费。财政补助收入属于财政性资金，包括正常经费和专项资金，不包括国家对事业单位的基本建设投资。

事业单位应设置"财政补助收入"账户，用来核算事业单位按照核定的预算和经费领拨关系收到的由财政部门或上级单位拨入的各类事业经费。事业单位收到财政补助收入时，借记"银行存款"账户，贷记"财政补助收入"账户；缴回时作相反的会计分录。年终结账时，将"财政补助收入"账户贷方余额全数转入"事业结余"账户，借记"财政补助收入"账户，贷记"事业结余"账户。该账户应按"国家预算收入"的"款"级科目设明细账。

（二）上级补助收入

上级补助收入，是事业单位从上级单位取得的非财政补助收入。它是由事业单位的上级单位用自身组织的收入或集中下级单位的收入拨给事业单位的资金，是上级单位用于调剂附属单位资金收支余缺的款项。也就是说，事业单位按经费领拨关系取得的经费不足弥补正常业务活动的开支时，还可以向上级单位申请取得补助款。这种补助款除用以弥补本单位的业务活动支出外，还可以用于转拨给附属单位弥补其业务活动支出。

事业单位应设置"上级补助收入"账户，用来核算事业单位从财务主管部门和上级单位拨来的弥补事业开支不足的非财政资金补助款。收到上级补助款时，借记"银行存款"账户，贷记"上级补助收入"账户；年终，贷方余额全数转入"事业结余"账户，借记"上级补助收入"账户，贷记"事业结余"账户。

（三）拨入专款

拨入专款，是指事业单位收到的财政部门、上级单位或其他单位拨入的指定用途、专款专用，并需单独结报的专项资金。如国家拨给科研、高校设计单位承担全国性重要科研项目的科技三项费用、科研部门的专项科研费、专项奖励经费、农业部门的"丰收计划"资金等。

专项资金的领拨应遵循的原则、领报的方式与拨入经费基本上相同。但专项资金不同于拨入经费，它只能用于专项工程或专项工作。因此，对拨入的专项资金管理还必须遵循以下原则：（1）专款专用。即事业单位应当严格按照专款指定的用途使用，不得将取得的专款挪作他用。(2) 单独核算。即事业单位在收到专款时，应当为每项专款分别设置账户，单独组织会计核算，各项专款之间的会计核算不能混淆。(3) 专项结报。即事业单位应当按拨款单位的要求，及时报送投入专款的使用情况和事业成果情况，项目完成后，应当专项办理报账手续，余款按拨款单位的要求处理。

事业单位应设置"拨入专款"账户，用来核算单位实际收到的专项资金。收到拨款时，按实际收到的专款数，借记"银行存款"账户，贷记"拨入专款"账户；缴回拨款时，作相反的会计分录。年终结账时，对已完工的项目，将本账户与"拨出专款"、"专款支出"账户对冲，借记"拨入专款"账户，贷记"拨出专款"、"专款支出"账户。其余额若留归本单位使用，则借记"拨入专款"账户，贷记"事业基金——一般基金"账户。本账户应按资金来源和项目设置明细账，进行明细核算。

（四）事业收入的核算

事业收入，是指事业单位开展专业业务活动及辅助活动所取得的收入。所谓专业业务活动，是指事业单位根据本单位专业特点所从事或开展的主要业务活动，也可以叫做"主营业务"。

事业单位实行全额上缴财政专户的预算外资金，不能直接作为事业收入处理，应缴入同级财政专户，待同级财政拨付本单位使用时，才能记入"事业收入"账户。实行按比例上缴财政专户的预算外资金，其上缴部分不能直接作为事业收入处理，应缴入同级财政专户，待同级财政拨付本单位使用时，才能记入"事业收入"账户，其留用部分可以直接作为事业收入处理。实行按收支结余的数额上缴财政专户的预算外资金，平时可直接作为事业收入处理，年终按该项预算外资金的收支结余数上缴财政专户。

事业单位应设置"事业收入"账户，用来核算单位取得的专业业务及其辅助活动收入。但主管单位收到的应返还所属单位的预算外资金，应通过"其他应付款"账户核算，而不通过本账户。该账户应按收入种类或来源设置明细账，进行明细核算。

另外，事业单位为了核算按规定代收的应上缴财政专户的预算外资金，应设置"应缴财政专户款"账户。该账户借方登记上缴财政专户的数额，贷方登记收到的应缴财政专户的预算外资金数，贷方余额反映应缴未缴预算外资金数。年终，该账户无余额。该账户应按预算外资金的类别设置明细账。

事业单位收到款项或取得收入时，借记"银行存款"、"应收账款"等账户，贷记"事业收入"账户；对属于一般纳税人的单位取得收入时，按实际收到的价款扣除增值税销项税额，贷记"事业收入"账户，按计算出的应交增值税的销项税额，贷记"应交税金——应交增值税（销项税额）"帐户。

经财政部门核准，预算外资金实行按比例上缴财政专户办法的单位取得预算资金收入时，借记"银行存款"等账户，按核定的比例分别贷记"应缴财政专户款"和"事业收入"账户。实行预算外资金结余上缴财政专户办法的单位，平时取得预算外资金收入时，借记"银行存款"等账户，贷记"事业收入"账户；定期结算出应缴财政专户预算外资金结余时，借记"事业收入"账户，贷记"应缴财政专户款"账户。上缴财政专户时，借记"应缴财政专户款"账户，贷记"银行存款"账户。

期末，应将"事业收入"账户余额转入"事业结余"账户，借记"事业收入"账户，贷记"事业结余"账户。

(五) 经营收入

经营收入，是指事业单位在专业业务活动及辅助活动之外开展的非独立核算经营活动取得的收入。如科研单位的产品（商品）销售收入、经营服务收入、工程承包收入、租赁收入、其他经营收入等。所谓非独立核算，是指从单位领取一定数额的物资、款项从事业务活动，不独立计算盈亏，把日常发生的经济业务资料，报给单位集中进行会计核算。如单位附属的美容美发室、浴室、食堂等，财务上不独立核算，其对社会服务取得的收入及其支出，报给单位集中进行会计核算，属于非独立核算的经营活动。

需要指出的是，事业单位的经营活动若规模较大，应尽可能地进行独立核算，执行企业财务制度，其上缴给事业单位的纯收入，作为"附属单位上缴收入"处理。事业单位的经营活动规模较小，不便或无法独立核算的，纳入到经营收入中核算。

事业单位应设置"经营收入"账户，用来核算单位取得非独立核算的各项经营收入。该账户应根据收入的种类设明细账。

取得（或确认）经营收入时，借记"银行存款"、"应收账款"、"应收票据"等账户。属于小规模纳税人的单位，按实际收到的价款贷记"经营收入"账户；属于一般纳税人的单位，按实际收到的价款扣除增值税销项税额，贷记"经营收入"账户，按计算出的应交增值税的销项税额，贷记"应交税金——应交增值税（销项税额）"账户。

发生销货退回，不论是否属于本年度退回的，都应冲减本期的经营收入。属于小规模纳税人的事业单位，借记"经营收入"账户，贷记"银行存款"账户；属于一般纳税人单位，按不含税价格借记"经营收入"账户，按销售时计算出的应交增值税的销项税额，借记"应交税金——应交增值税（销项税额）"账户，贷记"银行存款"等账户。

单位为取得经营收入而发生的折让和折扣，应当相应冲减经营收入。

期末，应将"经营收入"账户余额转入"经营结余"账户，借记"经营收入"账户,贷记"经营结余"账户。

(六) 附属单位缴款

附属单位缴款,是指事业单位附属独立核算单位按规定标准或比例上缴的收入,包括附属的事业单位上缴的收入和附属的企业上缴的利润等。附属独立核算的单位,一般是指有独立法人资格的单位,包括事业单位和企业。事业单位取得的附属单位上缴款,是凭借特定的经济关系获得的,一旦取得,即为事业单位拥有。因此,事业单位在实际收到所属单位上缴的款项时,即可确定为收入。

事业单位开展非独立核算经营活动取得的收入,应当作为经营收入处理,不能作为附属单位缴款处理。事业单位对附属单位经营项目的投资所获得的投资收益,属于事业单位的其他收入,不属于附属单位缴款。

为了核算事业单位收到附属单位按规定缴来的款项,应设置"附属单位缴款"账户。该账户应按缴款单位设置明细账。在实际收到附属单位缴来的款项时,应借记"银行存款"账户,贷记"附属单位缴款"账户;如果发生缴款退回,在实际将款退还给附属机构时,应借记"附属单位缴款"账户,贷记"银行存款"等账户。年终,应将"附属单位缴款"账户的贷方余额,全数转入"事业结余"账户,即借记"附属单位缴款"账户,贷记"事业结余"账户。结转以后,该账户应无余额。

(七) 其他收入

其他收入,是指事业单位不包括在上述规定范围以内的各项收入,包括投资收益、利息收入、未限定用途的捐赠收入、固定资产出租收入、零星杂项收入等。

事业单位为了核算其他收入,应设置"其他收入"账户。单位在取得收入时,借记"现金"、"银行存款"等账户,贷记"其他收入"账户;如果发生收入退回时,应借记"其他收入"账户,贷记"现金"或"银行存款"账户。年终,应将"其他收入"账户的贷方余额全部转入"事业结余"账户,即借记"其他收入"账户,贷记"事业结余"账户。该账户应按收入的种类设置明细账。

三、事业单位支出的核算

事业单位支出,是指事业单位开展业务活动和其他活动所发生的各项资金耗费和损失,包括事业支出、经营支出、专款支出、对附属单位补助、上缴上级支出等。

(一) 事业支出

事业支出,是指事业单位开展各项专业业务活动及其辅助活动发生的实际支出。事业单位应当根据财政补助收入、上级补助收入、事业收入和其他收入等情况统筹安排事业支出,其中,财政补助收入必须按规定的用途使用,不得自行改变资金用途。财政补助收入、上级补助收入、事业收入和其他收入等只能用于事业支出,不得用于经营支出。事业支出是事业单位支出的主要内容,是考核事业成果和资金使用效益的重要依据。

事业单位的事业支出应按照用途分类,即按照政府预算收支科目的"目"级科目分类。具体可分为如下几类:(1)人员费用支出。其是指事业单位支付给在职职工和临时聘用人员的各类劳动报酬,为上述人员缴纳的各项社会保险费,按工资一定比例提取的福利费等。具体包括如下几个"目":基本工资、津贴、奖金、福利费、社会保险缴费等。(2)日常公用支出。其是指事业单位购买商品(不包括按规定纳入固定资产管理范围的商品)和劳务的支出。具体包括:办公费、专用材料购置费、专项业务费、劳务费、水电费、邮寄费、电话通信费、取暖费、物业管理费、交通费、差旅费、维修费、租赁费、会议费、培训费、招待费等。(3)对个人和家庭的补助支出。其是指行政单位对个人和家庭的无偿性补助支出。具体包括如下几个"目":离休费、退休费、退职(役)费、就业补助费、抚恤金、救济费、医疗费、生活补贴、提租补贴、住房公积金、购房补贴、助学金等。(4)固定资产购建和大修理支出。其是指事业单位购置、自行建造固定资产的支出,固定资产的更新改造和大修理支出。具体包括如下几个"目":建筑物购建费、办公设备购置费、专用设备购置费、交通工具购置费、大修理费、更新改造费等。

事业单位应设置"事业支出"账户,用来核算单位开展专业业务活动及其辅助活动发生的实际支出。发生事业支出时,借记"事业支出"账户,贷记"现金"、"银行存款"等账户。当年支出收回时作冲减事业支出处理。实行内部成本核算的事业单位结转已销业务成果或产品成本时,按实际成本,借记"事业支出"账户,贷记"产成品"等账户。年终,将"事业支出"账户借方余额全数转入"事业结余"账户,借记"事业结余"账户,贷记"事业支出"账户。应在"事业支出"总账科目下设置"基本支出"和"项目支出"两个二级明细科目,并在二级明细科目下按政府预算收支科目中的"目"级科目设置三级明细账,进行明细核算。"基本支出"明细科目核算事业单位为保障其正常运转,完成日常工作任务所发生的支出;"项目支出"明细科目核算事业单位为完成其特定的事业发展目标所发生的支出。

(二)经营支出

经营支出,是指事业单位在专业业务活动及辅助活动之外开展非独立核算的经营活动时发生的各项支出。事业单位开展非独立核算的经营活动,其目的是为了充分利用事业单位的现有资源，通过向社会提供经营性服务筹集更多的资金，以支持事业的发展。

事业单位在经营活动中，应当正确归集和分配实际发生的各项费用。直接为经营活动所耗费的材料、工资、费用等，应直接计入经营支出。无法直接归集的各项支出，应按规定的比例合理分摊。由事业单位在事业支出中统一垫支的各项费用，按规定应由经营支出负担的部分，要冲减事业支出。在经营活动中取得的收入应当与支出相配比。事业单位的固定资产，用于经营活动时，应当参照企业折旧制度提取修购基金，用于固定资产的修理和购置。

经营支出核算的具体构成项目，应参照事业支出具体内容的构成项目执行（具体内容见前面事业支出的核算）。

事业单位为了核算和监督单位的经营支出情况和经营活动取得的成果，应设置"经营支出"支出类账户。发生各项经营支出时，借记"经营支出"账户，贷记"银行存款"、"现金"等账户。实行内部成本核算的事业单位结转已销产品或劳务成果的实际成本时，按实际成本借记"经营支出"账户，贷记"产成品"账户。期末结账时，应将"经营支出"账户的余额全数转入"经营结余"账户。结转后，本账户没有余额。

（三）专款支出

专款支出，是指由财政部门、上级单位和其他单位拨入的指定项目或用途，并需要单独报账的专项资金的实际支出数。它主要有科研课题经费、挖潜改造资金、科技三项费用等指定项目或用途的支出。

专项资金的管理应符合如下要求：（1）专款专用。专项资金按照指定的用途使用，不能改变用途挪作他用。（2）按实列报。专项资金应以实际支出数列报支出，拨出单位不能以拨作支，用款单位不能以领代报。（3）单独核算。单位收到的拨入专项资金，应存入银行，及时入账，另立账户，单独核算。（4）专项结报。要根据拨款单位的要求，及时报送资金使用情况和事业成果报表。事后，要专项办理报销手续，将余款缴回或按拨款单位的规定处理。

事业单位应设置"专款支出"账户，用来核算各种专项资金的实际支出数。按指定的项目或用途开支工、料费时，借记"专款支出"账户，贷记"银行存款"、"材料"等账户；项目完工向有关部门单独列报时，借记"拨入专款"账户，贷记"专款支出"账户。该账户应按专款的项目设置明细账，进行明细核算。专款支出的核算内容，可根据课题项目的规模，按费用的性质和核算要求进行分类，设置若干费用项目。

【例13-2】 某科研单位发生如下业务：

（1）收到上级拨入甲课题经费 500 000 元。凭有关凭据填制记账凭证。其会计分录为：

借：银行存款 500 000
　　贷：拨入专款——甲课题 500 000

（2）为研究甲课题，用该课题经费购买专用设备1台，价款350 000元，款项已付，设备已交付使用。凭有关凭据填制记账凭证。其会计分录为：

借：专款支出——甲课题（设备购置费） 350 000
　　贷：银行存款 350 000

同时：

借：固定资产——专用设备 350 000
　　贷：固定基金 350 000

（3）该课题领用一批试验用材料，计136 000元。凭有关凭据填制记账凭证。其会计分录为：

借：专款支出——甲课题（材料费） 136 000
　　贷：材料 136 000

（4）购买该课题所用的办公用品，计4 000元。凭有关凭据填制记账凭证。其会计分录为：

借：专款支出——甲课题（其他费用） 4 000
　　贷：银行存款 4 000

（5）甲课题研究结束，全部费用为490 000元，余款10 000元，按规定留给单位使用。结账时，将已完工的专款支出向上级单独报账。其会计分录为：

借：拨入专款——甲课题 490 000
　　贷：专款支出 490 000

结转结余款时，其会计分录为：

借：拨入专款——甲课题 10 000
　　贷：事业基金——一般基金 10 000

（四）拨出经费的核算

拨出经费是事业单位按核定的预算拨付所属单位的预算资金。事业单位对附属单位拨付的非财政性补助资金以及需要单独报账的专项资金，不属于拨出经费的范围。

事业单位应设置"拨出经费"账户，用来核算单位按规定拨付所属单位的预算资金。拨出经费时，借记"拨出经费"账户，贷记"银行存款"账户。收回拨出经费时，借记"银行存款"账户，贷记"拨出经费"账户。年终，将"拨出经费"账户借方余额全数转入"事业结余"账户，借记"事业结余"账户，贷记"拨出经费"账户。该账户应按所属单位名称设置明细账。

(五) 拨出专款的核算

拨出专款，是指事业主管单位或上级单位拨付给所属单位的需要单独报账的专项资金。它既包括由同级财政部门或上级单位拨入后转拨给所属单位的需要单独报账的专项拨款，也包括本单位用自有资金对所属单位拨付的需要单独报账的专项拨款。主管单位或上级单位拨付给所属单位的不需要单独报账的专项资金，不属于拨出专款的范围。

事业单位应设置"拨出专款"账户，用来核算拨付给所属单位的需要单独报账的各项专项资金。拨出专款时，借记"拨出专款"账户，贷记"银行存款"账户，收回时，作相反的会计分录。所属单位报用专款支出时，应区别情况处理：(1) 专项资金如系上级单位投入的，则借记"拨入专款"账户，贷记"拨出专款"账户。(2) 属于本单位用自有资金设置对所属单位的专项拨款，按资金渠道借记有关账户，贷记"拨出专款"账户。该账户应按所属单位名称或项目设置明细账，进行明细核算。

【例13-3】 某主管事业单位发生如下经济业务：

(1) 向其所属单位拨出专款 800 000 元用于改建办公楼，其中 500 000 元系财政安排的专款，300 000 元系主管事业单位用自有资金安排的。拨出资金时，其会计分录为：

　　借：拨出专款　　　　　　　　　　　　800 000
　　　　贷：银行存款　　　　　　　　　　　　800 000

(2) 收到其所属单位的工程结算报表，全部工程支出为 800 000 元。对财政部门拨入部分，其会计分录为：

　　借：拨入专款　　　　　　　　　　　　500 000
　　　　贷：拨出专款　　　　　　　　　　　　500 000

对自有资金部分，其会计分录为：

　　借：事业支出　　　　　　　　　　　　300 000
　　　　贷：拨出专款　　　　　　　　　　　　300 000

(六) 上缴上级支出

上缴上级支出，是指事业单位按规定的标准或比例上缴上级单位的支出。这里需指出的是：附属于上级单位的有经营活动的独立核算的事业单位，按规定的标准或比例上缴上级的纯收入，才纳入"上缴上级支出"科目核算。

为了核算实行收入上缴办法的单位按照规定的定额或者比例上缴上级单位的支出，应设置"上缴上级支出"账户。按照规定的定额或者比例上缴上级单位款项时，借记"上缴上级支出"账户，贷记"银行存款"账户。收回时，作相反的会计分录。年终，将"上缴上级支出"账户借方余额全数转入"事业结余"账户时，借记"事业结余"账户，贷记"上缴上级支出"账户。

（七）对附属单位补助

对附属单位补助，是指事业单位用财政补助收入之外的收入对附属单位补助发生的支出。附属单位在其业务活动以及完成事业计划的过程中，由于上级拨入和自身组织的款项往往不能满足其自身支出的需要，因此就要求事业单位在财政补助收入之外再补充一部分款项给附属单位。补助款是非财政补助收入，不能用财政补助收入拨付给附属单位。所以，事业单位对附属单位的补助支出，一般是事业单位从事业务活动所取得的自有资金，或附属单位的上缴收入。

为了核算对附属单位的补助，事业单位应设置"对附属单位补助"账户，该账户属于支出类账户。该账户应按接受补助的附属单位设置明细账户。

事业单位对附属单位拨付补助款时，借记"对附属单位补助"账户，贷记"银行存款"账户；在收回对附属单位补助款时，应借记"银行存款"账户，贷记"对附属单位补助"账户。年终结账时，应将"对附属单位补助"账户余额全数转入"事业结余"账户，即借记"事业结余"账户，贷记"对附属单位补助"账户。本账户结转后无余额。

（八）结转自筹基建

事业单位结转自筹基建，是指事业单位经批准用财政补助收入以外的资金安排自筹基本建设，其所筹集并转存建设银行的资金。事业单位结转自筹基建的核算与行政单位一致。

（九）成本费用的核算

成本费用，是指实行内部成本核算的事业单位应列入劳务（产品、商品）成本的各项费用。根据《事业单位会计制度》规定："事业单位可以根据开展业务活动及其他活动的实际需要，实行内部成本核算办法。"事业单位内部成本核算，是指只对事业单位内部管理使用的成本核算办法。这种成本核算对外既不计算也不报告。

实行内部成本核算的事业单位，为了核算成本费用业务，应设置"成本费用"科目。事业单位业务活动或经营活动过程中发生的各项费用，借记"成本费用"账户，贷记"材料"、"银行存款"等有关账户；产品验收入库时，借记"产成品"账户，贷记"成本费用"账户。

（十）销售税金的核算

销售税金，是指事业单位提供劳务或销售产品应负担的税金及附加。它包括资源税、营业税、城市维护建设税及教育费附加等。

事业单位应设置"销售税金"账户，用来核算单位提供劳务或销售产品应负担的各种税金。月末，事业单位按照规定计算出应负担的销售税金及附加数额时，借记"销售税金"账户，贷记"应交税金"账户或"其他应付款"账户；交纳税金及附加时，借记"应交税金"、"其他应付款"账户，贷记"银行存款"账户。期末，应将"销售税金"账户余额转入"经营结余"或"事业结余"账户，借记"经营结余"或"事业结余"账户，贷记"销售税金"账户。该账户应按产品类别或品种设置明细账户进行明细核算。

第四节 事业单位净资产的核算

事业单位净资产，是指资产减去负债的差额，包括事业基金、固定基金、专用基金、结余等。

一、事业基金的核算

（一）事业基金概述

事业基金，是指事业单位拥有的非限定用途的净资产。可用来调节年度之间的收支平衡。其来源主要包括以下几个方面：（1）滚存结余。各年收支结余的滚存数，是事业基金的主要来源。（2）专项结余。已完成项目的拨入专款结余，按规定留给本单位使用的，转入事业基金。（3）投资差额。对外投资时，投出资产的评估价或合同、协议确定的价值与账面价值的差额，直接计入或冲减事业基金。（4）经营结余分配后转入。按照规定，经营结余经分配后转入事业基金，用以发展事业活动；但经营亏损不转入事业基金，经营亏损必须用以后年度的经营结余来弥补，不得动用事业基金来弥补。

此外，单位年终结账后，发生以前年度会计事项调整或变更，涉及以前年度结余的，一般应直接转入或冲减事业基金。但国家有规定的，从其规定。

（二）账户设置

事业单位应设置"事业基金"账户，用来核算单位拥有的非限定用途的净资产。该账户贷方登记"结余分配"账户转入数或其他原因引起的增加数；借方登记冲减数。贷方余额反映单位实际拥有的非限定用途的净资产。该账户应按核算的业务内容设"一般基金"和"投资基金"两个明细账户。"一般基金"主要用以核算滚存结余资金；"投资基金"用以核算对外投资部分的基金。

（三）账务处理

1. 期末结转"结余分配"的余额形成的事业基金。年终，事业单位应将当期未分配结余转入"事业基金"账户，借记"结余分配"账户，贷记"事业基金———一般基金"账户。

2. 已完成项目拨入专款结余形成的事业基金。对于项目已经完成的拨入专款结余,按规定留归本单位使用的,转入"事业基金"账户时,借记"拨入专款"账户,贷记"事业基金——一般基金"账户。

3. 对外投资中形成的事业基金。用固定资产对外投资时,应按评估价或合同、协议确定的价值,借记"对外投资"账户,贷记"事业基金——投资基金"账户;同时按固定资产账面原价,借记"固定基金"账户,贷记"固定资户"账户。

二、固定基金的核算

事业单位固定基金,是指事业单位占有的或使用的各项固定资产所占用的基金。事业单位固定基金的核算与行政单位一致。

三、专用基金的核算

(一) 专用基金概述

专用基金,是指事业单位按规定提取或者设置的有专门用途的资金。事业单位提取或设置的专用基金主要有:修购基金、职工福利基金、医疗基金和住房基金。

专用基金按规定一般不直接参加业务经营活动。其运动过程具有相对独立的特点。

专用基金的管理应遵循"先提后用、专设账户、专款专用"的原则。同时专用基金"提取按比例、支出按规定、收支按计划"。

(二) 账户设置

事业单位应设置"专用基金"账户,用来核算单位按规定提取、设置的有专门用途的资金的收支及结存情况。该账户贷方登记单位按规定收入、提取或设置的基金,借方登记基金的使用或冲减数,贷方余额为单位专用基金结存数。该账户应按专用基金的种类设置明细账户,进行明细核算。

(三) 账务处理

1. 修购基金

指按事业收入和经营收入的一定比例提取,在修缮费和设备购置费中列支(各列50%),以及按照其他规定转入(按规定固定资产变价收入应转入修购基金),用于事业单位固定资产维修和购置的资金。事业单位修购基金的形成主要有以下两种情况:

(1) 按事业收入和经营收入的一定比例提取、设置,并在事业支出和经营支出的修缮费和设备购置费中各列50%。提取修购基金的计算公式为:

提取额 = 事业收入 × 提取率 + 经营收入 × 提取率

事业单位在提取修购基金时，借记"事业支出——修缮费、设备购置费"或"经营支出——修缮费、设备购置费"账户，贷记"专用基金——修购基金"账户。

（2）固定资产变价收入转为修购基金。事业单位发生清理报废固定资产残值变价收入转入时，借记"银行存款"账户，贷记"专用基金——修购基金"账户；支付清理报废固定资产所发生的清理费用时，借记"专用基金——修购基金"账户，贷记"银行存款"账户。

2. 职工福利基金

指按结余的一定比例提取以及按其他规定提取转入，用于单位职工的集体福利设施、集体福利待遇等的资金。

职工福利基金与按标准在事业支出和经营支出中列支提取的国家工作人员福利费不同，前者主要用于集体福利的开支，如用于集体福利设施建设等；后者主要用于职工个人方面的开支，如用于职工生活困难补助等，福利费提取后也在专用基金科目核算，但两者应分开核算。

事业单位在按规定从结余中提取一定比例的职工福利基金时，必须严格按规定比例提取，不得随意提高职工福利基金的提取比例。其计算公式如下：

职工福利基金提取额 = 可计提职工福利基金的结余额 × 提取比例

其中，结余额包括事业结余和经营结余，即转入"结余分配"账户的数额扣除"应交所得税"（有所得税缴纳业务的单位）后的数额。

年终，事业单位按规定比例从当年结余中计提职工福利基金时，借记"结余分配——职工福利基金"等账户，贷记"专用基金——职工福利基金"账户。使用福利基金时，借记"专用基金——职工福利基金"账户，贷记"银行存款"账户。如果用职工福利基金购建固定资产，还要同时反映固定资产和固定基金的增加变化。

3. 医疗基金

指未纳入公费医疗经费开支范围的事业单位，按当地财政部门规定的公费医疗经费开支标准从收入中提取，并参照公费医疗制度有关规定用于职工公费医疗开支的资金。

各地财政部门一般是在年初核定公费医疗经费人均预算定额的，并据此核拨给享受公费医疗待遇的事业单位公费医疗经费。未纳入公费医疗经费开支范围的事业单位，也应按当地财政部门确定的公费医疗经费人均预算定额提取医疗基金。医疗基金应按从事专业业务及其辅助活动的人员和从事生产经营活动的人员的不同，分别列入事业支出和经营支出的社会保障费中。其计算公式如下：

医疗基金提取额 = 职工人数 × 提取标准（预算定额）

事业单位在提取医疗基金时，借记"事业支出——社会保障费"、"经营支出——社会保障费"账户，贷记"专用基金——医疗基金"账户。使用时，借记"专用基金——医疗基金"账户，贷记"银行存款"账户。

4. 住房基金

事业单位住房基金，是指按照国务院规定的住房公积金制度，由单位按照职工工资总额的一定比例提取的住房公积金（不包括个人缴纳部分）。

国务院《关于深化城镇住房制度改革的决定》中规定：所有行政和企事业单位及其职工均应按照"个人存储、单位资助、统一管理、专项使用"的原则缴纳住房公积金，建立住房公积金制度。住房公积金由在职职工个人及其所在单位，按职工个人工资和职工工资总额的一定比例逐月缴纳。归个人所有，存入个人公积金账户，用于购、建、大修住房。职工离退休时，本息金额一次结清，退还职工本人。各级财政是住房公积金管理机构财务管理的主管部门。

事业单位提取职工住房基金时，借记"事业支出"、"经营支出"账户，贷记"专用基金——住房基金"账户。使用住房基金时，借记"专用基金——住房基金"账户，贷记"银行存款"账户。

对于个人住房公积金缴存情况，单位应设置辅助账进行登记并核算其缴纳、使用及余存情况。

四、结余的核算

结余，是指事业单位在一定期间各项收入与支出相抵后的余额。由于事业单位实行了各项收入与支出的统一核算、统一管理，因而事业单位的结余是"大结余"，包括"事业结余"和"经营结余"。

（一）事业结余的核算

事业结余，是指事业单位在一定期间除经营收支外的各项收支相抵后的余额（不含实行预算外资金结余上缴办法的预算外结余）。在这里，一定期间通常指1年，起讫日期采用公历日期。各项收入包括：财政补助收入、上级补助收入、事业收入、附属单位缴款及其他收入。各项支出包括：事业支出、上缴上级支出、对附属单位补助、销售税金（不包括进行成本核算的销售税金）、拨出经费及结转自筹基建等。

事业单位为核算和监督一定期间事业结余，应设置"事业结余"账户。该账户贷方反映从有关收入账户转入数，借方反映从有关支出账户转入的支出数。余额一般在贷方，反映事业单位当年的结余数；如果余额在借方，则反映事业单位当年的超支数。年终转账后，该账户应无余额。

期末，将除经营收入以外的收入余额转入"事业结余"账户。借记"财政补助收入"、"上级补助收入"、"附属单位缴款"、"事业收入"、"其他收入"账户,贷记"事业结余"账户。将除经营支出以外的支出余额转入"事业结余"账户。借记"事业结余"账户,贷记"拨出经费"、"事业支出"、"上缴上级支出"、"销售税金"(非经营业务负担部分)、"对附属单位补助"账户。年终,将"事业结余"账户的余额,全数转入"结余分配"账户。借记"事业结余"账户,贷记"结余分配"账户;如为事业超支,则作相反会计分录。

(二)经营结余的核算

经营结余,是指事业单位在一定期间(通常为1年)各项经营收入与经营支出相抵后的余额。

事业单位应设置"经营结余"账户。期末计算经营结余时,将"经营收入"账户余额转入"经营结余"账户的贷方,借记"经营收入"账户,贷记"经营结余"账户;将"经营支出"、"销售税金"(指经营业务的销售税金)账户的余额转入"经营结余",转账时,借记"经营结余"账户,贷记"经营支出"、"销售税金"账户;年终,"经营结余"账户如为贷方余额,表示当期盈余,应全数转入"结余分配"账户,结转后本账户无余额;如为借方余额,则表示当年经营亏损,年终不予结转,等待以后年度用盈余弥补亏损。盈余转账时,借记"经营结余"账户,贷记"结余分配"账户。

(三)结余分配的核算

1. 结余分配的办法。《事业单位财务规则》规定:"事业单位的结余(不含实行预算外资金结余上缴办法的预算外资金结余),除专项资金按照国家规定结转下一年度继续使用外,可以按照国家有关规定提取职工福利基金,剩余部分作为事业基金用于弥补以后年度单位收支差额;国家另有规定的,从其规定。"按照这一规定,事业单位结余分配需做两项扣除:

(1)根据《国务院关于加强预算外资金管理的决定》,事业单位的预算外资金,对其中少数费用开支有特殊需要的,经财政部门核定收支计划后,可按收支结余数额缴入同级财政专户。实行这种上缴办法的预算外资金,其收支结余,应当缴入同级财政专户,不应参与结余分配。

(2)专项资金结存不参与结余分配。专项资金结存是指事业单位从财政部门和主管部门取得用于专项工作或专项工程后结余的并需结转下年继续使用的资金。

扣除上述内容以后,事业单位的结余按一定比例提取职工福利基金,提取比例由主管部门会同同级财政部门确定。提取职工福利基金以后,剩余部分作为事业基金,用于弥补以后年度单位收支差额。

2. 结余分配核算的账务处理。事业单位应设置"结余分配"账户,用来核算当年结余分配的情况和结果。年终,将当年事业结余和经营结余全数转入"结余分配"账户,借记"事业结余"、"经营结余"账户,贷记"结余分配"账户。有所得税纳税业务的单位计算出应交纳的所得税,借记"结余分配——应交所得税"账户,贷记"应交税金——应交所得税"账户。单位计算出应提取的专用基金,借记"结余分配——提取专用基金"账户,贷记"专用基金"账户。分配后,单位应将当年未分配结余,全数转入"事业基金———般基金"账户,借记"结余分配"账户,贷记"事业基金———般基金"账户。结转后,该账户无余额。

第五节 行政事业单位会计报表

一、行政事业单位会计报表概述

（一）行政事业单位会计报表作用

行政事业单位会计报表是行政事业单位根据日常会计核算资料归集、加工、汇总而成的,反映行政事业单位资产、负债、净资产情况以及收入、支出、结余情况等的报表。通过各单位提供的会计报表及其他有关资料,第一,可以分析和检查单位预算的执行情况,发现预算管理和财务管理工作中存在的问题,以便采取有效措施,改进预算管理工作,提高财务管理水平。第二,各级主管部门利用下级单位的会计报表,可以考核各单位执行国家有关方针政策的情况,督促各单位认真遵守财经制度与法规,维护财经纪律。主管部门对全系统的会计报表汇总后,还可以分析和检查全系统的预算执行情况,提高全系统的预算管理工作水平。第三,财政机关利用行政事业单位上报的会计报表,便于掌握各单位的预算执行进度,正确地核算预算支出,还可以了解各单位执行预算的情况和存在的问题,指导和帮助各单位做好预算会计工作,提高预算管理质量。

（二）行政事业单位会计报表分类

行政事业单位会计报表根据不同的标准可以进行不同的分类。行政单位会计报表按反映的经济内容不同,可分为资产负债表、收入支出总表、支出明细表、往来款项明细表、基本数字表若干种。有专项收支业务的,还应按专项资金的种类编报专项资金支出明细表。

事业单位会计报表按反映的经济内容不同,可分为资产负债表、收入支出总表、附表及会计报表附注及收支情况说明书等。对于有专款收支业务的单位,应根据财政部门或主管部门的要求编报专项资金收支情况表。

二、资产负债表

行政事业单位资产负债表格式相同,都是根据"资产+支出=负债+净资产+收入"的平衡公式设置的。但由于两种单位核算对象各有侧重,核算内容各有不同,所以,各自的资产负债表中的指标和内容也各不相同。下面,以事业单位为例,介绍资产负债表的格式、内容、编制方法。

(一) 资产负债表的内容和结构

资产负债表是反映事业单位一定时点财务状况的报表。它是根据资产、负债、收入、支出、净资产之间的相互关系,按照一定分类标准和一定顺序,把事业单位在一定时期的资产、负债、收入、支出、净资产各项目予以适当排列后编制而成的。资产负债表是事业单位的主要会计报表之一。

按时间划分,资产负债表可分为月报和年报两种。月报反映的是月末事业单位的财务状况,而事业单位一般在月末不结账,到年终才结账,因此,事业单位资产负债表月报的平衡等式通常为"资产+支出=负债+净资产+收入"。即资产负债表月报的左方反映资产和支出,通称为资产部类;右方反映负债、净资产和收入,通称为负债部类;资产部类的合计数等于负债部类的合计数。我国事业单位会计制度规定资产负债表格式如表13-3所示。

表 13-3   资 产 负 债 表

编表单位:　　　　　　　　　年　月　日　　　　　　　　　单位:元

科目编号	资产部类	年初数	期末数	科目编号	负债部类	年初数	期末数
	一、资产类				二、负债类		
	流动资产			201	借入款项		
101	现金			202	应付票据		
102	银行存款			203	应付账款		
105	应收票据			204	预收账款		
106	应收账款			207	其他应付款		
108	预付账款			208	应缴预算款		
110	其他应收款			209	应缴财政专户款		
115	材料			210	应交税金		
116	产成品				负债合计		
117	对外投资						
120	固定资产				三、净资产类		

续表

科目编号	资产部类	年初数	期末数	科目编号	负债部类	年初数	期末数
124	无形资产			301	事业基金		
	资产合计				其中：一般基金		
					投资基金		
				302	固定基金		
				303	专用基金		
				306	事业结余		
				307	经营结余		
	五、支出类				净资产合计		
501	拨出经费						
502	拨出专款				四、收入类		
503	专款支出			401	财政补助收入		
504	事业支出			403	上级补助收入		
505	经营支出			404	拨入专款		
509	成本费用			405	事业收入		
512	销售税金			409	经营收入		
516	上缴上级支出			412	附属单位缴款		
517	对附属单位补助			413	其他收入		
520	结转自筹基建						
	支出合计				收入合计		
	资产部类合计				负债部类合计		

(二) 资产负债表的编制

资产负债表各项目都设有两栏，即"年初数"和"期末数"。其中，"年初数"即上年年末数，按上年决算后结转本年的各总账科目年初数填列。如果本年度的项目与上年末各项目的名称和内容不一致，则应调整后填入。"期末数"表示报告期末的状况，因而应根据截至报告月份的各项目的总账科目期末余额填列。

另外，上级单位或主管单位在编制汇总的"资产负债表"时，应将上下级之间的对应科目数字冲销后，才能逐级汇总上报。上下级之间的对应科目为：上级单位的"拨出经费"、"拨出专款"、"对附属单位补助"、"附属单位缴款"科目分别与下级单位的"财政补助收入"、"拨入专款"、"上级补助收入"、"上缴上级支出"科目对应。

三、收入支出表

（一）收入支出表的内容和结构

收入支出表是反映事业单位在一定期间的收支结余及其分配情况的报表。收入支出表由收入、支出、结余及其分配三部分组成，分为左、右两部分，左半部分反映收入及结余情况；右半部分反映支出及结余分配情况。其格式如表13-4所示。

表13-4 收 入 支 出 表

编表单位：　　　　　　　　　　年　月　　　　　　　　　　单位：元

收入				支出			
行次	项目	本月数	本年累计	行次	项目	本月数	本年累计
	拨入专款				专项资金支出		
	财政补助收入				拨出经费		
	上级补助收入				拨出专款		
	附属单位缴款				上缴上级支出		
					对附属单位补助		
	事业收入				事业支出		
	其中：				其中：		
	预算外资金收入				财政补助支出		
					预算外资金支出		
	经营收入				经营支出		
	1.				1.		
	2.				2.		
	其他收入				结转自筹基建		
	收入总计				支出总计		
	结余				结余分配		
	1. 事业结余				1. 应交所得税		
	2. 经营结余				2. 提取专用基金		
					3. 转入事业基金		
					4. 其他		
	转入事业基金						

事业单位收入支出表，可以综合地反映事业单位在一定期间内收入的来源、支出的用途以及结余的形成与分配情况等多方面的信息。这些信息，对于

财政部门、上级单位和其他有关方面了解情况、掌握政策、指导单位预算执行等,以及对于事业单位本身了解财务收支情况、加强财务管理等,都具有重要的作用。

(二)收入支出表的编制

按照时间划分,收入支出表可分为月报和年报两种。收入支出表的月报,其收入部分和支出部分,原则上应同资产负债表中的收入类和支出类相一致。虽然事业单位不实行月度结账,但收入支出表的月报,也应当反映收入减去支出后的当期结余,以便于有关方面及时了解事业单位的财力情况。

收入支出表的年报,反映事业单位整个预算年度中获得的各种收入、发生的支出、收支结余及其分配情况,有关项目应根据总分类账户和有关明细分类账户的年末余额填列。除了当年没有完成的专项工程或专项任务,其发生的支出和相应的收入当年不予结转外,年终,事业单位的各项收入和支出都应当结转,算出结余数字,并进行分配。经分配后的结余转入事业基金。有关数字应根据计算结果填列。具体应注意以下几点:

第一,"事业收入"与"事业支出"、"经营收入"和"经营支出"栏下的项目按单位的主要业务收支类别分类填列。单位上述各项收入或支出没有分开设账核算的,可不分项填列。

第二,事业支出项下的财政补助支出和预算外资金支出,事业单位可以采用统计方法填列。

第三,当年没有完成的专项工程或专项业务,其发生的支出及其相关的收入当年不予结转。

第四,主管会计单位汇总编制本表时,应将拨出经费、拨出专项资金与所属单位拨入经费和拨入专款科目汇总数对冲;将附属单位缴款、对附属单位补助与所属单位的上交上级支出、上级补助收入科目汇总数对冲。具体来讲:

其一,主管会计单位在决算汇总后,首先要核对拨出经费与所属事业单位汇总的财政补助收入是否一致,即:汇总的"财政补助收入"数减去"拨出经费"数等于本单位财政补助收入数。核对一致后进行对冲。如有差额,必须查明原因,调整一致后,再进行对冲。

其二,要核对拨出专款与所属单位汇总的拨入专款是否一致,即汇总的"拨入专款"数减去"拨出专款"数等于本单位财政专项拨款数。核对一致后进行对冲。如有差额,必须查明原因,调整一致后,再进行对冲。

其三,核对对附属单位补助支出与所属事业单位汇总的上级补助收入是否一致,即汇总的"上级补助收入"数等于"对附属单位补助"数,或汇总的"上级补助收入"数减去"对附属单位补助"数等于对本级的"上级补助收入"数。核对一致后进行对冲。如有差额,必须查明原因,调整一致后,再进行对冲。

其四，核对附属单位上缴收入与所属事业单位汇总的上缴上级支出是否一致，即汇总的"上缴上级支出"数等于"附属单位缴款"数，或汇总的"上缴上级支出"数减去"附属单位缴款"数等于对本级的"上缴上级支出"数。核对一致后进行对冲。如有差额，必须查明原因，调整一致后，再进行对冲。

报表中"本月数"栏反映各项目的本月实际发生额，在编制年度报表时，应将"本月数"栏改成"上年数"栏，并填列上年全年累计实际发生数。如果上年度报表中的项目名称与本年度报表不相一致，应对上年度报表项目的名称与数字按本年度规定进行调整，填入报表中的"上年数"栏。报表中的"本年累计数"栏反映各项目自年初起至本月末止的累计实际发生数。年报中"本年累计数"栏的数字应与月报中 12 月份的"本年累计数"栏的数字相一致。

图书在版编目(CIP)数据

行业特殊业务会计教程/胡志明,余浩主编.—武汉:武汉大学出版社,2008.8
高职高专"十一五"规划教材·财会系列
ISBN 978-7-307-06404-1

Ⅰ.行… Ⅱ.①胡… ②余… Ⅲ.企业管理—会计—高等学校:技术学校—教材 Ⅳ.F275.2

中国版本图书馆 CIP 数据核字(2008)第 102365 号

责任编辑:舒 刚　　责任校对:程小宜　　版式设计:马 佳

出版发行:武汉大学出版社　　(430072　武昌　珞珈山)
　　　　　(电子邮件:cbs22@whu.edu.cn　网址:www.wdp.com.cn)
印刷:安陆市鼎鑫印务有限责任公司
开本:720×1000　1/16　印张:14　字数:263 千字　插页:2
版次:2008 年 8 月第 1 版　　2011 年 6 月第 3 次印刷
ISBN 978-7-307-06404-1/F·1171　　定价:22.00 元

版权所有,不得翻印;凡购我社的图书,如有质量问题,请与当地图书销售部门联系调换。

高职高专"十一五"规划教材

公共课书目

☆安全警示录——大学生安全教育读本
☆应用写作实训教程

经济类书目

财会系列：

☆财务管理教程
☆财务管理全程系统训练
☆税法教程
☆税法全程系统训练
☆企业涉税会计教程
☆企业涉税会计全程系统训练
☆成本会计教程
☆成本会计全程系统训练
☆中级会计教程
☆中级会计全程系统训练
☆初级会计教程
☆初级会计全程系统训练
☆电算化会计教程
☆电算化会计全程系统训练
☆会计职业技能仿真训练
☆会计职业技能综合实训
☆行业特殊业务会计教程
☆行业特殊业务会计全程系统训练
☆审计实务教程
☆审计实务全程系统训练

工商企业管理系列：

☆管理学
☆现代企业管理
☆生产与运作管理实务
☆会计基础与财务报表分析
☆经济学基础
☆现代质量管理实务

市场营销系列：

☆市场营销
☆市场营销实训教程
☆电子商务物流管理
☆电子商务概论
☆市场营销策划
☆网络营销
☆推销技术
☆国际贸易单证实务
☆国际贸易实务
☆国际结算
☆商务英语口译训练教程

旅游系列：

☆旅游服务礼仪
☆旅游概论
☆旅游服务心理
☆旅游英语
☆导游业务
☆旅游法规实务
☆旅游市场营销
　旅游景区管理
☆旅行社管理与实务
☆餐厅服务与管理
☆饭店前厅客房服务与管理

物流系列：

☆货物学
☆物流基础

☆已出书